아마존에서 남극까지

아마존에서 남극까지

김봉철 · 김계리 지음
브라질 환경 제도와 인문학

알렙

들어가며

한국에서 멀리 있는 브라질을 바라보는 것은, 국제 사회를 다시 바라보는 일과 맞닿아 있다. 이 넓은 브라질은 식민의 유산과 개발의 압력, 풍부한 자연과 심각한 위기 그리고 생명의 다양성과 파괴가 동시에 존재하는 모순의 공간이다. 아마존에서 남극까지 이어지는 브라질의 여정은 단순한 지리적 확장이 아니라 자연과 인간이 서로를 어떻게 이해하고 다루었는지 탐색하는 과정이다. 이 과정은 우리가 익숙하다고 여겼던 자연관을 근본적으로 뒤돌아보도록 만드는 일종의 인식 전환을 요구한다.

『아마존에서 남극까지』를 준비하기 시작한 이유도 바로 여기서 비롯했다. 지은이는 포르투갈의 식민 제국주의가 자연과 인간을 '자원'으로 바라보는 인식을 어떻게 주입했는지, 그 인식이 발전주의라는 이름으로 어떻게 근대와 현대를 관통해 왔는지, 그리고 그 속에서 브라질 사람들이 어떤 방식으로 저항하고 새로운 세계관을 만들었는지 추적하고자 했다. 브라질은 수백 년에 걸쳐 폭력적 구조를 경험했지만, 동시에 국제 사회의 자연주의와 생태주의로 전환하는 중심에 있다. 이 역설이 바로 브라질을 이해하는 핵심이며, 오늘날 우리가 직면한 기후·생태위기를 생각하는 출발점이기도 하다. 이러한 복잡한 역사를 통해 브라질은 기후위기 시대의 보편적 고민을 가장 선명하게 드러내는 사례다.

이 책의 각 장은 서로 다른 시공간을 다루지만, "브라질은 어떻게 자연과 인간 그리고 생명을 인식하고 관리해 왔는가?"라는 한 가지 일관된 물음을 중심에 두었다.

제1장은 브라질 근대 국가 형성의 기원을 추적한다. 포르투갈의 도착 이후 구축된 식민 제국주의 체제는 자연과 인간을 자원과 노동력으로 바라보는 시각을 브라질에 주입했다. 플랜테이션과 노예제는 경제 구조를 변화시키고 사회적 위계, 인종·계급 질서를 형성했는데, 이 구조는 이후 브라질의 정치·경제적 고착성을 낳는 기초가 되어 이후에도 브라질의 국가 정책을 규정했다.

제2장은 식민지 경험이 자연을 바라보는 인식 구조를 어떻게 변형했는지 설명한다. 벌목에서 금 채굴과 플랜테이션으로 이어지는 식민지 경제는, 자연과 인간 모두를 '자원화' 대상으로 만들었다. 브라질 자원 착취는 숲 파괴, 원주민 지식 붕괴, 지역 공동체 배제를 불러왔으며, 이러한 상황은 독립 이후에도 '발전주의'

라는 이름으로 반복되었다. 브라질 자연과 인간을 둘러싼 불평등의 기원은 식민성에서 비롯한 것이다.

제3장은 군부 정권기의 발전주의와 현대 브라질 환경주의의 탄생을 다룬다. 1964-1985년의 군사 정권은 경제 성장을 최우선 목표로 삼아 아마존을 국가 통합과 자원 개발의 실험실로 만들었다. '법적 아마존'이라는 행정적 구획은 아마존을 생태적 공간이 아니라 개발이 가능한 자산으로 규정했고, 대규모 도로 건설, 광산 개발, 대두 농업은 산림 파괴와 사회적 불평등을 심화했다. 그러나 이 과정 중 브라질 내부에서는 '환경 권리'와 '사회 환경주의'가 등장하며, 식민 제국주의와 발전주의를 넘어서는 시각이 만들어졌다.

제4장은 현대적 전환점인 브라질의 '지구법학'을 다루었다. 지구법학은 기후·생태위기를 인간 중심주의의 한계에서 비롯한 문제로 진단하며, 자연을 법적·도덕적 주체로 이해하려는 시도에서 본격화한다. 브라질 헌법의 환경권, 〈환경범죄법〉, 〈대서양림법〉은 세계적 사유가 제도화된 대표 사례다. 광대한 자연을 보유한 국가로서 브라질이 생태적 전환의 중심에 서게 된 이유는, 이미 법·윤리·세계관의 재편을 시작했기 때문이다.

마지막으로 제5장은 아마존에서 남극까지 이어지는 두 공간을 함께 조망한다. 아마존은 언어·생태·지식이 동시에 무너지는 현대 위기의 현장이며, 토착 언어의 급속한 소멸은 자연 생태계와 공동체 세계관의 붕괴를 초래했다. 반면에 남극은 브라질의 과학·외교·국제 협력이 전개되는 새로운 장으로 부상했다. 이 두 공간을 함께 바라보면, 브라질이 전 지구적 생태 환경의 순환 체계에서 발생하는 위기를 관리하고자 하는 의지를 읽을 수 있다. 아마존의 지식이 사라질 때 남극의 기후가 변하고, 남극의 빙하가 변하면 다시 아마존이 흔들린다.

이 다섯 개의 장은 서로 다른 조각처럼 보이지만, 결국 하나의 연속된 역사적 서사로 연결된다. 이 책은 이러한 상호 연결성을 바탕으로 생태위기를 단일 지역의 문제가 아닌, 지구적 관계망에서 이해해야 할 보편적 문제로 바라본다. 브라질은 거대한 순환의 중심에서 우리가 어떤 세계관을 선택할 것인지, 어떻게 공존할 것인지 질문을 던지는 거울 같은 존재다. 따라서 브라질을 이해하며 우리 자신이 살아가는 세계의 구조를 이해하는 것은 앞으로 우리가 어떤 사회적·정치적 선택을 해야 하는지에 관한 방향성을 제시한다.

한국외국어대학교 중남미연구소는 한국연구재단의 지원을 받아서 중남미의 환경과 생태 문제에 관한 연구를 수행하는데, 지은이는 이 작업의 공동 연구원으로 참여해 자연권 사상 같은 중남미 환경법의 새로운 시도가 국제 사회에도 시사하는 점이 많다고 느꼈다. 지은이는 브라질과 아프리카 식민지 연구 전문가인 김계리 박사와 함께 브라질의 자연과 환경에 관한 여러 이야기를 나누며 이 책을 준비하는 중요한 계기를 만들었다. 그래서 이 책은 한국연구재단의 지원으로 수행되는 한국외국어대학교 중남미연구소의 연구(NRF-2019S1A6A3A02058027)라는 점을 밝히고자 한다.

『아마존에서 남극까지』는 각기 다른 전공으로 브라질이라는 자연의 보고이자 식민지 역사를 겪은 남아메리카 환경 문제에 관심을 둔 두 명의 지은이가 그동안의 연구 성과를 바탕으로 여러 보완 연구를 추가하면서 공동 집필한 결과물이다. 기획부터 원고 준비까지 모든 과정을 함께한 김계리 박사의 배려 깊은 성품이 협업을 언제나 원만하게 이루어지도록 했다. 김계리 박사와 오랜 시간 함께 공부하고 연구하며 갈등 없이 학문적 교류를 지속했다는 점에서, 앞으로도 두 지은이의 공동 연구는 계속될 것이라는 확신이 있다.

이 책이 만들어진 과정은 단순히 지은이 혼자만의 작업이 아니었다. 브라질에 관한 연구 및 탐험을 함께한 동료 연구자들과 제자들이 자료 조사와 원고 보완에 많은 도움을 주었으며, 책의 편집과 발간을 위해 애써 주신 중남미연구소 여러 관계자의 노력도 많았다. 세상에 혼자 할 수 있는 일은 거의 없듯이, 이 책도 많은 사람의 정성과 협력의 결과로 마무리되었다. 지은이는 이 책의 출간을 위해 도움을 아끼지 않은 모든 분에게 진심 어린 감사를 전하고자 한다.

『아마존에서 남극까지』는 브라질의 자연에 관한 역사와 현재를 통해서 세계를 읽고, 세계를 통해 다시 브라질을 이해하고자 하는 수줍은 시도다. 지은이는 이 책이 독자들에게 21세기의 생태위기를 새로운 관점에서 생각하는 기회를 제공하면서, 자연과 인간의 관계를 다시 그려볼 수 있는 작은 출발점이 되기를 기대한다. 독자들은 이 책의 여정을 함께 하면서, 우리 지구의 지속 가능한 미래를 향한 또 하나의 수줍고 작은 실천을 시작할 수 있을 것이다.

2026년
저자 씀

CONTENTS

제 1 장

브라질의 역사:
자연과 인간의 경쟁, 지배, 조화의 여정

브라질 국가 형성의 기반

1 브라질의 '발견'과 초기 식민 구조

15세기 중반부터 포르투갈은 아프리카 서해안을 따라 탐험 항해를 전개하며 유럽에서 해양 강국으로 부상했다. '항해 왕자'라 불렸던 엔히크(Infante D. Henrique)의 후원으로 해양 기술이 발전했고, 이를 기반으로 아프리카 연안 지도 작성과 탐사 항해가 진행되었다. 이러한 항해 과정에서 포르투갈은 금·상아·노예 등 교역 자원을 확보하며 경제적 우위를 강화했으며, 해안에 교역소와 군사 기지를 설치해 인도 항로 개척을 위한 토대를 마련했다. 15세기 말에는 바르톨로메우 디아스(Bartolomeu Dias)가 1488년 희망봉을 발견하고, 이어 1498년 바스쿠 다 가마(Vasco da Gama)가 인도 항로를 개척하면서, 포르투갈은 항해의 전환점을 맞이했다. 향신료 무역에 관한 경쟁이 본격화하자 포르투갈 왕실은 대서양과 인도양에서 동시에 패권을 확보하고자 했고, 이는 해상 루트 확대와 새로운 영토·자원 확보라는 정책으로 이어졌다.

이 시기 스페인의 지원을 받아 서쪽으로 항해한 크리스토퍼 콜럼버스(Christopher Columbus) 또는 크리스토발 콜론(Cristóbal Colón)은 1492년 카리브해 제도에 도달하고, 이후 남아메리카 북부 해안에도 접근해 유럽에 신대륙의 존재를 알렸다. 콜럼버스의 항해는 스페인의 아메리카 진출을 자극했고, 이는 포르투갈에도 압박으로 작용해 양국의 해양 경쟁이 격화되었다. 한편 1494년 스페인과 포르투갈 사이에 체결된 〈토르데시야스 조약〉은 대서양의 카보 베르데(Cabo Verde) 섬에서 일정 거리를 기준으로 서쪽은 스페인, 동쪽은 포르투갈의 영유권으로 규정했다. 이 조약은 대서양을 나누어 두 왕국의 영향권을 규정했으며, 포르투갈은 대서양 항해를 체계화하고 인도 항로와 신대륙을 동시에 고려하는 전략적 정책을 강화했다.

이 조약으로 인해 브라질 해안의 일부분이 포르투갈의 권역에 속하게 되었고, 포르투갈은 스페인에 새로운 영토에 대한 국제법적 근거를 얻었다. 포르투갈이 브라질 해안을 발견하자마자 이를 자국령으로 공식화하려 했던 것은, 조약을 기반으로 남미에서 영향력을 확보하려는 전략적 판단이었다. 이러한 역사적 맥락에서 1500년 카브랄 함대의 항해가 이루어지게 된다.

1500년 4월 22일, 페드루 알바르스 카브랄(Pedro Álvares Cabral)이 이끄는 포르투갈의 함대 13척이 브라질의 동부 해안에 도달했다. 여러 기록에서 이 항해는 인도 항로를 향한 여정이었다고 설명하지만, 함대가 아프리카 서부 연안을 크게 벗어나 대서양을 건너 서쪽으로 이동한 경로를 보면 포르투갈 왕실이 이미 브라질 해안의 존재를 인지했을 가능성도 있다. 당시의 항해 일지에는 항로가 아프리카 해안을 벗어나도록 설정되어 있었고, 포르투갈 해도에는 카브랄이 도착한 지점이 미리 표시되어 있었다는 점 때문에 이같은 학계의 추정이 형성되었다.

카브랄이 상륙한 브라질 해안 지역은 당시 베라크루스(Vera Cruz)라고 명명되었으나, 이후 포르투 세구로(Porto Seguro)라는 이름으로 기록되었다. 함대의 상륙 직후 포르투갈인들은 해변에서 나무를 베어 십자가를 만들고 첫 미사를 올렸는데, 이후 포르투갈인들은 이 장면을 브라질 식민 지배의 상징적 출발로 묘사했다. 포르투갈의 행위는 종교 의례를 통해서 영토에 대한 권리를 표시하는 방식이었는데, 숲을 절단해 십자가를 세운 행위는 이후 수 세기 동안 식민 제국이 지속해서 반복한 숲 파괴와 토지 점유의 초기 형태로 이해할 수 있다. 이 같은 포르투갈의 브라질 '발견'은 국제 정치와 국제법의 분야에서도 중요한 의미가 있다.

포르투갈의 도착 이전에도 브라질 지역에는 다양한 원주민 집단이 거주했다. 그중에서도 투피-과라니(Tupi-Guarani) 집단은 브라질 해안 전역에 분포해 있었고, 이들은 포르투갈인과 가장 먼저 접촉한 사람들로 기록되었다. 타푸이아(Tapuia)라 불린 집단은 투피-과라니를 제외한 모든 집단을 묶어서 부르는 용어였는데, 다양한 언어와 생활 양식을 가진 여러 부족이 포함되어 있었다. 포르투갈의 기록은 식민자에게 협조하거나 그렇지 않은 경우에 따라서 원주민을 긍정적 혹은 부정적으로 묘사했다. 남아 있는 문헌 대부분이 식민자 시각에서만 기록되었으므로, 원주민 사회에 대한 정보는 제한적이며 편향된 내용이 많다.

포르투갈은 식민 초기에 브라질나무(pau-brasil)에 주목했다. 브라질나무는 유럽에서 수요가 높았던 붉은 염료를 생산하는 자원이었고, 포르투갈은 이 나무의 벌목을 통해 많은 이익을 추구했다. 이 사업은 곧 왕실 전매제로 지정되어 리스본 상인들이 독점권을 가졌고, 해안 지역에서는 대규모 벌목이 이루어졌다. 목재와 염료 확보는 해군 건조와 식민 경영에 필요한 자원을 공급하는 방식으로 연결되었고, 브라질 해안의 산림은 포르투갈 제국 초기의 경제적 기반으로 기능하기 시작했다.

브라질의 초기 식민 구조는 원주민의 노동력과 자연 자원의 교환을 중심으로 구성되었다. 원주민 공동체는 유럽인의 도착 이후 질병과 폭력, 토지 상실 등을 겪으면서 급속히 무너졌고, 포르투갈은 이를 '문명화의 사명'이라는 논리로 정당화했다. 이후 식민 지배로 원주민을 가르치고 통제한다는 논리로 확장해 브라질 사회의 인종·계층 구조 형성에도 영향을 미쳤다. 브라질 발견과 초기 식민 구조는 해상 제국주의, 종교적 의례, 자원 수탈, 원주민 사회의 재편이라는 요소가 결합한 형태로 나타났다. 포르투갈은 이 지역을 새로운 무역 거점이자 자원 공급지로 인식했고, 브라질 해안은 대서양 세계의 교역 체계로 편입되기 시작했다.

표 1·브라질 초기 식민 구조의 형성

요소	내용
경제 구조	원주민의 노동력과 자연 자원 교환 중심
원주민 영향	질병·폭력·토지 상실로 공동체 급격히 약화
식민 정당화 논리	포르투갈은 이를 '문명화의 사명'으로 주장
장기적 영향	브라질 사회의 인종·계층 구조 형성에 큰 영향

2 식민 경제의 형성: 노예 제도와 플랜테이션

브라질 식민 경제의 핵심은 대규모 농장인 플랜테이션(Plantation) 농업과 원주민 또는 흑인 노예제 기반의 노동 체계였다. 포르투갈 식민 정부는 브라질을 넓은 자연 자원을 가진 지역으로 인식했으며, 식민 통치 초기부터 이 자원을 수출하는 경제 구조를 구축했다. 이러한 이유로 브라질은 포르투갈의 식민지였던 시기 내내 수출 지향적 경제에 묶여 있었으며, 이 구조가 플랜테이션 농업과 노예 노동의 결합을 통해 유지되었다. 그러나 이 같은 경제 구조는 브라질이 포르투갈 제국에서 독립한 이후에도 크게 변하지 못했다.

그림 1 · 브라질 농장 경영

출처: 위키미디어

16세기 후반부터 북동부의 사탕수수 플랜테이션은 식민 경제의 중심이 되었다. 바히아(Bahia)와 페르남부쿠(Pernambuco)는 가장 먼저 대규모 사탕수수 재배지로 성장했고, 이에 필요한 노동력 수요는 급격히 증가했다. 초기에는 지역 원주민의 노동에 의존했지만, 원주민 노동력의 고갈과 저항, 질병의 확산 등으로 1550-1570년 사이에 원주민 노동력을 대체할 아프리카 노예의 비중이 빠르게 증가했다.

사탕수수 플랜테이션을 운영하기 위해서는 노동력뿐 아니라 넓은 토지와 설비 그리고 막대한 자본이 필요했다. 사탕수수는 수확 이후 즙을 추출하고 정제하는 복잡한 공정을 거쳐야 했으며,

그림 2 · 브라질 플랜테이션 가공 시설

출처: 위키미디어

이를 위해 물레방아나 동물의 힘으로 작동하는 제분 시설이 필수적이었다. 이러한 설비의 설치와 유지에는 상당한 비용이 요구되었고, 대규모 자본이 투입된 농장만이 플랜테이션 형태로 발전할 수 있었다. 그 결과 사탕수수 산업은 자연스럽게 경제적 집중을 낳았다.

플랜테이션 운영에 필요한 자본은 리스본 상인, 외국인 금융업자, 종교 기관 등이 제공한 크레디트(신용)를 통해 마련되었으며, 이들은 토지 개간, 노동력 확보, 설비 구입 등 초기 투자에 중요한 역할을 했다. 특히 상인들은 단순한 재정 후원자를 넘어 수확물의 매각을 주도하고, 유럽 시장의 수요에 따라 플랜테이션에 필요한 상품과 장비를 공급함으로써 생산·유통·거래를 하나의 구조로 연결하는 핵심적 매개체로 기능했다. 이러한 금융·상업적 구조는 사탕수수 플랜테이션이 지역적 농업 단계에 머무르지 않고, 대서양 세계의 상업 네트워크와 긴밀하게 결합해 운영되었음을 보여준다.

플랜테이션 농업을 위한 노예 제도는 단순한 노동력 제공을 넘어서, 사회의 구조와 계층 질서를 근본적으로 규정하는 제도로 작동했다. 아프리카에서 강제로 이송된 노예들은 점차 플랜테이션뿐 아니라 도시 노동, 공예, 서비스업, 항해 및 어업 등 다양한 영역에서 활용되었다. 사탕수수와 커피 플랜테이션에서는 핵심 노동력을 담당했으며, 도시에서는 숙련 노동과 가사 노동, 항해업, 심지어 군사 분야에 이르기까지 광범위하게 동원되었다. 노동 구조는 식민 사회의 경제적 기반이자 인종·계층 체계를 고착시키는 중심 요소로 기능했다.

16-17세기 사탕수수 경제가 본격적으로 브라질을 국제 시장에 연결하면서, 플랜테이션은 유럽의 수요에 따라 확장되었다. 그러나 이러한 성장은 유럽 제국주의의 치열한 경쟁을 자극했다. 1630년대 이후 영국·프랑스·네덜란드가 카리브해 식민지에서 사탕수수 재배를 대규모로 전개하면서, 국제 시장에서 공급량이 증가했고, 그에 따라 제품 가격의 변동과 노예 가격의 상승이 나타났다. 이 같은 변화는 브라질 북동부 플랜테이션 기반의 경제에 직접적인 타격을 주었으며, 경쟁자인 카리브해의 부상은 브라질 생산자와 포르투갈 상인이 가지던 기존의 가격 결정권을 무너뜨

렸고, 결국 브라질의 사탕수수 산업은 이전의 전성기를 되찾지 못하고 경쟁력 약화를 겪게 되었다.

브라질의 식민 당국과 종교 기관은 노예제 유지에 관여해 다양한 역할을 했다. 일부 신학자는 〈자연법〉과 〈로마법〉의 개념을 근거로 전쟁 포로 노예화를 정당화하기도 했다. 브라질 경제는 사탕수수 중심 구조에서 광산 개발과 내륙 목축으로 확장되었지만, 노예 노동력에 대한 의존은 오히려 확대되었다. 18세기 광산 지역에서도 대규모 노동력이 요구되었고, 미나스제라이스(Minas Gerais)는 사탕수수 플랜테이션과 다른 경제 기반을 가졌음에도 지속해서 아프리카 노예를 수입했다. 이처럼 식민지 경제의 핵심을 이루었던 노예제와 플랜테이션 체제는 노동력·토지·자본이 결합하며 브라질 사회 전반에 장기적 영향을 주었다. 이러한 체제는 인종·계급 질서를 형성함으로써 이후 브라질 경제와 사회의 불평등을 심화시키는 구조적 기반으로 남았다.

3 브라질 사회의 인종과 계급 구성

브라질 식민지 사회는 인종, 출신, 경제적 지위가 복합적으로 작용하는 계층 구조에서 형성되었다. 초기 포르투갈 식민자들은 유럽적 사회 모델을 옮겨 오면서 귀족, 성직자, 평민을 구분하는 구조를 유지하려고 했다. 그러나 브라질에서는 귀족 계층 자체가 적었고, 식민지라는 특수성 때문에 제도적 위계는 유럽보다 약하게 적용되었다. 유럽의 전통적인 사회 계층 구분 요소 대신에, 브라질 사회에서는 점차 경제력과 토지 소유가 사회적 신분을 규정하는 핵심 요소가 되었다.

브라질 사회에 원주민·아프리카 노예·유럽 이주민이 지속해서 섞이면서 다양한 혼혈 집단이 등장했다. 유럽에서 이주한 백인과 아프리카인 사이에서 태어난 이들은 보통 물라토(Mulato)로 불렸으며, 대도시 인구에서 큰 비중을 차지했다. 메스티소(Mestiço)는 백인과 원주민 사이의 혼혈이었고, 원주민과 아프리카인의 후손은 카푸소(Cafuço)로 분류되었다. 이들은 법적으로는 자유 신분이 가능하지만, 사회적 계층에서는 낮은 위치에 놓였다. 식민지 초기 유럽에서 온 이주민은 대부분 남성이었으므로, 원주민 또는 흑인 여성 사이에서 낳은 혼혈 인구가 증가했다.

혼혈 구조에서도 백인 우월 의식은 강하게 있었다. 초기 브라질 식민지 권력층은 피부색을 사회적 지위와 문명 수준을 판단하는 기준으로 생각했고, 이러한 편견은 가톨릭 교회 등 제도적 권위를 가진 기관들에 의해 강화되었다. 이후 19세기에는 두개골 크기·두뇌 밀도 같은 유사 과학 이론이 인종 서열화를 뒷받침하는 근거로 사용되었다. 이러한 상황은 백인 중심 사회 질서를 유지하는 데 활용되었다.

경제 구조 측면에서 볼 때, 식민 사회의 최상위층은 대규모 토지와 자본을 소유한 플랜테이션 지배층과 상인 계층이었다. 이들은 설탕과 다른 수출 작물을 통해 큰 부를 축적했고, 식민 정부와 긴밀하게 연결되면서 높은 사회적 위상을 유지했다. 플랜테이션

표 2·브라질 식민지 초기 인종·계급 체계

계층/용어	정의	사회적 위치/역할
백인(Branco)	유럽 출신 식민자, 주로 포르투갈계	최상위 계층, 토지 소유·행정·상업 장악
물라토(Mulato)	백인 + 아프리카계 혼혈	백인보다는 낮고 흑인보다는 높은 위치, 도시 장인·상업·중간 관리 역할
메스티소(Mestiço)	백인 + 원주민 혼혈	백인 중심 사회에서 하위 위치, 농업·목축·일반 노동 수행
카푸소(Cafuço)	흑인 + 원주민 혼혈	하위 계층, 주로 농업·내륙 개발·육체 노동 담당
흑인(Preto/Negro)	아프리카에서 강제 이송된 노예	최하위 계층, 플랜테이션·도시 노동·서비스업 담당
원주민(Indígena)	브라질 토착 주민	초기에는 일부 토지 소유·자치 공동체 유지, 점차 노예화 또는 노동력 제공

소유주 대부분은 포르투갈 귀족 출신이 아니었으나, 조기 정착과 생산 시설 확보로 얻은 경제력이 사회적 기득권으로 전환되었다.

노예제는 계급 구조를 고착시키는 핵심 제도였다. 노예는 법적 권리를 가진 개인이 아니라 재산으로 규정되었으며, 사회 구조 전체에서 가장 낮은 위치에 놓였다. 아프리카 노예들은 사탕수수·커피 농장뿐 아니라 도시 노동, 가사 노동, 항해·수공업 등 다양한 영역에서 활용되었다. 노예제의 존재는 백인과 자유 유색인 사이의 위계뿐 아니라 혼혈 집단 내부의 미묘한 차등까지 형성하는 기준이 되었다.

브라질에서 노예제가 폐지된 이후에도 인종과 계급의 결합 구조는 유지되었다. 비교적 많은 자유 유색인이 재산을 소유하거나 지방 정치에 참여했다는 점에서 미국과 다른 차이가 존재했다는 기록도 있다. 예를 들어, 19세기 후반 일부 자유 유색인은 상공업에서 영향력을 갖고 지방 의회와 군대에 참여했다는 사례가 언급된다. 그러나 경제적 기회 접근성, 교육 자원 배분, 토지 소유 등은 여전히 밝은 피부색을 가진 계층에 유리하게 작용했다.

20세기 들어 브라질 사회에서는 '인종 민주주의'라는 국가적 논의가 확대되었다. 브라질은 인종 차별은 없으나, 사회적 계급의 문제가 중심이라는 주장이 국가 이데올로기로 자리 잡았으며, 특히 바르가스(Getúlio Vargas) 정권 시기(1930-1945, 1951-1954) 이후 널리 퍼졌다. 그러나 여러 의견은 인종 민주주의가 사회적 현실을 반영한다기보다는 백인 중심의 사회적 계층을 정당화한다고 평가한다. 예를 들어, 아프리카계 브라질인이 전체 인구의 절반 가까이 차지하지만, 브라질의 교육, 직업, 주거 등에서 구조적 차별이 지속했다는 지적이 반복된다.

현대에 이르기까지 브라질 사회는 법적으로 다인종·다문화 국가지만, 실제 사회적 위계는 인종과 계급이 맞물려 형성되어 왔다. 혼혈과 이주의 역사로 인해 인종 구분이 유연한 측면이 있으나, 백인 중심의 문화적·경제적 우월성이 장기간 유지된 점도 여러 자료에서 확인된다. 이러한 구조는 브라질의 불평등과 사회 이동성을 설명하는 중요한 요소이며, 식민지 시절부터 크게 변하지 못한 경제 구조와 함께 현대 브라질의 문제로 지적된다. 또한 사회적 계층화 문제는 브라질이 안은 환경 파괴와 정의롭지 못한 토지 소유와 활용 등으로 연결되기도 한다.

4 식민 행정과 초기 도시화

브라질의 식민 행정 체계는 포르투갈 왕실의 통제와 자원 관리를 목적으로 정비되었다. 16세기 초반 포르투갈은 광대한 남미 식민지를 직접 통치하기 위한 행정 능력이 부족했기 때문에 이 지역들을 여러 카피타니아(Capitania)라는 단위로 나누어 귀족과 상인에게 영지처럼 제공하고 통치를 위탁하는 방식을 도입했다. 그러나 대부분 지역에서 정착 부족, 자원 부족, 적대 관계, 자금 난항 등으로 실패했고, 실제로 생존한 경우는 페르남부쿠(Pernambuco)와 상 비센치(São Vicente) 정도였다고 한다. 이후 실패한 대부분의 카피타니아는 포르투갈 왕실로 반환되었는데, 결과적으로 이는 중앙 집권적 식민 통치가 강화되는 계기였다.

포르투갈의 식민지 통치 행정은 종교적 질서를 중시하는 정책과 함께 전개되었다. 1580년대 이후 브라질은 이베리아 연합의 영향으로 스페인 행정 모델을 일부 도입했으며, 스페인의 가톨릭 교회는 포르투갈에 대하여 해외 선교 확대를 압박했다. 그 결과 1580년 브라질에는 종교 재판이 도입되었고, 이는 원주민과 아프리카 노예 공동체에 대한 종교적·사회적 간섭을 확대하는 계기가

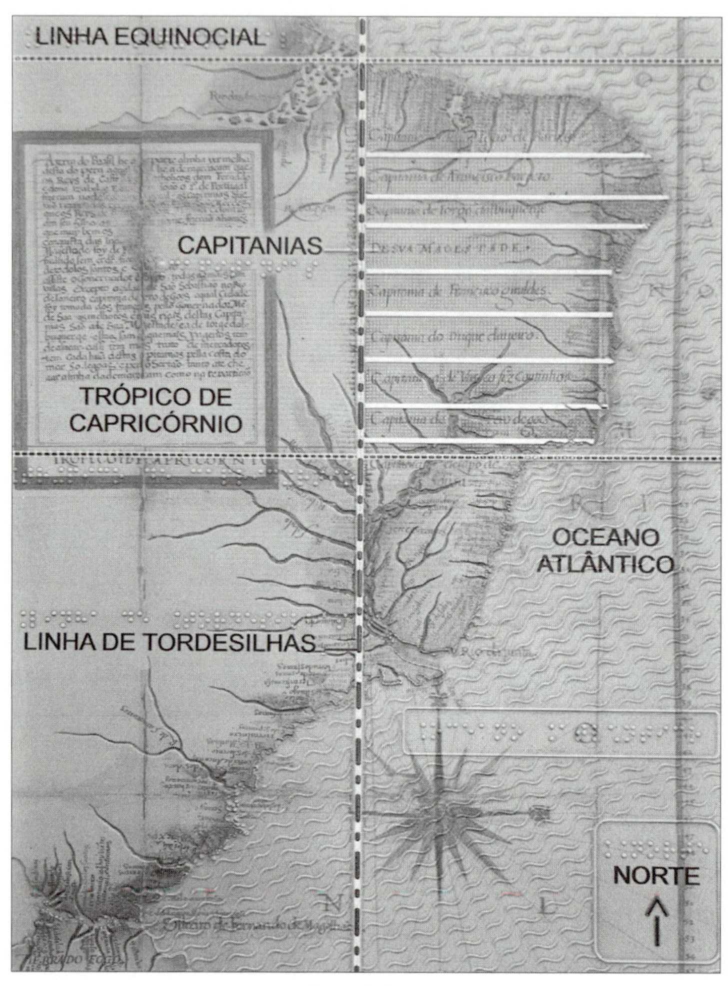

그림 3 · 카피타니아

출처: 위키미디어

되었다. 종교 기관의 영향력은 교육, 토지, 문화 영역 전반으로 확장되었으며, 원주민은 선교지를 중심으로 한 통제 체계에 편입되었다.

도시 형성은 초기 식민 행정의 핵심 요소였으나, 브라질의 초기 도시는 규모가 크지 않았고 본격적인 도시로 기능하기 어려웠다. 16세기 후반까지 브라질의 주요 정착지는 항구 주변의 작은 마을과 요새 수준이었으며, 리스본에서의 행정적 관심 부족과 교통·방어의 어려움 때문에 발전 속도는 느렸다. 식민 권력이 도시 기반을 전략적 거점으로 활용하기보다는, 자원 수탈과 노동력 확보를 중심으로 하는 해안 지대 중심의 행정 구조를 유지했다.

브라질 내륙의 확장은 정부가 아닌 식민지 주민들의 자체 활동으로 이루어졌다. 상 비센치 지역에서 출발한 탐험가이자 노예 사냥꾼이기도 한 반데이란치스(bandeirantes)라는 이들은 16세기 후반부터 내륙 깊숙이 원정대를 조직해 원주민 포획과 노예화, 내륙 자원 탐색을 진행했다. 반데이란치스의 활동은 공식적인 행정 계획이나 도시 설립으로 이어진 것은 아니지만, 결과적으로 내륙 거점 형성의 전초가 되었다. 다만 이 과정에서 원주민 사회는 전염병과 폭력으로 심각한 인구 감소를 겪었다는 기록이 확인된다.

17세기 이후 금광의 발견으로 식민지 행정의 관심은 브라질 내륙 지역으로 확장되었다. 광산 지역이 경제 중심지로 부상하자 포르투갈 왕실은 질서 유지와 조세 징수를 위해서 이곳에 재판관(ouvidores), 감독관, 군대 등을 배치했다. 광산 지역 도시들은 광산 조세를 관리하는 행정 기관, 교역 상인, 종교 단체, 수공업자, 군대

등이 결합한 복합적 도시 공간으로 발전했다. 그러나 왕실의 행정적 역량은 지역 규모와 물리적 거리, 부패, 비체계적인 명령 등으로 인해 한계에 부딪혔다.

이 시기 브라질의 도시화는 행정적 필요성과 경제적 흐름에 의해 형성되었으며, 지역별로 서로 다른 양상을 보였다. 북동부에서는 사탕수수 플랜테이션과 항구 상업 활동이 살바도르(Salvador)와 레시페(Recife)를 중심으로 한 도시 성장을 촉진했다. 반면에 내륙의 미나스제라이스는 광산 경제로 도시가 형성되었고, 상업 활동과 종교 축제가 도시 문화의 중심이 되었다. 이들 도시는 예술, 종교, 상업이 결합한 독특한 식민지 도시의 특성을 나타냈으며, 대표적으로 알레이자징유(Aleijadinho) 같은 조각가가 활동한 지역도 이 시기 도시화의 산물이었다.

종합적으로 볼 때 식민 행정과 초기 도시화는 해안 지역 중심의 자원 관리 체계를 기반으로 했으며, 선교·군사·세금 관리 기능이 중심을 이루었다. 도시화는 행정적 필요와 경제 구조의 확장을 통해 점진적으로 이루어졌으나, 포르투갈의 제한된 관심과 자원 부족으로 스페인 식민지에 비해 발전 속도가 느렸다. 그럼에도 17-18세기에는 광산 개발과 해안 상업 활동을 통해서 주요 도시들이 성장하면서, 식민지 브라질 사회의 정치·경제적 중심축을 형성했다.

제국기 독립 이후:
국가, 경제, 영토의 재편

1 브라질 제국과 독립

1808년 포르투갈의 브라간사 왕실(Casa de Bragança)이 나폴레옹 전쟁을 피해 대서양을 건너서 리우데자네이루(Rio de Janeiro)로 옮겨 온 이후, 브라질은 오랫동안 경험하지 못했던 정치적 위상을 확보했고, 1815년에는 포르투갈과 동등한 지위를 갖는 포르투갈·브라질·알가르브 연합 왕국으로 승격되었다. 그러나 1821년 포르투갈에서 왕권과 협의하는 회의체인 코르테스(Cortes)가 재건된 뒤, 이들은 브라질의 행정·경제적 권한을 다시 리스본으로 집중시키는 여러 조치를 추진했다. 코르테스는 리우데자네이루에 설

그림 4 · 동 페드루

출처: 위키미디어

치된 주요 관청을 포르투갈로 회수하고, 브라질 지방 정부들을 리스본에 직접 종속시켰다.

리스본의 코르테스 협의체는 결국 아들을 리스본으로 보내 왕위에 올리고 자신은 브라질에서 섭정을 하던 동 페드루(Dom Pedro)까지 포르투갈로 복귀할 것을 요구했다. 브라질의 정치 엘리트는 이러한 조치가 실질적인 지위 하락으로 이어진다고 보았다. 연합 왕국의 본부가 리우데자네이루에 있는 동안 왕실을 중심으로 축적된 경제적 이익과 행정적 자율성은 브라질 상인·지주·관료층에 중요한 기반이었고, 이러한 질서를 버리고 리스본으로 돌아간다는 코르테스 협의체의 '재식민화' 논의는 이미 형성된 이해관계에 위협이 될 수밖에 없었다. 이에 브라질의 유력 가문과 상공업자, 지방 관리들은 브라질당(Partido Brasileiro)이라 불리는 연대 정치 세력을 형성해 제국에 독립을 주장했고, 약 8,000명의 서명을 모아 연합 왕국의 동 페드루에게 남아 달라고 청원했다.

1822년 1월 9일, 동 페드루는 '국민의 행복을 위해 남겠다'는 '디아 두 피쿠(Dia do Fico)'로 알려진 결정을 했고, 이는 브라질이 독립으로 향하는 분기점이 되었다. 이후 동 페드루는 포르투갈의 지시를 따르지 않는 정치적 행보를 이어갔고, 그의 브라질 정부는 주둔하던 포르투갈 제국군에게 충성을 요구하며 복종을 거부한 병력은 브라질을 떠나라고 했다. 이러한 상황에서 조제 보니파시오(José Bonifácio de Andrada e Silva)를 중심으로 하는 브라질의 새로운 내각이 구성되었고, 이는 제국과 거리를 두며 브라질 사회 내부의 정치 기반을 강화하는 계기가 되었다.

독립을 가속한 결정적 순간은 1822년 9월 7일, 동 페드루가 상파울루 인근 이피랑가 계곡에서 포르투갈 코르테스의 추가 명령을 접한 직후였다. 그는 수행원들 앞에서 "Independência ou Morte!(독립이 아니면 죽음을!)"라고 선언했고, 이것은 '이피랑가의 외침'으로 불리며 브라질 독립의 공식적인 기점이 되었다. 그해 12월 1일 동 페드루는 24세의 나이로 브라질의 초대 황제인 동 페드루 1세(Dom Pedro I)로 즉위했다. 이로써 브라질은 혁명이나 대규모 전쟁 없이 독립을 달성했으며, 기존 왕조를 유지하면서도 입

그림 5 · 이피랑가의 외침

출처: 위키미디어

그림 6 · 리우 제국 시절 왕국과 주변

출처: 위키피디아

헌 군주제 제국이라는 독특한 형태의 독립 국가가 형성되었다. 이는 당시 스페인 식민지였던 다른 남미 국가들이 겪은 내전·분열과 대비되는 모습이었다. 브라질 독립 초기에는 북부 지역에서 일부 포르투갈 군사 세력이 저항했지만, 광범위한 전쟁으로 번지지는 않았다.

독립 이후 브라질의 주요 과제는 대외적으로 국제 사회에서 독립 국가로 승인받는 것과 국내 사회에서 안정된 국가 체제를 구축하는 것이었다. 포르투갈은 1825년 브라질 독립을 승인하는 조건으로 200만 파운드의 배상금을 요구했으며, 브라질 정부는 이를 충당하기 위해 영국 금융 시장에 의존했다. 영국은 브라질과 경제적 관계를 유지하는 것이 자국에 유리하다고 판단해 독립을 지지했고, 이는 왕조의 안정과 해외 승인 확보에 결정적 역할을 했다.

표 3·브라질의 독립에 관한 인과 관계

정치 엘리트의 이해관계
↓
왕실의 지위 변화(브라간사 왕실의 브라질 정착)
↓
영국의 외교·경제적 지원
↓
브라질의 독립(왕정 유지 + 행정 구조 재편)
↓
구조적 연속성 유지
- 인종 계층 질서 지속
- 자원·노동 착취 경제 지속
↓
중앙 집권적 브라질 제국 형성

19세기 브라질의 독립 과정은 정치 엘리트의 이해관계, 브라간사 왕실의 지위 변화 그리고 영국과의 외교적 관계가 복합적으로 얽힌 결과였다. 브라질은 기존 식민 체제를 급격히 해체하는 대신, 왕정과 식민지 행정 구조를 재편해 새로운 제국을 형성하는 방식으로 독립을 이루었다. 이러한 구조적 연속성은 이후 브라질 제국이 중앙 집권적 국가 체제를 확립하는 토대가 되었다. 그러나 사회 내부에서는 커다란 변화가 일어나지 않았기 때문에 식민지 시기부터 존재했던 인종적 계층 질서, 자연과 자원의 활용과 노동력 착취에 기반한 산업 구조는 독립 이후에도 지속되었다.

2 브라질 제국의 개혁과 지역 갈등

포르투갈에서 독립한 브라질 제국은 독립을 얻은 직후부터 중앙 권력의 안정과 영토 통합을 위한 개혁을 추진했다. 그러나 지역별 역사·경제·정치 조건이 크게 달랐기 때문에 이러한 개혁은 광범위한 갈등을 불러 왔고, 제국의 초기 국정 운영은 지속해서 지역의 저항과 조정이 이루어졌다. 브라질 제국 시기의 개혁은 중앙 집권화, 행정 정비, 군사 통제 강화, 재정 안정 등이 중심이었으며, 이는 기존 식민 체제에서 이어진 관료·지주 구조와 결합해 복잡한 정치 환경을 낳았다.

1823년 헌법의 제정 과정은 브라질 제국 시기에 이루어진 개혁의 출발점이었다. 황제인 동 페드루 1세는 처음에 입헌 군주제 취지를 살려 국민의 대표가 참여하는 의회를 구성해 헌법 초안을 만들도록 했다. 그러나 그렇게 모인 의회 의원들이 황제의 권한을 제한하는 방향으로 헌법 제정 논의를 진행하자, 동 페드로 1세는 이 의회를 해산하고 새로운 헌법을 공포했다. 이렇게 만들어진

1824년 헌법은 황제의 권력을 입법·사법·행정 위에 두는 조정권(Poder moderador)을 포함했으며, 중앙 권력이 지방을 직접 통제할 구조를 확립했다. 그러나 이러한 조항들은 지방 자치권을 요구한 여러 지역 엘리트의 불만을 초래했다.

제국의 중앙 집권적 방향은 북동부 지역에서 처음으로 강한 저항을 낳았다. 가장 대표적인 사례가 1824년 페르남부쿠 연방주의 반란(Confederação do Equador)이다. 이 지역은 식민 시기부터 강한 자치 성향을 유지했고, 사탕수수 산업이 쇠퇴하면서 경제 불안이 깊어진 상황이었다. 페르남부쿠의 정치 지도자들은 1824년 헌법이 지역의 자율성을 약화한다고 판단했고, 브라질 제국에서 분리된 공화정을 선포했다. 반란은 중앙 정부 제국군에 의해 짧은 기간에 진압되었다.

브라질 남부에서도 독립 이후 제국의 중앙 정부와 지역 세력의 충돌이 나타났다. 특히 리우그란지두술(Rio Grande do Sul)과 산타카타리나(Santa Catarina) 등 대표적인 남부 지역은 가축 생산 경제가 중심이었는데, 중앙 정부의 세금 정책과 관세 조정은 기존 남부 지역의 경제 구조와 충돌하게 되었다. 이 지역의 일부 지주와 군사 지도자들은 제국 정부가 자신들의 경제적 이익을 충분히 반영하지 않는다고 보았고, 지방 정치 세력은 행정·군사 문제에서 더 많은 자치권을 중앙에 요구했다. 이러한 긴장은 제국의 말기까지 지속되었으며, 남부의 지역 정체성과 중앙 권력에 대한 불신을 강화하는 요인이 되었다.

브라질 내륙 지역에서도 제국의 개혁은 균일하게 적용되기 어려웠다. 광산 지역이 포함된 미나스제라이스는 18세기에 금광이 쇠퇴하면서, 이후 새로운 경제 기반을 마련해야만 했고 브라질 제국의 중앙 정부는 이 지역의 사회 질서를 유지하기 위해서 사법·행정 인력을 재배치했다. 그러나 넓은 영토, 교통의 어려움, 지역 엘리트들의 경쟁 등으로 인해 중앙 정부의 개입은 효과가 제한적이었다. 기록에 따르면 법관 배치와 행정 단위 재편은 광산 지역 안정에 필수적이었지만, 실제 통치력은 지역 조건에 따라 크게 달랐다.

상파울루와 리우데자네이루를 포함한 브라질 동남부 지역은 제국의 개혁을 비교적 부드럽게 수용적으로 받아들였다. 이 지역의 상인과 토지를 소유한 계층은 왕실이 리우데자네이루에 체류했던 시절부터 중앙 행정과 직접 연결되는 이익을 얻었고, 제국 정부가 추진한 재정·관세 개혁은 해상 교역을 중심으로 발전하는 동남부 경제와도 맞닿아 있었다. 이러한 지역은 제국 체제 내부에서 정치적 영향력이 커졌고, 이후 제국 말기 브라질 자유당과 보수당의 정치 기반도 주로 이 지역에서 형성되었다.

브라질 제국 시기의 개혁은 국가 통합을 주된 목표로 했으나, 지역 경제 구조와 정치적 이해가 달랐던 이유로 광범위한 갈등을 초래했다. 북동부는 자치 전통과 경제 쇠퇴로 중앙 집권에 저항했고, 남부는 경제적 이해관계 문제로 긴장을 유지했으며, 내륙은 행정력 부족으로 개혁의 실효성이 제한되었다. 반면 동남부는 개혁으로 얻는 이익이 크다고 판단해 제국의 중앙 정부와 협력을 강화했다. 이러한 지역별 차이는 브라질 제국의 정치 역학을 설명하는 핵심 요소가 되었고, 이후 제국이 무너지고 공화정으로 이행되는 과정에서도 지속해서 영향을 주었다.

3 노예제 폐지와 사회 변동

19세기 후반 브라질 제국은 노예제의 약화와 새로운 노동 체제의 필요성이 동시에 표면화된 시기를 맞았다. 브라질로 향하는 노예선 단속을 강화한다는 1845년 영국의 〈애버딘 법(Aberdeen Act)〉(1845), 그리고 아프리카 노예 무역을 완전히 금지하는 1850년 브라질의 〈에우제비우 데 케이로스 법(Lei Eusébio de Queirós)〉(1850)은 이러한 상황을 구현했다. 법으로 아프리카에서 브라질로 연결되는 노예 무역이 금지되자, 브라질의 노예 인구는 자연 감소와 탈주 증가로 급격히 줄어들었다.

1880년대에 이르면 노예 인구가 전체의 약 5퍼센트 수준까지 감소했고, 여러 지방 정부는 중앙 정부보다 먼저 노예 제도를 폐지하기 시작했다. 이 시기에는 많은 수의 노동 이민자가 브라질로 유입되었고, 커피 경제의 확대 역시 노예 제도를 유지해야 할 필요성을 줄였다. 1870년대 이후 상파울루를 중심으로 하는 커피 플랜테이션은 유럽에서 유입된 이민자를 대체 노동력으로 도입했고, 1880년대에는 수만 명의 이탈리아 이민자가 상파울루에 도착해 기존 노동 시장의 구조를 바꾸었다. 1888년 커피 수확이 문제없이 이루어졌다는 기록에 따르면, 농업 생산에 있어서 노예 제도에 의한 노동력을 충분히 대체했음을 짐작할 수 있다.

도시 지역에서는 노예 제도 폐지에 관한 새로운 사회 운동이 활발하게 전개되었다. 리우데자네이루와 상파울루 등 주요 도시에서는 유인물 배포와 신문 활동을 중심으로 노예 제도 폐지를 주장하는 운동이 조직적으로 확산했고, 흑인 지도자인 루이스 다 가마(Luís da Gama)와 조제 두 파트로치니우(José do Patrocínio) 등이 대중적 영향력을 확보하며 노예 제도의 폐지를 강조했다. 상파울루에서는 '카이파제스(Caifazes)'라 불린 비밀 조직이 노예들의 숙소에 잠입해 대규모 탈출을 도왔고, 상파울루 남부 지역인 자바콰라(Jabaquara)에 도망친 노예들을 위한 자치 공동체인 '퀼롬보(Quilombo)'를 만들거나 북동부 지역으로 탈출하는 경로를 조직했다. 군 내부에서도 노예 제도 폐지론이 설득력을 얻었다. 파라과이와의 전쟁 이후 군대는 브라질의 정치·사회적 영향력이 커졌고, 일부 장교는 도망친 노예들(퀼롬볼라, Quilombolas)의 추적 명령을 거부했다는 기록도 있다.

이러한 변화는 브라질 정부의 통치 기반을 약화하는 방향으로 작용했다. 이러한 위협을 극복하고자 1888년 5월 브라질 의회는 노예제를 전면 폐지하는, 이른바 〈황금법(Lei Áurea)〉을 통과시켰다. 이 조치는 오랜 기간 누적된 법률 개혁의 최종 단계였고, 이미 축소된 노예 인구 규모, 탈주 증가, 이민자 대체 노동, 사회 운동 확산 등 여러 요인이 결합한 결과로 평가되었다.

노예 제도 폐지 직후 사회 변동은 지역마다 달리 나타났다. 북동부에서는 해방 이후에도 많은 흑인 노동자가 대지주의 보호 아

그림 7 · 브라질의 노예 해방을 위한 〈황금법〉

출처: 위키피디아

래 예속된 상태로 남았다. 마라냥(Maranhão)에서는 해방민이 빈 땅을 점유해 생계를 유지하는 경우가 많았다. 파라이바 계곡에서는 해방민이 소작(sharecropper) 형태의 계약 노동으로 편입되었으며, 서부 상파울루 지역에서는 해방 직전부터 대규모 탈주가 확산했다. 도시 지역에서는 리우데자네이루가 비교적 다양한 흑인 고용 기회를 제공했지만, 상파울루에서는 유럽 이민자가 대부분의 안정된 일자리를 차지해 흑인 노동자의 기회가 제한적이었다는 기록이 있다.

브라질에서 노예 제도의 폐지는 제국 체제의 존립 기반을 크게 흔들어 놓았다. 플랜테이션을 소유한 엘리트는 제국 정부에 대한 불만을 키웠고, 군 내부에서도 불만이 고조되었다. 노예 제도 폐지 운동이 공화주의와 결합하면서 제국은 정치적 정당성을 잃어갔고, 1888년 노예 제도가 폐지된 직후부터 군부는 더 직접적인 정치적 영향력을 행사하기 시작했다. 그 결과 1889년 11월 군사 쿠데타로 황제 중심의 브라질 제국이 무너졌고, 공화정이 시작되었다.

결국 1888년 브라질에서 노예 제도의 폐지는 법률적인 결정이라는 범위를 넘어서, 브라질 제국 말기의 사회·정치·경제 구조를 전환하는 결정적 계기였다. 노예 제도 폐지라는 사건은 브라질 사회의 노동 체제, 지역 사회 구성, 이민 정책, 군의 정치화, 공화주의의 확산이라는 여러 상황과 복잡하게 연결되어, 제국 시기에서 공화정 시기로 이행하는 과정을 자극한 방아쇠가 되었다. 노예 제도 폐지로 인해 자유를 얻은 사람들은 브라질 사회에서 말 그대로

자유만 얻었을 뿐, 경제적 궁핍과 사회적 계층이라는 틀에서 벗어
나지는 못했다.

표 4·브라질의 노예 제도 폐지 요약

핵심 요소	내용
노예 무역 금지	브라질 국내외 법으로 아프리카 노예 유입 차단
노동 대체	커피 경제 확대 + 유럽 이민자 노동 도입
폐지 운동	도시 중심 운동 확산, 흑인 지도자·비밀 조직 활동
〈황금법〉 제정	1888년 노예제 완전 폐지
영향	지역별 차등 변화 + 공화정 전환(1889) 촉발

4 제국의 말기와 공화정으로 전환

브라질 제국의 말기는 노예제 폐지 이후 사회·경제·군사 영역
에서 누적된 불안정이 표면화되는 시기였다. 1888년 〈황금법〉 시
행 이후, 플랜테이션 지주층은 제국 정부가 자신들의 경제적 요구
를 고려하지 않았다고 판단했고, 이는 오랜 기간 왕실과 지주 계
급 사이에 형성되었던 협력 관계를 축소시켰다. 일부 기록에서는
노예제 폐지 이후 지주층이 정부를 더 이상 신뢰하지 않았고, 제
국 체제를 지지할 동기가 크게 줄어들었다고 서술한다.

군 내부의 변화는 제국 붕괴를 촉발한 핵심 요인 중 하나였다.
파라과이 전쟁 이후 브라질 군대는 전국적 동원과 전투 경험을 통

해 정치적 자신감을 얻었고, 제국의 말기 전후에는 사회적 발언권까지 확대되었다. 그러나 제국 정부는 군 내부 개혁 요구에 소극적으로 대응했으며, 장교들은 승진 체계, 급여, 조직 내 권한 문제에서 불만을 계속 표출했다. 특히 일부 젊은 장교들은 공화주의 사상의 영향을 받아 군이 국가 운영에서 더 적극적인 역할을 해야 한다고 주장했고, 이 분위기는 1880년대 후반 점차 확대되었다. 제국 정부와 군대의 갈등은 1887년 이후 더 뚜렷해졌다. 일부 군 장교는 도망치는 노예를 체포하라는 명령을 거부하면서 제국 정부의 권위에 도전했고, 군 내부에서는 황실에 대한 충성보다 군 조직의 이해를 우선시하는 분위기가 퍼졌다. 노예 제도 폐지가 군 내부에서 빠르게 지지를 얻은 이유도 이러한 변화와 연결되며, 군은 정치적 주체로 자신들의 입지를 새롭게 자각하기 시작했다.

정치 영역에서도 효율성이 떨어지는 동시에 긴장이 커졌다. 제국 말기에 정국을 안정시켜야 할 정당 체제는 이미 기능이 줄어들어 있었고, 자유당과 보수당 모두 사회 변화에 대한 대응력이 낮았다. 의회는 지역 이해관계를 조정하는 기능을 충분히 수행하지 못했고, 국정 전반이 정체되는 현상이 반복되었다. 특히 지주층의 지지가 줄어든 상황에서 제국 정부는 안정적인 정치 기반을 유지하기 어려웠다.

1889년 11월 군 내부의 불만은 쿠데타 발생으로 연결되었다. 당시 육군의 중요한 장교였던 데오도루 다 폰세카(Deodoro da Fonseca)는 군 장교들의 압박과 정치적 혼란에서 행동에 나섰고, 11월 15일 군부는 리우데자네이루에서 제국 정부를 사실상 해체했다. 황제의 폐위는 폭력적인 충돌 없이 진행되었고, 페드루 2세와 왕실은 곧 유럽으로 추방되었다. 이와 함께 브라질 공화국이 공식적으로 선포되었으며, 이는 67년 동안 유지된 브라질 제국의 종말을 의미했다.

제국이 붕괴한 직후 브라질 정부는 과도기적인 성격의 체제를 유지했다. 쿠데타를 주도한 군부는 새로운 헌법 제정과 행정 체계 정비를 추진했으며, 공화정 초기에 정부는 군사적 기반 위에서 형성되었다. 공화정의 첫 단계는 농업 엘리트, 군 장교, 지역 기반 세력이 함께 국가 운영을 주도하는 구조였고, 이전 제국 시기의 중앙 집권 구조를 일부 유지하면서도 새로운 정치 모델을 실험하는 시기였다.

결과적으로 제국의 말기와 공화정 이행은 사회·경제·정치·군사 영역에서 축적된 긴장이 결합해 나타난 변화였다. 노예 제도 폐지 이후의 계급 재편, 군 내부의 정치화, 지주층의 이탈, 제국 정부의 대응 부족이 복합적으로 작용하면서 왕정 제국 체제가 무너졌고, 브라질은 군부가 주도한 공화정으로 전환되었다. 이 과정은 같은 시기 다른 남미 국가들에서 폭력적 내전이 동반된 전환과는 비교적 다른 모습을 보였으며, 제국에서 공화정으로의 변화가 비교적 짧은 시기 안에 정리되었다는 모습도 남겼다.

03

근대화와 국가 재편: 경제·도시·영토의 변화

1 커피 경제의 확장과 이민 노동의 도입

19세기 말 브라질 사회는 커피 경제의 확대와 노예제 폐지 이후 새로운 노동 체제의 형성에서 재편되었다. 커피 재배는 19세기 후반부터 브라질 경제의 중심으로 부상했고, 특히 상파울루 지역에서 그 비중이 급격히 증가했다. 북동부 사탕수수 경제의 쇠퇴와 대비되는 상파울루의 성장 과정은 브라질 경제의 중심축을 남동부로 이동시키는 계기가 되었고, 이 변화는 사회·인구 구조 전반에 영향을 미쳤다. 노예제 폐지 이후 필요한 대규모 노동력 확보는 브라질 농업 경제의 핵심 과제가 되었다. 이 시기의 경제 구조 변화는 지역 간 격차를 심화시키는 동시에, 새로운 사회적 계층 형성을 촉진했다.

1888년 노예 제도가 폐지된 직후 커피 농장은 노동력 공백 문제에 직면했다. 그러나 1870년대부터 이루어진 유럽 이민자 유입은 이러한 변화에 대응할 기반을 마련해 두었다. 이민자 노동력은 상파울루를 중심으로 빠르게 확대되었고, 이탈리아, 독일, 스위스 등 여러 유럽 국가에서 온 이민자들이 대규모로 커피 농장에서 일하기 시작했다. 1880년대 후반과 1890년대 초반 상파울루에 도착한 이탈리아 노동자는 수만 명에 달했고, 이들은 커피 농업 생산의 주된 노동력이 되었다고 한다. 유럽 이민자의 유입은 브라질 농업의 산업화를 일구었고, 다문화적 사회 구조의 초석이 되었다.

커피 농장의 확장은 교통 인프라의 발전과 함께 이루어졌다. 철도망 건설은 커피를 내륙에서 해안 항구로 운송하는 비용을 줄였고, 따라서 상파울루 커피 경제는 세계 시장 경쟁력을 확보할 수 있었다. 철도 확장은 도시 성장과도 연결되었다. 커피 농장을 중심으로 형성된 중소 규모 정착지는 철도역 주변에서 도시적 기능을 수행하는 공간으로 발전했으며, 이 과정에서 새로운 상업 활동과 서비스 산업이 등장했다. 도시 노동자의 수가 증가하면서 농업 외부의 고용 구조도 점차 확대되었다. 철도와 농업의 결합은 상파울루 지역이 경제적·문화적 중심지로 성장하는 기반을 마련했다.

유럽 이민 노동의 도입은 사회적 구성에도 영향을 주었다. 이민자들은 대체로 가족 단위로 이주했으며, 도착 후 커피 농장에서 일정 기간 계약 노동을 수행한 뒤 도시로 이동하거나 소규모 자영

농으로 전환하는 경우가 많았다. 이러한 노동 이동성은 상파울루 인구의 급속한 증가를 이끌었고, 해방된 흑인 인구가 도시로 이동하는 흐름과 결합하면서 도시는 빠른 구심적 팽창을 경험했다. 이 시기 브라질 도시는 다양한 출신 집단이 섞인 공간으로 변화했고, 이주민과 해방민, 기존 도시 주민이 서로 다른 직업 영역을 형성하며 새로운 도시 계층 구조가 나타났다. 이러한 변화는 브라질 도시 사회의 복잡성을 심화했다.

커피 경제 확대는 토지 구조에도 변화를 주었다. 상파울루 일부 지역에서는 대규모 플랜테이션이 여전히 우세했지만, 이민 노동자가 정착하면서 중소 규모 토지 소유가 증가하는 양상도 관찰되었다. 이는 유럽 이민 정책의 일부가 정착과 소유를 장려한 것과 연결되어 있다. 그러나 토지 접근성은 지역마다 달랐으며, 커피에 관련된 상업 네트워크가 연계된 지역에서는 플랜테이션 중심 구조가 지속되는 경향이 강했다. 이 과정에서 토지 구조의 다양화는 사회적 계층과 경제적 불평등 양상에도 직접적인 영향을 주었다.

국가 재정과 외교 관계에서도 커피는 핵심적 위치를 차지했다. 브라질 정부는 커피 수출을 통해 국제 금융 시장과 연결되었고, 수출 수익은 국가 재정 기반을 유지하는 중요한 요소가 되었다. 특히 19세기 말과 20세기 초 브라질의 경제 정책에서 커피 가격 안정을 위한 조치가 반복적으로 등장하며, 이는 커피 생산 지역의 정치적 영향력과도 밀접하게 관련되었다. 상파울루·미나스제라이스·리우데자네이루로 이어지는 '커피 3각 지역'은 브라질의 초기 공화정 정치 구조에서도 매우 중요한 역할을 했다.

결국 1880년부터 1920년 사이의 커피 경제 확장은 노동, 도시, 이주, 정치, 토지 구조 전반을 재편하는 변화를 이끌었다. 노예 제도 폐지 이후 발생한 노동 전환은 유럽 이민자 대체 노동력의 도입으로 해결되었고, 이 과정은 브라질 남동부의 경제적 비중을 강화했다. 도시화와 철도 기반의 인프라 성장, 농업·도시 노동 시장의 재구성은 근대 브라질 사회 형성의 중요한 기반을 제공했다. 이러한 변화는 이후 산업화와 국가 주도의 경제 정책으로 이어지는 흐름을 준비하는 단계였다.

2 초기 산업화와 도시의 성장

커피 경제의 확장으로 산업이 전환된 이후의 1890년대에서 1930년대에 이르는 시기는 브라질의 도시 성장 및 초기 산업화가 본격적으로 전개되었던 시기였다. 공화정이 수립된 이후 정치 권력은 각 지역의 소수 엘리트 집단에 의해 운영되는 올리가르히(Oligarchy) 체제였지만, 경제·사회 구조는 점차 도시 중심으로 이동했다. 상파울루와 리우데자네이루는 새로운 산업 자본과 노동력이 집중되며 이러한 현상의 대표적인 곳이 되었다. 이 같은 변화는 커피 경제의 확장, 이민 노동의 대규모 유입, 철도 및 항만 인프라의 발전 그리고 도시 노동자의 증가라는 요인들이 결합하면서 나타났다.

도시의 성장은 무엇보다도 상파울루의 산업 발전과 깊이 연결

그림 8 · 브라질 철도 건설 초기의 목재 운반

출처: Digital Library of Georgia

되어 있었다. 커피 수출을 통해 축적된 자본은 제조업과 금융업으로 흘러 들어갔고, 이는 상파울루가 '산업 도시'로 자리 잡는 계기가 되었다. 상파울루는 1890년에서 1920년 사이에 유럽·중동·일본에서 온 이주민이 대규모로 몰려들면서 인구가 65,000명에서 600,000명으로 급증했다. 이러한 인구 증가는 단순한 수치 확대가 아니라 도시 내부의 산업 노동자 계급의 성장과 새로운 도시 사회의 형성으로 이어졌다. 커피 농장과 가내 노동에서 벗어난 이주민과 해방 흑인들은 공장 노동, 상업 활동, 서비스업 등 다양한 직종에 진입하며 도시 노동 시장을 재구성했다.

상파울루에서 산업화가 빠르게 전개된 이유에는 커피 수출로

그림 9 · 상파울루의 파울리스타 거리

출처: damalion

축적된 자본의 영향이 크게 작용했다. 산업 자본가들은 생산 규모를 확대하고, 새로운 제조업 기반을 구축했으며, 커피 생산지와 항만을 연결하는 철도망 확장은 산업 물류를 효율화했다. 철도는 커피 경제와도 깊이 연결되어 있었고, 도시 산업의 성장과 노동 인구의 유입을 촉진하는 역할을 했다. 브라질의 철도 확장은 커피 생산 지역에서 항구로 이어지는 교통 체계를 강화하며 경제 중심 구조를 남동부 지역에 집중시키는 기반이 되었다는 설명도 확인된다.

도시화는 경제적 측면과 함께 사회적 변화를 만들었다. 리우데자네이루는 공화정 초기에 '아름다운 수도'가 되기 위한 도시 개조 계획의 중심에 있었기에 기존의 가옥 철거와 위생 개선 사업이 추진되었다. 그러나 변화는 도시 빈민의 생활을 개선하지 못했고, 1904년 백신 의무화 정책에 대한 대규모 저항이 발생하는 원인이 되었다. 이 시기 리우에는 도시로 유입된 농촌 주민과 가난한 이주민이 비공식 정착지인 파벨라(Favela)를 형성했다. 리우데자네이루의 파벨라는 도시의 행정·세금·서비스 체계 밖에 형성되어 상하수도·전기·도로 등의 인프라가 부족하고 환경이 열악해 도시 빈곤의 공간적 상징이었다.

도시 노동자 계층은 산업 성장과 함께 정치적·사회적 존재감을 드러내기 시작했다. 상파울루에서는 1917년부터 1921년까지 노동조합이 주도한 파업이 이어졌고, 1917년 총파업은 여성 노동자의 임금 인상 요구에서 촉발되어 도시 전체로 퍼졌다. 이 시기의 노동 운동은, 도시 노동자들이 집단적 정체성을 형성하고 도시를 정치 활동의 무대로 만드는 계기가 되었다. 상파울루의 노동자 시위에는 공장 노동자뿐 아니라 이주민 노동자, 상인, 기술자 등 다양한 집단이 참여하며, 도시 사회의 구조적 변화를 드러냈다.

도시의 성장은 산업 구조를 변화시키면서 권력을 재편하는 결과도 낳았다. 공화정 시기에도 정치권력은 여전히 지역의 대지주 중심으로 형성되었지만, 점차 경제적 영향력은 도시를 중심으로 행사되었다. 공화정이 농촌 엘리트 중심의 권력 구조를 완전히 변화시키지는 못했지만, 도시 상공업 세력이 점차 국가 경제·정치 정책에 영향력을 행사하기 시작했다. 이는 1930년대 이후 본격적인 산업화 정책과 중앙 집권적 경제 전략이 등장할 기반을 제공했다.

표 5·19세기 말에서 20세기 초 사이의 브라질 도시와 산업의 변화

범주	핵심 내용
경제 변화	커피 자본에서 제조업·금융으로 이동, 도시 산업 기반 형성
도시 성장	상파울루·리우데자네이루 급성장, 이민 유입으로 인구 폭증
산업화	공장·상업·서비스업 확대, 철도·항만 인프라 강화
노동 변화	이민자·해방 흑인 중심 산업 노동 계층 성장, 파업 확산
사회 변화	파벨라 형성, 도시 빈곤 고착·도시 사회 구조 재편
정치 변화	농촌에서 도시로 중심 이동, 도시 상공업 세력의 영향력 증가

결국 브라질에서 19세기 후반에서 20세기 초반까지가 도시 중심의 경제 구조가 형성되고 산업화의 기초가 마련된 시기였다. 이 기간에 브라질 사회는 대규모 이민, 철도 기반의 교통망 확장, 커피 자본의 산업 투자, 도시 노동자의 등장, 파벨라의 형성 등 다양한 변화를 겪으며, 새로운 방향으로 진화했다. 이러한 변화는 이후 국가 주도 산업화와 중앙 집권적 정책의 토대가 되었고, 근대 브라질의 경제·도시·계층 구조가 형성되는 전환기였다.

3 공화정 초기의 국가 개입 확대와 사회·정치 변화

1889년 공화정이 수립된 이후, 브라질은 연방제를 기반으로 한

새로운 정치 질서를 형성했다. 그러나 국가의 개입은 지역 권력 구조와 결합하며 복합적인 모습을 보였다. 공화정 초기의 권력 구조는 헌법상 연방주의를 표방했지만, 실제로는 지역 엘리트 집단의 영향력이 매우 강하게 작용했다. 공화정 시기의 브라질 중앙 정치는 상파울루와 미나스제라이스의 농업 엘리트가 장악했는데, 이들은 공화정 시기에 정치적 중심 세력이 되었다. 이러한 권력 구조는 국가 개입이 중앙 정부 주도보다는 유력한 지방들의 이익 관계와 맞물려 이루어졌음을 시사한다.

1891년 연방 헌법은 주(州) 단위의 자율성을 확대해, 각 주의 경제 정책과 행정 활동을 독자적으로 수행할 수 있게 했는데, 이는 지역 사이의 불균형을 더 확대했다. 예를 들어, 남부의 부유한 주들은 그들의 교역에 대한 세금을 부과하며 상당한 재원을 확보했지만, 북동부의 빈곤한 주들은 재정적 어려움을 겪었다. 또한 여러 주가 독자적으로 외국 금융 기관과 협상했다는 점은 브라질의 공화정 초기 국가의 개입 구조가 분산적이었음을 잘 보여 준다.

1930년까지 브라질 공화정 초기에 겉으로는 지역주의가 강한 분권적 체제가 유지되었지만, 실제로는 다양한 형태의 국가 개입이 확대되면서 정치·사회·경제 구조가 재편되었다. 무엇보다 군부는 공화정 수립 직후부터 정치의 핵심 행위자로 자리 잡아 두 차례 중앙 정부를 전복하고 여러 주의 정치 과정에 개입하며 실질적인 국가 권력을 행사했다. 이러한 개입은 법과 제도를 통한 중앙 집권이라기보다는, 군부와 지역 엘리트 사이의 협력과 충돌을 조정하며 국가 영향력을 유지하는 방식이었다.

도시 영역에서도 강한 국가 개입이 나타났다. 리우데자네이루에서는 20세기 초 도시 미화와 위생 개조를 목표로 대규모 철거·정비 작업이 진행되었는데, 이는 근대적 수도를 만들려는 국가 정책의 일환이었지만, 동시에 도시 빈민을 배제해 이들을 도시 주변부로 밀어내는 결과를 초래했다. 이 과정은 도시의 파벨라 형성을 자극하면서 불평등을 심화했다. 또한 이러한 국가 중심의 도시 재구조화는 도시 공간을 계층적으로 재편하며 사회적 분리와 배제를 제도적으로 강화했다.

사회 운동의 확대도 국가 개입을 강화하는 계기였다. 1917년 상파울루와 리우에서 발생한 총파업은 여성 노동자의 임금 투쟁에서 시작해 도시 전체로 퍼졌고, 이에 대한 정부의 대응은 군과 경찰을 동원한 강경한 진압이었다. 이는 산업화 과정에서 도시 노동계급이 새로운 정치적 주체로 등장했음을 보여 주는 동시에, 국가가 사회 갈등을 통제하기 위해 억압적 방식으로 개입했다는 점을 드러낸다. 이 과정에서 노동자와 국가 사이의 긴장은 누적되어 향후 더 조직적인 노동 운동이 형성되었다.

정치 구조 면에서도 기존 농업 엘리트의 지배가 유지되는 가운데 도시 중산층과 산업 자본가 그리고 노동자 계층이 새롭게 부상하면서 권력 균형이 무너지기 시작했다. 이 변화는 상파울루-미나스제라이스 동맹 중심의 기존 정치 질서를 흔들었고, 결국 1930년 혁명으로 이어졌다. 특히 도시 중심 세력의 부상은 국가 정책의 방향을 농업 중심에서 산업·도시 중심으로 전환하는 압력으로 작용했다.

공화정 초기의 국가는 제도적 중앙 집권을 이루지는 못했지만, 군부 개입, 도시 정책, 사회 갈등 통제 등 다양한 실질적 방식으로 영향력을 행사했다. 이 시기는 브라질이 본격적인 국가 주도 산업화와 중앙 집권 체제로 나아가기 전, 정치·사회·경제 구조의 긴장과 재편이 일어난 과도기였고, 이후 근대화 정책이 등장할 토대를 마련한 시기였다. 따라서 이 시기는 브라질이 지역주의 체제에서 현대적 국가 체제로 전환하는 과정 중 필연적으로 구조적 변화를 겪었던 시기다.

4 아마존과 국가 영토 정책의 변화: 통합·개발·지식의 구축

19세기 말에서 20세기 초까지 브라질이 공화정 체제로 전환하는 과정에서 아마존은 국가의 공간 정치와 영토 전략을 재편하는 중요한 대상이 되었다. 공화정 초기는 국가의 통치를 여전히 지역에 기반한 엘리트 집단이 운영했으나, 아마존에 관한 관심은 국가 차원의 장기적 공간 전략과 맞물리며 점차 확대되었다. 이 시기의 아마존 정책은 외국의 영토적 압력 대응, 국경 확정, 내륙 통합, 고무 경제의 성장이라는 요소들이 결합하면서 형성되었다.

1880년대에서 1910년대 사이의 아마존 지역은 고무 수요의 급증으로 세계 경제의 중요한 공급지로 부상했다. 유럽과 북미 산업이 고무를 대량으로 필요로 하자 브라질 북부, 특히 아크리(Acre)·아마조나스(Amazonas)·파라(Pará)는 급속한 미시적 도시화와 이주의 증가를 겪었다. 이 시기 고무 채취 노동자들은 북동부 건기 지역에서 대거 이동해 왔고, 이 과정에서 지역 사이의 인구 이동이 활성화되었다. 고무 경제는 상파울루와 리우데자네이루 중심의 남동부 경제와는 다른 자본과 노동 구조를 형성했으며, 아마존 지역이 공화정 시기 국가 정책의 주요 대상이 되는 계기로 작용했다.

국가 영토 정책은 고무 수요 증가와 국제적 긴장이 결합하며 구체적으로 강화되었다. 볼리비아와의 경계 분쟁에서 드러난 것처럼, 아마존 국경은 국가적 불확실성이 큰 영역이었다. 공화정 정부는 이를 해결하기 위해서 적극적인 외교·행정 정책을 전개했다. 아크리 지역은 실질적으로 브라질계 채취민이 다수였지만, 국제법상 볼리비아 영토였는데, 이 문제는 1903년 〈페트로폴리스 조약(Petrópolis Treaty)〉의 체결로 해결되었다. 그 결과 브라질 정부는 볼리비아로부터 아크리를 획득하고, 철도 건설(마데이라-마모레 철도)과 이주 장려를 추진해 국경을 안정시키는 전략을 수행했다. 이는 공화정 시기 국가가 처음으로 아마존 영토 확장에 명확한 정책적 의지를 드러낸 사례였다.

아마존을 국가 공간에 편입하려는 정책은 지도 제작, 과학 조사, 측량 활동을 통해 더 추진되었다. 공화정 초기 군 지도국과 지리학자들은 내륙 강과 지류를 기록하고, 탐험하지 못한 지역을 지도화하는 작업을 진행했다. 이 과정은 국가의 행정적 도달성을 확대하는 동시에, 아직 통합되지 않은 광대한 내륙을 제도적 공간으로 재구성하는 시도였다. 이러한 공간적 작업은 아마존을 브라질 자원·영토 전략의 일부로 인식하게 하는 계기를 마련했고, 아마존의 경제적 잠재력을 국가 정책 결정의 중심으로 끌어들이는 효과도 있었다.

아마존 정책에는 국내 치안과 질서 유지라는 국가적 고려도 존재했다. 고무 경제가 확장되며 채취 노동자·상인·이주민이 뒤섞여 있는 지역 사회가 형성되었고, 이는 종종 통제되지 않는 경제 활동과 폭력 문제로 이어졌다. 공화정 정부는 군대와 경찰을 파견해 기본적 치안 구성을 시도했고, 항만·강변 도시를 중심으로 행정 기구를 설치해 국가 개입을 확대하려고 했다. 이러한 조치는 남동부나 북동부의 행정 체계와 비교할 때 초기 단계였지만, 국가가 아마존을 수동적 주변부가 아닌 통치 대상 공간으로 바라보기 시작했다는 점에서 의미가 컸다. 동시에 이러한 치안 및 행정 확대는 현지 주민들의 생활 방식과 자율성을 제한하는 갈등의 원인이 되기도 했다.

아마존은 국제 정치 차원에서도 국가 정책과 연결되었다. 이 시기 영국·미국·프랑스 등은 아마존 천연자원과 수로 접근권에 관심이 많았으며, 국제 언론은 브라질의 아마존 통치 역량을 문제 삼기도 했다. 이에 공화정 정부는 국경 확정, 고무 경제 보호, 외국 기업의 영향력 조정 등을 통해서 아마존에 대한 국가 주권을 강화하는 방향으로 대응했다. 아마존의 영토적 통합은 단순한 경제 정책이 아니라 국가 정체성과 주권을 둘러싼 정치적 과제였다. 이러한 국제적 관심과 대응은 아마존의 전략적 가치를 재확인하고, 브라질 정부가 자국 내 영토 주권을 강화하는 계기로 작용했다.

결국 19세기 말에서 20세기 초의 아마존 정책은 국경 문제의 해결, 고무 경제의 성장, 과학적인 조사, 치안 확립, 국가 주권의 강화 등을 통해서 영토를 제도적으로 재편하려는 것이었다. 이는 커피 중심 경제와 도시 산업 성장으로 남동부에 편중된 국가 구조를 보완하며, 브라질이 광대한 내륙을 어떻게 '국가의 공간'으로 조직할 것인지에 대한 초기 단계의 실험이었다. 이러한 정책은 이후 국가 주도의 개발 계획, 아마존 통제 전략, 환경·토착민 문제로 이어지는 장기적 경로 출발점이 되었으며, 근대 브라질의 영토 통합 논리를 구성하는 중요한 요소로 남았다.

표 6·브라질 공화정 초기 아마존 정책

주제	핵심 요점
전략적 중요성	국가 영토 및 경제 통합의 대상으로 인식
경제	고무 수요 급증 → 지역 개발, 노동자·이주민 유입
영토 문제	1903년 〈페트로폴리스 조약〉 → 아크리 분쟁 해결
국가 개입	지도 제작, 군·행정 배치로 통제 강화
국제 관계	외국 압력 대응 → 주권 확보 및 외국 기업 조정

04

현대 브라질: 민주주의, 불평등, 환경 · 지식 · 공간의 시대

1 민주화와 1988년 헌법

1985년 민정 이양으로 오랜 군사 정권이 사라지고, 브라질은 축적된 정치적·사회적 긴장을 해소하기 위해서 헌정 질서를 전면적으로 재구성했다. 당시 사르네이(José Sarney) 정부는 경제 위기와 낮은 정치적 정당성을 안고 출범했지만, 민주주의 복원을 위한 제도적 장치를 마련해야 한다는 요구는 광범위한 사회적 합의를 형성했다. 이에 따라 1986년 선출된 의회는 연방 헌법 제정이라는 임무를 부여받았고, 559명의 의원 전원이 참여하는 헌법 제정이 시작되었다. 이 과정은 다양한 이해관계가 충돌하는 장이었지만,

새로운 헌법은 사회적 연대, 권리 보장 그리고 국가 체제의 재구성을 포괄적으로 구현했다.

1988년 헌법은 민주주의 회복을 핵심 목표로 설정했다. 이 헌법은 행정부, 입법부, 사법부의 권력 분립을 명확히 하고 주요 행정직 선출에 직접 선거를 확대했으며, 두 차례의 투표를 통해 정치적 대표성을 강화하는 선거 제도를 도입했다. 또한 이 헌법은 의회의 감독 권한을 강화하고 행정부의 일방적 통치를 제한하는 조항을 포함해, 군사 정권 시기에 유지되었던 비상적 권력 행사를 제도적으로 차단하려고 했다. 이 헌법이 행정부 권한을 축소하고 의회와 사법부의 독립성을 강화한 점은 중요한 변화다.

1988년 새 헌법은 시민적·정치적 권리를 넘어서 사회적 권리를 폭넓게 규정했다. 이 헌법에서 규정하는 교육·보건·노동·사회 보장·모성 보호·여성 권리 등 폭넓은 권리 보장은 당시 국제적 흐름과 구별되는 특징이었다. 노동권 측면에서는 노동 시간, 사회 보장, 단체 행동권 등 기존에 축적된 사회적 요구가 제도적으로 승인되었고, 룰라(Lula) 등 노동 운동 세력은 토지 개혁·환경 보호·노동 시간 단축 등 진보적 조항의 도입에 적극적으로 관여했다.

행정·재정 구조의 분권화도 1988년 브라질 헌법의 특징이다. 이 헌법은 지방 정부(주·시)의 자율성을 강화하고 재정 권한을 분산함으로써 지역 행정의 민주성과 참여성을 확대하려고 했다. 그러나 이러한 분권화는 동시에 사회권 확대와 결합하면서 재정적 긴장을 유발했고, 국가가 약속한 사회권을 완전히 실현하기 위한 자원 확보 문제는 이후까지 이어지는 국가의 구조적 과제로 남았다.

1988년 브라질 헌법은 인권과 평등의 측면에서도 사회의 중요한 전환점을 마련했다. 이 헌법은 브라질 역사에서 처음으로 인종 차별을 불가역적이고 '보석'이 불가능한 범죄로 규정했다. 이는 브라질이 오랫동안 공공연히 유지한 인종 민주주의 논의를 넘어서 사회적 불평등에 실질적이고 적극적으로 대응하기 위한 법적 기준을 마련한 조치였다.

아마존과 원주민에 관련한 조항도 1988년 브라질 헌법의 핵심 요소였다. 이 헌법은 원주민의 언어·문화·토지의 권리를 보호하는 것을 국가의 기본 책임으로 규정했으며, 원주민 공동체의 역사성과 토지-언어-지식의 통합적 권리를 인정했다. 이는 브라질이 원주민을 국가 주변부의 집단이 아니라 브라질 사회의 주요 구성 요소로 인정한 첫 사례였다.

환경에 관한 권리도 1988년 브라질 헌법에서 독자적인 기본권으로 규정되었다. 이 헌법은 환경을 인간의 존엄한 삶을 위한 기본 조건으로 규정하고, 환경의 보호를 국가와 시민 모두의 공동 의무로 설정했다. 이 규정을 통해 환경 정책의 헌법적 지위가 확립되었다고 평가할 수 있다. 이 조항은 이후 브라질이 〈국제환경협약〉에 참여하고 환경 관련 정책을 제도화하는 헌법적 기반이 되었다.

결과적으로 1988년 헌법은 민주주의 회복, 시민권 확대, 사회권 강화, 지방 분권화, 원주민 권리와 환경 보호 등 폭넓은 영역을 포괄하는 구조적 재편을 수행했다. 이 헌법은 군사 정권의 억압 구조에서 벗어난 새로운 국가 정체성의 방향을 제시했으며, 이후 브라질 민주주의의 제도적 틀을 형성하는 기준이 되었다.

장	절	주요 내용
제1장 기본 원칙	-	연방 공화국의 정체성, 민주주의, 국가 기본 가치 설정
제2장 기본권 보장	제1절 개인 및 집단의 권리와 의무	생명권, 자유권, 법 앞 평등, 표현·결사의 자유 등 시민 기본권 보호
	제2절 사회권	노동권, 교육권, 보건권, 사회 보장권, 주거권 등 사회적 권리 보장
	제3절 국민의 자격(국적)	국민 자격과 시민권
	제4절 정치권	선거권·피선거권 등 정치 참여 권리
	제5절 정당	정당의 설립 및 활동
제3장 국가 조직	제1절 연방 구조	브라질의 연방제 구조: 연방, 주, 지방 자치 단체의 권한과 역할
	제2절 연방 수도 및 영토	연방 구역과 특별 지역, 영토
	제3절 지방 자치 단체	지방 자치 단체의 권한과 조직 및 권리·책임
	제4절 행정 조정 및 공직 체계	연방-주-지방의 행정 조정, 공무원 제도 및 공직자
제4장 권력 조직	제1절 입법부	하원과 상원, 입법 절차 및 권한
	제2절 행정부	행정부 구조, 대통령 및 각료의 권한과 책임
	제3절 사법부	법원 구조, 사법권, 사법 독립성 등
	제4절 검찰 및 공공 수사 기관	공익 보호, 공공 변호, 법률 보장 기능

	제1절 국가 방위	국가 안보, 국방 체계, 군의 역할
제5장 국가 방위 및 민주 제도 수호	제2절 비상 사태 및 계엄	비상 사태 선언, 국가 위기 시의 권한과 절차
제6장 과세와 예산	제1절 과세 제도	과세 원칙, 연방·주·지방의 세제 할당
	제2절 공공 재정 및 예산	연방 예산 편성, 재정 운용, 회계 및 재정 책임
제7장 경제 및 금융 질서	제1절 경제 활동	시장의 자유, 경쟁, 경제 규제 원칙, 공정 경쟁 보장
	제2절 경제 정책	국가의 경제 정책 방향, 산업·통상 정책, 경제 규제 정책
	제3절 금융 시스템	은행, 신용 기관, 금융 감독, 통화·신용 정책
제8장 사회 질서	제1절 교육, 문화, 체육	공교육, 문화 정책, 체육·스포츠 정책
	제2절 과학 및 기술	연구 개발, 기술 혁신, 과학 정책
	제3절 언론 및 사회적 소통	언론 자유, 방송과 출판, 정보 접근 권리
	제4절 보건	공중 보건, 의료 보장 체계, 보건 정책
	제5절 사회 복지	사회 복지 제도, 빈곤층 지원, 사회 안전망
	제6절 사회 보장	국민연금, 공적 연금, 사회 보험 제도
	제7절 노동	노동권, 고용 조건, 노동자 권리, 노동 관계
제9장 일반 규정	-	헌법의 발효, 개정 절차, 위반 시 벌칙, 일반 규정 등

2 신자유주의와 국제 경제로 편입

1990년대 브라질은 냉전 종식 이후 전 세계적으로 퍼진 신자유주의 정책의 흐름에서 국가·경제·사회 구조를 전면적으로 재편하는 시기를 맞았다. 1980년대 내내 브라질 경제는 외채 위기, 초인플레이션, 저성장으로 특징지어졌고, 이러한 구조적 불안정은 국가가 새로운 경제 전략을 채택해야 한다는 압력을 형성했다. 1988년 헌법이 정치적 민주주의를 제도화했다면, 1990년대는 경제적 재조정과 국제 경제로의 편입을 중심으로 한 변화가 진행된 시기였다.

콜로르(Fernando Collor de Mello) 정부(1990-1992)는 브라질 현대사에서 초기 신자유주의 개혁을 본격적으로 추진했다고 평가받는다. 대통령 취임 직후 실시한 긴축 조치와 민영화 정책은 공공 부문의 비대화와 재정 적자 문제를 해결하는 것을 목표로 했다. 특히 금융 동결은 인플레이션 억제를 위한 극단적 조치였으며, 사회 전체에 큰 충격을 주었다. 이 정부는 무역 장벽을 완화해 경제를 국제 시장에 개방하는 정책을 추진했으며, 산업 전반에서 해외 경쟁력이 빠르게 증가하는 결과를 낳았다. 이 과정에서 브라질 제조업 일부는 경쟁 압력을 극복하지 못해 구조 조정을 경험했고, 기술 기반 산업은 국제 기업과의 협력 또는 합병을 통해 새로운 성장 모델을 모색했다.

콜로르 정부의 단기 개혁이 사회적 반발에 제한적으로 남았던 반면, 이후 출범한 카르두주(Fernando Henrique Cardoso) 정부(1995-

2002)는 신자유주의 정책을 체계적으로 정착시키는 기반을 마련했다. 그는 대통령 이전에 사회학자이자 재무장관으로서 플라노 헤알(Plano Real) 체계를 설계한 핵심 인물이었다. 1994년 시행된 플라노 헤알 체계는 새로운 통화 단위 도입, 환율 안정, 인플레이션 억제를 위한 재정·통화 정책 조합을 기반으로 하면서, 브라질 경제 안정화에서 중요한 전환점이 되었다. 이후 브라질의 초인플레이션 상황이 진정되며 경제 신뢰도를 회복했다.

경제 안정화와 함께 카르두주 정부는 민영화를 확대해 통신·광산·철강·에너지 분야에서 국가의 직접 운영 비중을 축소했다. 이 정책은 국제 금융 기관의 영향력과 정책 권고가 결합한 결과였다. 1990년대 라틴아메리카 전반에서 진행된 '워싱턴 컨센서스'형 개혁과 마찬가지로, 브라질에서도 민영화와 규제 완화, 재정 균형, 외국인 투자 유치가 핵심 원칙이 되었다. 특히 브라질은 외국인 자본 유입을 허용하는 정책을 적극 채택해 1990년대 후반에는 해외 직접 투자가 급증했고, 브라질 기업과 국제 기업 간의 합작·지분 매입·시장 통합이 빠르게 이루어졌다.

한편 경제 개방과 신자유주의 개혁은 사회적 불평등을 심화시키는 결과를 동반했다. 금융·통신·에너지 분야에서는 효율성이 증가했지만, 취약 계층의 고용 불안정과 지역 간 경제 격차가 확대되는 현상이 나타났다. 공공 서비스 민영화는 요금 인상과 서비스 접근성 문제를 낳았고, 농촌 지역은 경쟁력 약화와 함께 국제 농산물 시장에 대한 의존도가 증가했다. 이러한 변화는 경제 구조 재편의 이면에서 새로운 사회적 긴장을 형성했다.

브라질은 1990년대 국제 경제로 편입하는 과정에서 국제 협력 네트워크를 확장했다. 1991년 출범한 '남미공동시장'인 메르코수르(Mercosur)는 브라질이 남미의 지역 협력에서 중심 국가로 거듭나는 기반이 되었고, 브라질 경제가 아르헨티나·파라과이·우루과이와 연계된 공동 시장 체제에서 재조정되는 계기가 되었다. 메르코수르 체제의 심화는 무역 자유화, 공동 관세, 역내 생산 네트워크 협력이라는 구조를 통해서 브라질이 남미 지역에서 리더십을 강화하는 결과를 낳았다.

1990년대부터 2000년대 사이의 브라질은 신자유주의 개혁, 경제 안정화, 국제 시장 개방, 민영화 확대, 지역 협력 심화라는 변화를 통해 국가·경제 구조가 재편된 시기에 있었다. 전후 민주주의 제도화가 정치적 기반을 마련했다면, 1990년대의 개혁은 브라질을 글로벌 자본주의 체제와 긴밀히 연결하는 방향으로 작동했고, 이후 2000년대 브릭스 시기 성장 모델의 전제가 되었다. 이 과정에서 사회적 불평등과 지역 사이의 격차 문제는 여전히 해결되지 않은 채 남아 있었으며, 경제적 성장과 사회적 포용 사이의 긴장이 지속적으로 존재했다.

3 브릭스 시대의 브라질

2000년대 브라질은 고성장, 국제적 위상 상승, 사회권 확대가 동시에 나타나며 국가 발전 전략이 새로운 단계로 전환되었다.

브라질은 2000년대 초 신흥국 협력체인 브릭스(Brazil, Russia, India, China, South Africa, BRICS)의 일원으로 부상하며 외교·경제·사회 정책 전반에서 자율성을 강화했고, 국제 질서에서 중견국 역할을 확대했다. 이 시기 국가 운영은 경제 안정화 이후 성장과 재분배를 결합하려는 새로운 정책 방향을 중심으로 전개되었다.

룰라(Luiz Inácio Lula da Silva) 정부(2003-2010)는 사회 정책과 경제 정책을 결합해 브라질 내부의 불평등을 완화하면서 성장 여건을 확장하려 했다. 1990년대 플라노 헤알의 물가 안정 효과는 룰라 정부 초기까지 이어졌고, 그 위에서 정부는 중·저소득층을 지원하는 사회 보호 제도를 확대했다. 대표적인 사례는 보우사 파밀리아(Bolsa Família)와 최저 임금 인상 정책이며, 이는 도시·농촌 빈곤층의 소득을 지탱하며 교육·보건 접근성을 개선하는 기반이 되었다. 사회 보호 확대는 내수 소비를 활성화해 경제 성장의 또 다른 축으로 작용했고, 2000년대 브라질의 경제 성장은 사회 경제적 포용과 연결되었다.

외교적으로 브라질은 브릭스의 설립과 발전 과정에서 자율적 외교를 강화했다. 2000년대 중반 브릭스는 신흥국 간 경제 협력, 개발 금융, 무역 및 외교 조정의 플랫폼으로 기능했다. 브라질은 중국·러시아·인도·남아공과의 협력에서 남반구 국제 정치의 비중을 높여 나갔다. 특히 중국과의 교역 확대는 브라질 경제의 중요한 축이 되었고, 철광석·대두·설탕 등 원자재 수출은 브라질의 무역 수지 개선에 역할을 했다. 이러한 외교적 방향은 전통적으로 미국과 유럽 중심이었던 브라질 외교의 지형을 다극화하는 계기였다.

경제 측면에서 2000-2010년대 초 브라질은 고성장 국면을 경험했다. 중국의 수요 증가와 원자재 가격 상승은 브라질의 수출 증가를 견인했고, 농업·광업·에너지 부문에서 국제 경쟁력은 강화되었다. 동시에 정부는 일련의 산업 정책과 대기업 육성 전략을 추진해 제조업 기반을 유지하려 했으며, 국영 기업과 민간 기업의 협력 체계가 중요한 정책 수단이 되었다. 이 시기 브라질은 '포용적 성장'을 구현한 국가로 국제적 평가를 받았고, 룰라 정부 말기에는 국제 빈곤 퇴치 및 남남 협력 외교의 주도국으로도 인정받았다.

2010년대 중반 이후 브라질 경제는 원자재 가격 하락과 금융 불안정이 겹치면서 성장세가 둔화했고, 제조업 경쟁력 약화는 경제 구조의 취약성을 드러냈다. 사회 정책을 유지하기 위한 재정 지출이 증가하는 가운데, 정치적 갈등과 부패 스캔들이 동시에 드러나면서 국가 운영은 전반적으로 불안해졌다. 특히 라바 자투(Lava Jato) 수사는 정치권·대기업·국영 기업을 모두 겨냥해 브라질의 정치·경제 엘리트에 광범위한 충격을 주었으며, 그 결과 정당들의 협력이 줄어들고 국가의 정책 조정 능력 역시 크게 떨어졌다.

브릭스 내부에서도 변화가 나타났다. 초기에는 남남 협력을 제도화하려는 공동 의지가 강했지만, 2010년대 후반 브라질의 정치 불안정이 심화하면서 외교 정책의 일관성이 흔들렸다. 일부 정부는 중국과의 경제 협력에 신중하거나 거리를 두려는 태도를 보였고, 국제 무대에서 자국의 역할을 축소하려는 흐름도 존재했다. 이러한 요인들은 브라질이 브릭스 출범 초기처럼 주도적 리더십을 유지하는 것에 제약을 발생시켰다.

2000년대 이후 2020년까지 브라질은 국제적 위상을 높이고 사회 정책을 통해 포용적 성장을 추구하며 신흥국 협력체에서 중견국으로 부상한 시기였다. 그러나 2010년대 후반 이후 경제 성장의 둔화, 정치적 위기, 외교 노선의 변화가 복합적으로 누적되면서 국가 발전 전략은 불안정한 흐름을 보였다. 이 시기는 브릭스 체제를 통해 얻은 성과와 한계가 동시에 드러난 시기였으며, 이러한 경험은 2020년대 브라질이 어떠한 진로를 선택할지 고민하게 하는 중요한 배경으로 작용했다.

표 8·2000-2020년 브라질의 국제적 위상·정치·경제의 변화

구분	핵심 내용
위상 변화	브릭스로 중견국 부상
성장 전략	사회 정책 통한 포용적 성장
주요 성과	국제 영향력 확대
주요 위기	성장 둔화 · 정치 위기 · 외교 혼란
결과	국가 발전 전략의 불안정
의미	2020년대 방향 설정의 핵심 배경

4 21세기의 핵심 이슈: 불평등-토지-아마존-지식

21세기의 브라질은 민주주의 제도 정착 이후에도 구조적 불평등, 토지 소유 집중, 아마존 파괴, 지식·환경 거버넌스 문제에 직면해 왔다. 2000년대 초반 이후 브라질 사회가 여러 성과를 이루었으나, 계층·지역·인종 간 불평등은 여전히 뿌리 깊게 존재했다. 브라질의 사회 경제 구조는 역사적으로 형성된 토지 소유 집중과 도시·농촌 간 서비스 접근성 차이, 교육 자원의 불균형 등 다양한 요인이 결합하며 고착되었다. 21세기에도 상위 계층의 소득 점유율은 높은 수준을 유지했고, 교육·주거·건강 서비스 접근성에서 지역 간 차이가 지속되었다.

토지 문제는 불평등의 핵심 영역으로 남아 있었다. 20세기 말부터 진행된 농촌 개혁 정책은 제한적으로만 효과를 발휘했으며, 대규모 농업 기업과 지주 중심의 토지 집중은 농촌 불평등의 근본 원인이 되었다. 농업 프런티어의 확장과 더불어 일부 지역에서는 환경 파괴와 연결된 토지 투기가 확대되었고, 토지 분쟁은 북부와 중서부 지역에서 더 빈번하게 발생했다. 이 과정에서 원주민·퀼롬보 공동체는 자신의 토지 권리를 지키기 위해 지속적인 정치적·법적 투쟁을 전개했다. 1988년 헌법이 원주민과 전통 공동체의 토지 권리를 보장했음에도, 실제 권리 실현은 지연되거나 부분적으로만 이루어졌다.

아마존은 21세기 브라질이 직면한 가장 중요한 국제적·국내적 쟁점으로 자리 잡았다. 아마존 숲은 브라질 영토의 절반 정도를 차지하며, 기후·생태·자원 측면에서 전략적 가치를 지닌다. 그러나 2000년대 이후 농업 확장, 불법 벌목, 광산 개발, 도로 건설이 증가하면서 아마존 훼손이 가속화되었다. 브라질 정부가 시행한 보호 구역 지정과 환경 규제 강화 정책에도 불구하고, 일부 정부 시기에는 규제가 완화되거나 감독 기관의 권한이 축소되는 현상이 나타났다. 이는 산불 증가와 생태계 파괴뿐 아니라 국제 사회와의 갈등으로 이어졌고, 아마존을 둘러싼 글로벌 기후 거버넌스 논쟁에서 브라질은 중요한 위치를 차지하게 되었다.

아마존 문제는 지식·과학·토착민 권리와도 깊게 연결된다. 아마존 연구는 생태학, 기후 과학, 인류학, 언어학 등 다양한 분야의 지식이 필요하며, 원주민 공동체는 생태 지식의 핵심 보유자로 인정받아 왔다. 그러나 과학 연구와 개발 프로젝트에서 원주민의 지식이 부정확하게 활용되거나 배제되는 문제도 지속되었다. 브라질의 여러 연구 기관·대학·국립 환경 기관은 아마존 보존과 자원 관리의 필요성을 강조해 왔지만, 정치적 환경에 따라 연구·감시 기능은 강화되거나 약화하기도 했다. 지식 거버넌스의 불안정성은 아마존 지역 정책의 장기적 일관성을 축소하는 요인으로 작용했다.

불평등·토지·아마존·지식이라는 네 가지 이슈는 상호 연결되어 있다. 불평등 구조는 토지 접근성을 제한하고, 토지 집중은 아마존 개발 압력을 높이며, 환경 파괴는 지역 공동체의 지식·문화에 직접적 피해를 준다. 동시에 과학적·전통적 지식의 결합은 환경 관리의 핵심 자원이지만, 정치적 불안정성은 협력의 지속을 어렇게 한다. 21세기 브라질은 경제 성장, 사회권 확대, 환경 보존이라는 세 가지 목표를 균형 있게 실현해야 하는 과제에 직면해 있으며, 이는 브라질 민주주의가 앞으로 해결해야 할 구조적 문제로 남아 있다.

21세기의 브라질 사회는 불평등, 토지 소유 문제, 아마존 훼손, 지식 거버넌스라는 상호 연관된 구조적 도전에 직면해 있다. 이것은 민주주의 제도와 경제 정책이 함께 다루어야 할 장기적인 국가 의제다. 이러한 문제들은 단기적 정책 변화만으로 해결하기 어렵고, 사회적 합의와 환경·지역·지식 체계의 조화로운 통합이 필요하다는 점을 보여 준다.

표 9·21세기 브라질의 구조적인 문제들

주요 이슈	핵심 내용	문제의 원인	결과·영향
불평등	계층·지역·인종 간 격차 지속	역사적 토지 집중, 서비스 접근성 불균형	지속적 빈곤, 사회 이동성 제약
토지 문제	대농장·기업 중심의 토지 집중	농업 프런티어 확대, 미완의 농지 개혁	토지 분쟁 증가, 원주민·퀼롬보 공동체 권리 침해
아마존 훼손	벌목·농업·광산 개발로 산림 파괴	규제 완화, 감독 기관 약화	생태계 붕괴, 국제 사회와 갈등 증가
지식·환경 거버넌스	과학·전통 지식 간 조정 부족	정치적 불안정, 연구·감시 체계 변동	정책 일관성 저하, 공동체 지식 훼손

제 2 장

식민지 경험과 환경에 대한 인식: 자원화에서 발전주의까지

포르투갈 제국을 위한
브라질의 자원화 과정

1 제국의 눈으로 본 자연: 자연의 자원화

15세기 말, 포르투갈의 해외 팽창은 '자연의 자원화', 즉 자연을 제국의 자산으로 전환하려는 시도의 출발점이었다. 당시 유럽은 새로운 부와 영토를 둘러싼 경쟁으로 들끓었다. 특히 1453년 콘스탄티노폴리스 함락 이후, 동지중해의 주요 육·해상 관문이 오스만 제국의 통제 아래 놓이면서 아시아와의 교역 비용과 위험이 급격히 증가했다. 이에 따라 유럽 국가들은 인도와 동방으로 향하는 새로운 해상로 탐색에 박차를 가하게 되었다. 이 과정의 선봉에는 서유럽의 작은 나라, 포르투갈이 있었다.

대서양 연안을 따라 남쪽으로 항해했던 포르투갈은 기존 무역 통로를 활용하기 어려웠던 상황을 극복하려는 목적으로 새로운 무역 통로를 얻기 위한 항로 개척과 지도 제작에 집중했다. 인도와 향신료 시장에 도달하기 위한 '바다의 길'을 찾으려는 이 탐험은 후추를 포함한 향신료를 확보하려는 경제적 열망과 십자군 운동의 연장선에 있던 종교적 사명이 결합한 국가의 운명과 미래를 걸었던 대규모 전략이었다.

15세기 후반, 바르톨로메우 디아스가 희망봉을 돌아 인도양으로 진입하는 데 성공했고, 이어 바스쿠 다 가마가 인도 항로 개척에 성공하면서, 포르투갈은 세계 해상 무역의 새로운 주인으로 떠올랐다. 이후 인도 고아(Goa), 말라카(Malacca), 마카오(Macau) 등지에 교역 거점을 마련하며 해상 네트워크를 확장해 갔다. 초기 항해는 경제적·종교적 열망에서 출발했지만, 점차 지배와 약탈로 성격이 바뀌었고, 각 거점 항구는 제국의 부를 빨아들이는 통로이자 식민 지배의 전초 기지로 기능했다.

이러한 흐름에서 1500년, 페드루 알바르스 카브랄이 브라질 해안에 도달했고, 16세기부터 본격적으로 시작된 포르투갈의 식민 제국주의는 자연 착취라는 방식으로 브라질에 뿌리내렸다. 포르투갈 식민자들이 처음 마주한 것은, 붉은 염료로 유명한 브라질나무(Pau-brasil)였다. 이 나무는 브라질 식민 경제의 첫 출발점이자 대서양 교역망을 여는 제1호 자원으로 떠올랐다. 목재 자체보다는 진홍색 염료의 가치가 컸던 브라질나무는 유럽에서 큰 수요를 얻었고, 브라질 해안의 광대한 삼림은 이 자원을 풍부하게 품었다.

포르투갈 탐험대는 현지 원주민과의 교환을 통해 벌목을 시작했고, 염료 목재를 리스본으로 수출하면서 브라질의 첫 경제 활동이 전개되었다. 16세기 초, 포르투갈 왕실은 브라질나무 교역을 왕실 전매로 지정하고, 리스본 상인들에게 독점권을 부여했다. 상인들은 현지인의 노동력을 활용해 해안 가까이에서 나무를 벌목하고, 유럽산 도끼, 거울, 옷감 등과 교환했다. 이후 남벌로 인해 자원 고갈과 원주민 인구 감소가 발생하자 17세기부터는 노예화된 노동력을 동원해 내륙 깊숙이 채취와 수송망을 확대한다. 이 과정에서 브라질나무는 단순한 무역품이 아닌 현지인 착취와 노예제 확산을 매개한 식민주의 상품으로 기능했다.

브라질나무 교역에서 막대한 이익이 발생하자 16세기 중엽부터 포르투갈은 자원 통제를 본격적인 국가 전략으로 삼기 시작했다. 그러나 이 독점에 프랑스 상인과 해적들이 도전했다. 그들은 포르투갈의 허가 없이 브라질 해안에 정박해 불법적으로 브라질나무를 채취했으며, 현지 부족과 직접 교역하거나 동맹을 맺으며 포르투갈보다 유리한 조건을 제시했다. 포르투갈은 이를 자국 자원에 대한 국가적 약탈 행위로 간주했고, 결국 1530년대부터 군사 주둔지와 총독령을 설치해 식민지 방어를 강화한다. 브라질나무를 둘러싼 유럽 열강 간 경쟁은 역설적으로 브라질 식민화의 속도를 앞당기는 계기가 되었다.

브라질나무 수출 이전 브라질 대서양 연안의 숲인 마타 아틀란티카(Mata Atlântica)는 약 1억 3천만 헥타르(130만km^2)에 이르는 광대한 면적을 차지했다. 그러나 포르투갈 식민 세력이 이곳에 도착한 이후 몇 세기 만에 그 숲은 원래의 면적에서 12% 정도만 남았다. 포르투갈은 염료를 얻기 위한 브라질나무 외에도 선박 건조, 무역, 군수품 제작 등에 활용하기 위한 다양한 목재를 얻으려고 산림을 파괴했다. 브라질의 숲은 제국의 부를 축적하기 위한 '해상 제국의 연료'로 전락했다.

식민지 당국은 브라질의 숲을 포르투갈 왕실의 자산으로 규정하고, 이를 체계적으로 관리하려고 했다. 이에 따라 국왕의 허가 없이 나무를 베거나 밀수하는 행위는 엄격한 처벌의 대상이 되었다. 당시 브라질에서 사용된 자연 '보호'라는 표현은 실제로는 왕실의 이익을 지키고 식민 통치를 강화하기 위한 정치적 수사에 가까웠다. 이 시기 브라질의 자연은 제국의 생존을 떠받치는 전략적 자원으로 인식되었으며, 살아 있는 생태계라기보다는 관리되고 착취되는 식민지 자산으로 취급되었다.

표 1·식민지 브라질 시기 자연의 자원화

구분	핵심 내용
자연 개념의 규정	브라질 숲을 왕실 자산으로 지정
통제의 방식	허가제 관리, 무허가 벌목·밀수 엄격 처벌
자연 보호 개념	왕실 이익과 통치 강화를 위한 정치적 수사
자연에 대한 인식	전략적 자원·식민지 자산으로 취급

2 제국의 연료가 된 인간들: 인간의 자원화

16세기 중반 포르투갈의 식민지 확장은 인간을 제국의 노동력과 통제 대상으로 전환하려는 시도인, '인간의 자원화'의 시작 단계였다. 포르투갈은 이전에 숲을 제국의 부로 전환했던 방식과 유사한 논리로, 이제 인간을 착취의 대상으로 삼기 시작했다. 브라질에서 숲이 첫 번째 자원이 되었다면, 다음은 사람이었다. 포르투갈은 아프리카와 브라질을 잇는 대서양 교역망에서 사람을 거래 대상으로 삼았다. 생명과 노동은 제국의 부를 축적하기 위한 수단으로 인식되었고, 노동을 제공하는 인간은 교환 가능한 자산으로 취급되었다.

브라질 식민지 자연에 대한 포르투갈의 착취 구조는 삼림에서 토지 그리고 광물로 확장되었다. 16세기 브라질나무의 남벌이 포르투갈 제국이 추구한 자연의 자원화를 상징했다면, 20세기 후반 이후의 금 채굴은 그 연장선에서 나타난 '신자원개발주의(neo-extractivism)'의 산물이다. 금광은 글로벌 자본주의 체제에서 브라질을 자원 수출에 종속된 불평등한 중간 지위에 머무르게 했다. 이러한 모습은 브라질이 독립하고 많은 시간이 흐른 현대 사회에서도 지속했다. 1970년대 아마존의 타파주스(Tapajós)강 유역을 비롯한 광범위한 지역이 금 탐사지와 채굴지로 전환되었는데, 그 결과 이곳에는 불법으로 반입된 수은에 의한 오염과 삼림 파괴, 강제 노동과 폭력이 일상화되었다.

브라질의 금 채굴 산업은 소수의 장비 소유주와 다수의 비공식 노동자로 이루어진 이중 경제 구조 위에 서 있었다. 현장 노동자 대부분은 생계를 이어 가기 위해 일하는 빈곤층이었지만, 이들을 고용한 지역 엘리트와 기업은 글로벌 금 거래망을 통해서 막대한 이윤을 축적했다. 이 과정은 폭력과 불평등을 재생산했고, 금은 투기의 대상이 되었다. 결과적으로 브라질의 금광 지역은 세계 자본의 변동에 따라 흔들리는 취약한 변두리로 전락했다.

현대 브라질 사회에서도 계속되는 이러한 착취에서, 자연은 다시 소유와 통제의 대상으로 환원되었고, 지역 공동체는 법적 권리와 생존의 경계 밖으로 밀려났다. 추출된 자원은 외부로 유출되었지만, 그 이윤은 지역 사회에 재투자되지 않았다. 그 결과, 지역은 지속적인 불균형과 불평등에 놓였다. 따라서 브라질의 금 채굴 산업은 인간과 자연을 교환 가능한 자원으로 전락시켰던 식민주의적 세계관을 다시 보여 주는 것이다.

한편, 브라질의 식민 경제는 브라질나무와 금광에서 축적된 착취의 경험을 바탕으로, 사탕수수 플랜테이션이라는 새로운 경제 구조로 이행했다. 16세기 중반 이후, 포르투갈은 북동부 연안을 중심으로 사탕수수를 재배하는 대규모 농장(플랜테이션)을 조성하고, 사탕수수에서 생산된 설탕을 유럽으로 수출하는 산업 모델을 구축했다. 이것은 포르투갈에는 식민지 생산 양식의 확립이자 경제적 성공이었지만, 토지와 자연을 착취당하는 브라질과 노예 노동력을 착취당하는 아프리카에는 폭력적인 식민 제도의 시작이었다.

포르투갈은 아프리카 서해안을 따라서 항해하며, 그곳의 흑인을 사로잡아 노예로 판매했고, 판매된 이들은 대서양을 건너 브

그림 1 · 브라질 남동부 커피 재배 노예들

출처: 야후 재팬

라질의 농장과 광산으로 끌려왔다. 16세기 중반부터 19세기 초까지 약 500만 명의 아프리카인이 노예가 되어 강제로 이주했다. 이들은 사탕수수를 재배하고 금을 채굴하면서 식민지 브라질 사회에서 가장 아래 위치했고, 포르투갈 제국이 부를 축적하도록 이용당했다. 노예로 판매되어 대서양을 건너는 항해 도중에 많은 이가 병과 굶주림으로 목숨을 잃었고, 살아남은 이들도 인간다운 대우를 받지 못한 채 노동력으로만 계산되었다. 당시 노예는 재산이자 인간 화물로 취급되었고, 그들의 생명은 오직 생산성의 척도로만 평가되었다. 특히 페르남부쿠(Pernambuco)와 바이아(Bahia) 지역은

16세기 후반부터 유럽의 설탕 수요를 충당하기 위한 핵심 생산지로 전환되었으며, 사탕수수 재배는 토지 독점과 강제 노동을 고착화시켰다.

이러한 식민지 브라질의 산업 구조는 대규모 농장, 노예 노동, 수출 시장이 긴밀히 얽힌 채 작동하면서 노예 제도를 필요로 하는 경제 구조로 진화했다. 초기에는 브라질 원주민을 강제 노동에 동원했지만, 전염병과 인구 감소로 아프리카인 노예가 그 자리를 대신하게 되었다. 1550년대 이후 대서양을 건너 아프리카에서 브라질로 강제 이주한 노예의 수는 급증했고, 17세기부터 사탕수수 농장은 노예 없이 유지될 수 없는 체계로 굳어졌다. 이러한 방식으로 브라질은 대서양 노예 무역의 중심지가 되었고, 약 480만 명의 아프리카인이 브라질에 끌려온 것으로 추정된다. 사탕수수 플랜테이션은 인종적·경제적 불평등을 제도화했으며, 그 불평등은 지역과 대륙의 경계를 넘어서 세계 곳곳으로 퍼져 나갔다.

표 2·식민지 브라질 시기 인간의 자원화

구분	핵심 내용
노동력의 상품화	인간을 거래·착취 가능한 노동 자원으로 전환
금 채굴과 폭력	금광 개발로 환경 파괴·강제 노동 심화
플랜테이션 체제	사탕수수 농장 중심의 강제 노동 구조 확립
아프리카 노예 이주	대규모 노예 이송으로 인종·경제 불평등 고착

3 식민지 통치에 의한 사회 구조의 고착: 제도의 자원화

16세기 후반 포르투갈의 식민지 통치는 착취를 제도와 법으로 고착시키려는 시도, 즉 '제도의 자원화'로 나아가기 시작했다. 이 시기부터 자원과 인간을 효율적으로 관리하고 통제하기 위해 다양한 행정 장치와 토지 제도가 마련되었으며, 이러한 조치들은 식민 권력의 지배를 '합법적인 통치'처럼 보이게 만드는 수단이 되었다. 특히 브라질에서 고착된 사탕수수 산업과 경제는 토지 소유 구조에도 결정적인 영향을 주었고, 생산과 착취의 공간이 법적·제도적으로 정비되기 시작했다. 이 같은 제도적 장치는 점차 단순한 통치 수단을 넘어서 사회적 불평등을 영속화하는 토대가 되기도 했다.

사탕수수 플랜테이션의 운영은 토지 독점과 계급적 불평등을 심화하는 결과를 낳았다. 포르투갈은 브라질의 토지를 식민 귀족과 엘리트 계층에 분배했는데, 카피타니아스 에레지타리아스(Capitanias Hereditárias) 제도는 이를 뒷받침했다. 1530년대에 도입된 이 제도의 핵심은 브라질 해안을 열다섯 구역으로 나누어 총독령으로 귀족이나 군인에게 부여하면서 '세습할 수 있도록' 허락하는 것이었다. 도나타리우(Donatário)라는 토지를 허락받은 이들은 왕의 이름으로 법을 집행하고 세금을 걷는 등 실질적인 지배 권력을 행사했다. 이처럼 대규모 토지와 행정 권한을 함께 위임하는 구조는 식민지 브라질 사회를 귀족 중심의 대지주 사회로 만들었다.

카피타니아스 제도는 초기에 식민지 개척을 위한 임시 조치였지만, 시간이 흐르고 도나타리우가 토지를 세습하면서 식민 통치 자체가 대지주에게 세습되는 결과로 이어졌다. 특히 북동부 페르 남부쿠 지역에서 두아르치 쿠엘류(Duarte Coelho)가 운영한 카피타 니아는 플랜테이션 모델의 대표 사례가 되었는데, 이후 유사한 시스템이 브라질 전역에 퍼졌다. 이 제도의 핵심은 '토지의 세습'이 었고, 포르투갈 왕실은 이를 사실상 방조하거나 장려했다. 결과적 으로 식민지 대부분의 토지는 소수 귀족 가문에게 집중되었고, 그 로 인한 토지 불평등은 제도적으로 고착되었다. 이러한 제도적 유 산은 브라질이 독립한 이후에도 지속되어 오늘날까지 사회 구조 에 영향을 준다.

토지의 독점이 지속되면서 원주민들은 오랜 삶의 터전에서 쫓 겨나게 되었고, 브라질에서 '땅'은 권력의 상징이 되었다. 식민 통 치자들은 토지를 '누가 얼마나 소유하느냐'에 따라서 지배 권한을 분배했고, 이 과정에서 원주민 공동체는 체계적으로 배제되었다. 식민 시대부터 토지를 가질 자격이 자연스럽게 특정 계층에만 주 어졌고, 이는 브라질 사회가 지닌 불평등의 뿌리가 되었다. 토지 문제가 단지 경제적 자원의 분배 문제가 아니라 권력과 정체성의 문제로 작동했다. 이러한 원주민과 흑인 등에 대한 배제의 논리는 이후에도 반복되어 브라질 사회의 인종적·경제적 위계 구조를 낳 았다.

오늘날 브라질에서도 여전히 이러한 식민 시대 제도의 흔적은 뚜렷하다. 전체 농지의 약 4분의 3이 소수 대지주에 집중되어 있 으며, 토지의 불평등은 여전히 지역 격차, 빈부의 차이, 교육·복지의 불균형 등과 밀접하게 연결되어 있다. 특히 과거 카피타니아 지역이었던 곳일수록 토지 소유가 집중되어 있고, 공공 서비스와 정치적 참여 수준이 상대적으로 낮은 경향을 보인다. 이것은 토지 제도가 단순한 경제 체계가 아니라 사회 구조와 권력 분포를 결정 짓는 근본적인 틀이라는 것을 보여 준다. 결국 카피타니아스 에레 지타리아스는 단순한 역사적 제도가 아니라 오늘날 브라질의 불 평등을 이해하기 위한 핵심 열쇠 중 하나다.

표 3·식민지 브라질 시기 제도의 자원화

구 분	핵심 내용
통치 제도 구축	행정과 법을 통해 착취를 합법적 통치로 제도화
카피타니아스 제도	세습형 토지 분배로 귀족에 토지·권력 집중
토지 배제 구조	토지 소유에서 원주민·피지배층 배제로 불평등 고착
현대까지의 영향	토지 집중 구조가 현대 사회의 불평등으로 이어짐

4 인식의 통치: 사상의 자원화

16세기 후반 이후 포르투갈은 식민 통치의 정당성을 제도와 법에 이어 사상의 차원에서도 구축하고자 했다. '문명화의 사명 (Missão Civilizadora)'이라는 논리는 식민 지배를 윤리와 도덕이라는 단어로 정당화하며, 폭력적인 현실을 '교육'과 '진보'라는 이름으로 감추었다. 식민 통치 권력은 비유럽인을 가르쳐야 할 존재이자 통제받아야 할 대상으로 간주했고, 이를 통해서 지배해야 하는 이유를 지배 대상의 사고방식에 주입했다. 이러한 흐름은 17세기 후반, 지배를 인식의 차원으로 확장하려는 시도인 '인식의 자원화'의 출발점이 되었다. 식민 통치 권력은 이제 자연, 인간, 제도뿐 아니라 통치 대상의 세계관까지 통제했다.

포르투갈은 초기 식민 경제를 유지하기 위해서 현지 원주민을 강제 노동에 동원했지만, 원주민 공동체는 전염병, 폭력, 토지 강탈 등으로 급속히 무너졌다. 이 과정에서 사용된 '문명화'라는 용어는 실제로 원주민을 도구화하는 것이었으며, 이는 브라질 사회에 깊은 흔적을 남겼다. 독립 이후에도 원주민과 흑인은 사회적 소수자로 주변화되었고, 이들의 인권과 생존권은 여전히 위협받는다. 이러한 사상적 구조는 단지 과거의 문제가 아니라 오늘날까지도 지속되는 불평등의 근원이 된다. 포르투갈 식민주의는 단지 자원을 수탈한 것이 아니라 인간의 존재 방식 자체를 위계화하거나 배제했다.

이러한 세계관은 유럽 내부에서 형성된 문명 사상과 결합하면서 더 공고해졌다. 한쪽에서는 진보와 계몽을 이야기했지만, 다른 한쪽에서는 수백만 명이 강제 노동과 폭력에 생명을 잃었다. 아프리카의 수많은 지역은 성인 남성 인구의 대량 유출로 사회 구조와 가족 체계가 무너졌고, 브라질과 포르투갈의 '번영'은 이들의 고통 위에 세워졌다. 이처럼 인간을 자원으로 보는 식민주의적 사고방식은 근대 이후 '발전'이라는 논리로 재포장되며 새로운 정당성을 얻었다. 식민주의는 형태를 바꾸었지만, 핵심 논리는 그대로 이어졌다.

포르투갈은 식민지 통치를 지속하기 위한 새로운 방식으로 '근대화'를 내세웠다. 본국과 식민지를 함께 개발한다는 명분 아래, 대규모 '경제개발계획(Planos de Fomento)'을 추진했고, 도로·학교·병원을 건설하는 등 발전주의적 정책을 실행에 옮겼다. 그러나 이 계획은 실질적으로 식민지 자원의 효율적 수탈과 인구·영토의 체계적 관리 그리고 정치적 통제를 강화하기 위한 도구에 불과했다. '모든 국민의 번영'을 내세웠지만, 실제로는 식민 질서를 안정화하기 위한 수단이었다. 이처럼 '발전'이라는 단어는 '지속 가능한 착취'를 정당화했다.

표 4·식민지 브라질 시기 사상의 자원화

구 분	핵심 내용
'문명화의 사명'	폭력적 지배를 윤리·진보로 포장
세계관 통제 확대	자연·인간·제도에 이어 피지배 집단의 사고방식·의식도 통제
원주민·흑인 주변화	원주민 공동체 붕괴, 인종·사회적 배제 구조 고착
수탈의 정당화	근대화·개발로 자원 수탈과 통치 강화, 현대 불평등의 기반

결국 포르투갈의 발전 논리는 근대화라는 목표를 통한 식민주의 세계관의 연장선이었다. '발전'은 누구를 통제하고 누구를 배

제할지 결정하는 정치적 기준으로 작동했다. 포르투갈이 식민지에서 추진한 개발 정책은 오늘날 브라질을 비롯해 과거 포르투갈 식민지였던 루소폰(Lusophone) 국가들의 구조적 불평등, 특히 토지 소유와 인종 사이의 계층 격차에 여전히 영향을 미친다. 식민 통치가 남긴 것은 단지 과거의 기억이 아니라 오늘날에도 작동 중인 체계적 불균형의 틀이었다. 제국은 떠났지만, 그 사고방식은 남아 있다.

02

식민주의 세계관과 자연

1 자연에 대한 인식의 변화

브라질 원주민들은 자연을 도덕적 질서를 가진 존재로 인식했다. 그들의 신화와 구전 설화에서 숲은 인간과 동등한 행위 주체로 등장하며, 인간과 자연은 상호 의존적 관계에서 공존했다. 원주민들은 숲의 파괴나 자원의 무분별한 채취를 윤리적 위반으로 보았고, 인간이 자연과의 균형을 깨뜨리면 재앙이 찾아온다고 믿었다. 따라서 자연은 소유의 대상이 아니라 관계와 책임을 맺어야 할 존재였다.

브라질 민간 설화의 '쿠루피라(Curupira)'는 이러한 자연관을 상징적으로 보여 준다. 불타는 붉은 머리카락과 거꾸로 난 발을 가진 그는 숲과 동물을 지키는 수호신으로, 자연을 훼손하거나 동물을 남획하는 이들에게 벌을 내린다. 나무를 과도하게 베거나 동물을 함부로 잡는 사람들은 숲속에서 길을 잃거나 환영을 보게 되는데, 이는 자연의 도덕적 분노를 형상화한다. 설화에서 쿠루피라는 장난기 많은 악동이면서도 숲의 질서를 지키는 존재로, 인간이 자연을 존중해야 한다는 윤리를 전달한다.

브라질 원주민 설화의 숲은 선과 악이 공존하는 역동적 공간으로, 자연은 단순한 배경이 아니라 도덕적 판단과 반응을 할 수 있는 주체로 그려진다. 이 같은 자연관은 식민 제국이 내세운 '정복'과 '소유'의 논리와 근본적으로 대립한다. 원주민에게 자연이 책임과 공존의 대상이었던 반면, 제국은 자연을 약탈과 통제의 대상으로 바라보았다. 식민주의가 자연을 침묵시키고 물질화하려 한데 비해, 원주민은 자연을 말하는 존재로 인식했다. 이는 단순한 시각 차이가 아니라 세계를 이해하는 방식의 근본적 차이를 드러낸다. 따라서 원주민의 자연관은 오늘날 브라질의 생태 윤리와 환경 운동의 중요한 철학적 근거로 기능한다.

2025년 11월 벨렝(Belém)에서 개최된 '제30차 〈유엔기후변화협약〉 당사국 총회(United Nations Framework Convention on Climate Change(UNFCCC) Conference of the Parties(COP30)'의 마스코트로, 브라질 정부가 쿠루피라를 선정한 것도 이러한 원주민의 자연관을 현대 생태 윤리의 관점에서 재조명하려는 시도였다. 이러한 노력을 통해 쿠루피라는 단순한 설화 속 존재를 넘어서 인간 중심적 자연관을 비판하고 새로운 생태 감수성을 제안하는 상징이 되었다. 이는 브라질 문화가 자연 보호와 공존의 가치를 현대 사회에 전하는 하나의 문화적 자산임을 보여 준다. 쿠루피라의 상징성은 문화적 이야기와 정책적 실천을 연결하는 다리 역할을 하며, 브라질의 환경 교육과 공공 정책의 논의에도 영향을 준다.

포르투갈의 식민지 통치는 브라질에 대한 군사·정치적 지배를 넘어서 자연을 인식하고 다루는 방식에도 깊은 흔적을 남겼다. 식민주의적 세계관은 자연을 생산과 통제의 대상으로 환원시켰고, 이러한 인식은 독립 이후에도 '발전주의'라는 이름으로 제도화되었다. 자연은 관계의 대상이 아니라 분할·추출·이윤을 위해 관리해야 할 대상으로 규정되었고, 식민 시기의 사고방식은 근대 행정·경제 체계로 흡수되며 지속되었다. 결국 이러한 시각은 브라질 현대 사회의 환경 정책과 경제 개발 전략 전반에 깊숙이 스며들었다.

이러한 시각은 두 가지 방식으로 현대 브라질 사회에 이어졌다. 첫째, 지식 체계의 측면에서 자연은 관찰·분류·관리의 대상으로 인식되었다. 둘째, 사회·제도적 측면에서는 이러한 사고방식이 행정과 경제 구조에 내재화되어 발전주의로 이어졌다. 따라서 브라질 환경사는 자연이 변화한 역사라기보다, 식민 시기의 통치 방식과 인식 체계가 형태를 달리하며 지속된 역사다. 이는 오늘날의 환경위기와 개발 논쟁을 이해하는 데 식민주의적 사고의 지속성을 고려해야 함을 시사한다.

식민지 시기의 토지 이용은 단기적 이익 극대화를 목표로 이루어졌고, 이는 숲의 자연적 변화 과정을 비정상적으로 빠르게 혹은 늦게 만드는 등 생태 질서를 크게 교란했다. 화전 농사, 무분별한 벌목, 선택적 채취가 반복되며 지역마다 서로 다른 형태의 숲 변화가 나타났고, 생태계의 안정성은 크게 줄어들었다. 이후 카카오 재배나 고무 채취가 확대되던 시기에도 이러한 교란은 이어졌다. 단일 작물 중심의 재배와 선택적 벌목은 숲의 구조를 단순화시키고 회복력을 떨어뜨렸으며, 이는 식민주의적 사고가 낳은 결과였다. 결과적으로 식민지적 토지 이용 방식은 오늘날 브라질 생태계의 취약성과 복원의 난도를 올리는 구조적 요인이 되었다.

표 5·식민지 브라질의 자연 인식과 토지 이용의 역사적 영향

구분	핵심 내용	영향
자연 인식	자연을 생산·통제 대상, 자원으로 인식	개발주의·환경 거버넌스에 영향, 자연 관리 대상화
지식·행정	과학·행정으로 관찰·분류·통제	'측정=통제' 사고 내면화, 제도화
토지·숲 이용	화전, 단작, 벌목 등 반복적 자원 추출	숲 구조 단순화, 회복력 약화, 생태 파편화
장기적 결과	발전주의와 제도에서 착취 구조 지속	인간-자연 관계 약화, 현대 브라질 생태·사회 불평등의 원인

그 결과 브라질 생태계는 식민지 시기의 착취와 근대 개발주의의 반복이 겹겹이 축적되면서 조각난 '모자이크' 같은 공간으로 변해 갔다. 이는 단순한 환경 파괴를 넘어 인간과 자연의 윤리적

관계 자체가 붕괴한 역사라 할 수 있다. 이러한 파편화된 생태 현실은 오늘날 브라질이 직면한 환경위기의 구조적 원인을 이해하는 중요한 단서가 된다. 나아가 이는 미래의 지속 가능한 발전을 논의할 때 식민주의적 사고의 잔재를 성찰해야 함을 시사한다. 따라서 브라질의 지속 가능한 발전과 환경 정책은 역사적 맥락을 고려한 근본적 인식 전환 없이는 실효성을 확보하기 어렵다.

2 측정된 자연, 통제된 지식

포르투갈 식민주의는 단순히 자원을 가져가는 데서 그치지 않고, 토지와 숲을 생산하고 관리해야 할 대상으로 보며 지식의 위계까지 만들어 냈다. 브라질 현지의 전통적 자연 관리 방식은 '비과학적'이라고 낮게 평가되었던 반면에 측량·분류·조사 같은 서구식 관리 방식이 공식 제도로 자리 잡았다. 이 과정에서 산림은 산업적 가치와 시장 가격을 기준으로 표준화되었고, 숲의 회복력조차 수익성으로 계산되었다. 이러한 인식의 변화는 이후 발전주의 정책으로 다시 나타났고, 심지어 '보전'이라는 개념까지도 소유와 관리의 논리로 흡수되는 계기가 되었다. 결국 자연을 통제하기 위한 지식은 권력을 유지하는 도구가 되었고, 이러한 지식 통제 구조는 오늘날까지도 이어진다.

현대에 들어 이러한 지식 통제 구조는 '엘리트 환경주의'라는 형태로 되살아났다. 이는 식민주의적 보호주의가 다른 모습으로 이어진 것으로, 자연을 '보호해야 한다'고 말하면서도 그 기준과 권한을 국가·학계·국제 기구 등 소수 엘리트에게 집중시키는 방식이다. 이 과정에서 지역 공동체의 생태 지식은 제도에 흡수되거나 배제되어 주변으로 밀려난다. 결국 '환경 보호'를 내세우지만, 실제로는 통제 권력이 재편되고 불평등한 환경 정책 구조가 유지되는 결과를 낳는다. 겉으로는 생태 정의를 말하지만 실상은 자본과 국가 권력의 이익을 정당화하는 체계로 작동한다.

16세기 말부터 브라질은 포르투갈과 유럽 과학계가 주목한 '열대의 실험장'이 되었다. 제국의 탐험대와 자연주의자들은 브라질의 식물, 동물, 광물 등을 체계적으로 수집하고 분류했으며, 이 과정에서 수많은 표본이 리스본을 포함한 유럽의 식물원으로 이송되었다. 이 같은 행위는 단순한 호기심이 아니라 자연을 관찰·기록·보관의 대상으로 전환하고 지배와 소유를 정당화하는 식민 과학의 실천이었다. 이 과정에서 자연은 인간과 관계를 맺는 생명체가 아닌 분류되고 저장되는 '대상'이 되었다. 전통적인 지역의 생태 지식은 비공식적·비과학적 영역으로 밀려났고, 공식 학문이 승인한 분류학과 측량학이 '합법적 지식'으로 군림했다.

자연을 측량하고 수치로 기록하는 과정은 식민 권력이 지식의 차원에서 자연을 통제할 질서로 재편한 인식적 폭력이었다. 지도 제작, 식물 도해, 표본 전시 같은 작업은 자연을 평면에 고정해 눈으로 소유할 대상으로 만들었다. 리우데자네이루의 왕립 식물원은 이를 상징하는 공간이었다. 그곳에서 식물은 더 이상 살아 있는 존재가 아니라 관찰·보존·분류의 대상으로 진열되었고, 자연은 관계의 주체가 아닌 제국이 관리하는 통치 대상으로 바뀌었다. 이런 시각 중심의 권력은 학문을 넘어서 브라질의 제도와 자연 정책에도 영향을 주었다.

식민 통치 시기의 브라질 과학은 자연을 생태적 관계에서 보지 않고, 측정할 수 있는 수치와 단위로 환원했다. 자연은 '보이는 대상'으로 이해되었고, '측정할 수 있으면 통제할 수 있다'는 생각이 브라질 사회에 깊게 자리 잡았다. 이 과학은 자연을 단순히 설명한 것이 아니라 정치적·행정적 공간으로 재구성한 지식 체계였다. 이렇게 만들어진 관점은 독립 이후에도 '보전', '관리', '개발' 같은 근대적 용어로 다시 등장하며 자연에 대한 통제 논리를 계속 정당화했다.

표 6·브라질 식민주의와 자연 인식의 구조

구분	내용 요약
자연 인식	토지와 숲: 생산·관리 대상, 산업적 가치 기준으로 평가
지식 통제	전통 생태 지식: 주변화 서구식 측량·분류·조사: 제도화
현대적 연속성	엘리트 환경주의: 자연 보호 권한의 소수 집중
식민 과학 영향	자연: 측정·분류 가능한 대상 통제의 논리: 독립 이후에도 지속

3 제도화된 지배

포르투갈 식민 정부는 숲과 토지를 행정 단위로 나누고, 생산이 가능한 지역과 그렇지 않은 지역을 구분하는 지도와 통계를 만들었다. 18세기 후반에는 벌목과 토지 사용을 규제하는 왕령이 제정되었지만, 그 목적은 숲을 회복시키기 위해서가 아니라 제국의 세금과 군수 자원을 확보하기 위한 것이었다. '관찰하고 분류하는' 과학은 '측정하고 통제하는' 행정으로 이어졌고, 자연은 더 이상 살아 있는 생태계가 아니라 관리해야 하는 대상이 되었다. 이러한 관료적 제도와 규칙은 계몽주의와 합리주의라는 겉모습을 입은 식민 통치의 도구였다.

이 제도적 사고방식은 특정 지역에만 국한되지 않고 브라질 전역에서 나타났다. 왕실 선박과 군수용 목재 수요가 급증하면서, 식민 말기에는 대서양림의 주요 나무들이 고갈되고, 지역 사회의 갈등이 심해졌다. 당시 말하는 '자연 보호'는 생태계를 지키기 위한 것이 아니라 왕실 자산을 계속 확보하기 위한 전략이었다. 일부 숲은 왕실 소유로 지정되었고, 해안 지역에서는 무단 벌목이 엄격히 금지되었다. 그러나 실제로 환경 보호보다는 경제적 이익과 군사적 목적을 위한 통제 수단에 불과했다.

식민지에 대한 인식은 단순한 정책뿐 아니라 행정과 경제 구조에 깊숙이 스며들어 제도적 논리로 재생산되었다. 브라질은 자율적 공간이 아니라 포르투갈 본국의 이익을 위한 부속 영토로 인식되었다. 농업 체제 또한 유럽의 집약 농업 대신 대규모 조방 농업이 도입되어 소모적이고 약탈적인 생산 방식이 확립되었다. 이 체제는 독립 이후에도 유지되었으며, 1960년대 산업화 시기에는 기업식 농업으로 재현되며 식민지 시기와 유사한 모습의 개발주의로 이어졌다.

17세기에서 18세기에 이르는 동안 브라질에서는 조방 농업, 화전, 단작, 강제 노동이 결합한 생산 체제가 형성되었으며, 그 결과 토양의 비옥도가 떨어지고 숲과 땅의 회복력이 크게 훼손되었다. 단순한 기술 부족 때문이 아니라 식민 통치의 제도와 문화가 사회에 깊이 자리 잡은 결과였다. 토지는 공공재가 아니라 가족 소유나 친분의 연장으로 여겨졌고, 경제 질서도 공적 규율보다는 개인적 관계에 따라 운영되었다. 이 체제에서 노동은 독립적 생산

표 7·식민지 브라질의 자연 관리 구조

구분	내용	특징/영향
행정적 통제	행정 단위로 숲과 토지 분할 및 지도·통계 작성	세금·군수 확보 목적 자연의 관리 대상화
정책·규제	벌목·토지 사용 규제	왕실 자산과 경제적 이익 중심
생산 체제	조방 농업, 화전, 단작, 강제 노동의 결합	토양·숲 회복력 저하와 노동의 종속
제도·문화 내면화	가족·친분 관계 중심의 토지·경제 질서	약탈적 경작 구조 지속, 독립 이후에도 영향, 현대 생태 불평등과 연결

행위가 아니라 가부장적 종속 관계에 묶였고, 자연은 오직 소유와 착취의 대상으로만 취급되었다.

자연과 인간의 관계는 윤리적 균형이 아닌 자원과 소유라는 개념 위에서 인식되었다. 토지의 회복력이나 숲의 지속 가능성은 고려되지 않았고, 약탈적 경작 방식은 기술 부족의 결과가 아닌 제도와 문화의 산물이었다. '나쁜 농업'은 경제적 비효율성의 문제가 아니라 식민 통치가 남긴 구조적 유산이었으며, 발전이라는 이름으로 정당화된 통제와 수탈의 또 다른 얼굴이었다. 이 같은 경제 체제는 독립 이후에도 반복적으로 재생산되며, 오늘날 브라질의 생태 불평등과 사회 구조에 깊은 그림자를 드리운다.

4 발전주의의 재등장: 식민 유산의 현대적 재생산

제도적 관행은 브라질이 독립한 이후에도 계속되었다. 토지 개혁과 자원 관리를 위한 법이 만들어졌지만, 실제 운영은 여전히 개인적인 관계와 권력에 좌우되었다. 국가 발전 정책은 발전주의를 표방했지만, 식민지 시대의 사회 문화적 구조가 깊게 작동했다. 결국 자연을 이용하고 보호하는 결정은 공정한 규칙보다 권력과 이해관계에 따라 이루어졌고, 환경 규제는 형식적인 절차에 머물렀다.

20세기 중반, '발전'은 근대적 국가의 중요한 목표로 자리 잡았지만, 그 속에는 식민 지배 논리가 그대로 들어 있었다. 발전주의 정책은 자연을 보호하기보다 국토를 최대한 활용하고 자원을 관리하는 데 초점을 맞추었다. 〈산림법〉(1934)과 〈국가환경 정책법(Lei da Política Nacional do Meio Ambiente no Brasil)〉(법률 제6938호, 1981) 역시 생태 복원보다는 산업 발전과 자원 관리를 중심으로 설계되었다. '보호'라는 말은 환경 윤리보다 행정 통제의 의미로 사용되었다.

이런 인식의 영향으로, 브라질의 환경 문제는 단순한 자연 문제가 아니라 사회적·역사적 불평등과 연결되었다. 대서양림 감소, 토양 황폐화, 아마존 벌목 등은 자연을 통제할 자원으로 보는 식민주의적 사고의 결과였다. 산림은 재생 능력을 잃고, 토양과 하천은 오염되었으며, 토지 생산성 저하는 농민과 원주민의 이동을 촉발했다. 환경 파괴는 사회적 배제와 경제적 종속을 강화하는 구조로 작동했다.

이 구조는 21세기에도 이어졌다. 2019년 이후 브라질에서는 환경 규제가 줄고 아마존 산림에 대한 감시가 축소하면서 벌목이 다시 늘었고, 일부 지역은 탄소 흡수원이 아니라 배출원이 되었다. 이는 단순한 정책 실패가 아니라 자연을 통제 대상으로 보는 식민주의적 사고가 제도에서 되살아난 결과다.

식민주의적 사고는 독립 이후에도 근본적으로 변하지 않았고, 20세기 중반 발전주의 논리에서 다시 재구성되었다. 식민지 시대의 '보전'이 왕실 자산 보호를 의미했듯, 현대의 '개발'도 국가 발전을 이유로 한 자원 활용에 불과했다. 1822년 독립 이후에도 브라질은 식민주의적 사고를 완전히 끊지 못했고, 특히 20세기 중반 아마존 개발 가속화로 산림 훼손이 심각한 상황이 되었다. 그 결과, 브라질은 세계에서 산림 감소율이 가장 높고, 아마존의 탄소 흡수 능력이 떨어지는 심각한 환경 문제에 직면하게 되었다.

브라질의 환경 인식은 식민지 시기의 기억이 사회 구조와 제도 속에 깊이 스며든 형태로 지금까지 이어진다. 자연을 지배와 생산 대상으로 보는 식민적 사고는 토지 이용, 과학, 행정, 문화에서 내면화되었고, 근대 발전 담론의 핵심 전제로 이어졌다. 따라서 브라질의 환경 문제는 단순한 자연사보다 식민 기억이 재생산되는 사회적·역사적 과정으로 이해해야 한다. 미래의 환경 정책은 이 식민주의적 유산을 직시하고 극복하는 것에서 출발해야 한다.

표 8·브라질 환경 분야의 역사에서 나타나는 식민주의 유산

구분	핵심 내용	메시지
식민주의적 통제	토지·숲 관리	자연: 자원·관리 대상 지식: 권력 도구
독립 이후	제도화 실패	자연 관리: 이해관계 중심으로 작동
발전주의 시대	산업·자원 중심	'보전': 통제 수단, 자연 보호보다 관리 우선
생태적 결과	산림·토양 피해	환경 문제와 사회 불평등 심화
현대 상황	규제 약화	제도에서 식민주의적 사고 재현

03

보호라는 이름의 착취

보호라는 핑계, 통제라는 본심: 식민지 권력의 자연 통제

브라질의 환경 정책은 처음부터 자연을 보호하기보다 관리하고 통제하는 데 초점을 맞추었다. 포르투갈 식민 정부는 '보호'라는 이름으로 산림과 토지를 행정 단위로 나누어 관리했으며, 이러한 사고는 근대화 이후 법과 정책에서도 계속 이어졌다. 그 결과 자연은 생태적 가치보다 행정적 효율성과 경제적 활용도가 우선되는 대상으로 규정되었다. 이는 국가의 환경 거버넌스가 생태 보전보다 개발 우선의 방향으로 구조화되는 데 결정적 영향을 미쳤다.

이 과정은 크게 네 단계로 나타났다. 첫째, 식민지 시기의 '보호'라는 논리는 왕실 자산과 군수 자원을 지키기 위한 통치 수단으로 기능했다. 둘째, 계몽주의 시기의 환경 비판은 자연 회복을 강조했지만, 실제 목적은 국가 자원의 효율적 관리에 있었다. 셋째, 근대 환경 정책은 '보전'을 행정적 관리 체계로 전환했다. 넷째, 현대 환경 정책은 여전히 식민지 시기의 통제 논리를 반복하며, 보호와 관리 사이에서 균형을 모색했다. 이러한 구조적 흐름은 브라질 환경 정책의 지속성과 변화를 이해하는 데 중요한 시사점을 제공한다.

표 9·브라질의 환경 정책 변화

시기	환경 정책/논리	주요 특징
식민지	'보호'의 논리	왕실 자산과 군수 자원을 지키기 위한 통치 수단
계몽주의	환경 비판	자연 회복 강조, 실제 목적은 효율적 국가 자원 관리
근대	'보전' 행정	자연 보호의 행정적 관리 체계로 전환
현대	환경 정책	식민지 통제 논리 반복, 보호와 관리 사이 균형 모색

18세기 후반, 브라질 내부에서는 무분별한 벌목과 개간이 공동체 생존을 위협한다는 인식이 퍼졌다. 지식인들은 자연 회복력이 사회의 도덕과 정치 질서를 유지하는 데 필요하다고 주장했다. 당시 계몽기 사상가들은 환경을 도덕적·미학적 가치가 아닌 국가와 자

원 지속성을 위한 실용적 논리로 이해했다. 이 시기 자연은 단순한 정복 대상이 아니라 사회 윤리의 정치적 장이 되었다. 이러한 사상적 전환은 브라질 환경 정책과 논의에 근본적 변화를 예고했다.

브라질에서 시행된 벌목 규제는 현대 환경 정책의 시초로 볼 수 있었지만, 실제 목적은 왕실 자산의 보호와 해군 조선용 목재의 확보에 있었다. 포르투갈 정부는 해안림을 왕실 소유로 지정하고 사적 벌목을 제한했다. 이는 생태계 보호가 아니라 군함 건조와 공공 건축에 필요한 목재를 안정적으로 확보하려는 조치였다. 브라질에서 생산된 고급 목재는 모두 왕실이 독점했고, 주요 산림은 군사와 국가 용도로 관리되었다. 이러한 정책은 단기적 경제 이익뿐 아니라 장기적으로 제국의 군사력 유지 전략과도 연결되었다.

초기 산림 정책은 겉으로는 '보호'를 내세웠지만, 실제 목적은 식민 통치와 자원 관리였다. 1605년 제정된 〈브라질나무 칙령〉은 브라질나무의 벌목과 무역을 왕실이 독점하기 위한 법령이었다. 유럽의 해상 경쟁이 심화하면서 조선용 목재와 염료 확보가 군사 재정의 핵심이 되었기 때문이다. 포르투갈은 자국 삼림이 고갈되어 있었기에 브라질 숲을 대체 자원으로 삼았다. 이때 '보호'란 자연을 지키는 것이 아니라 식민 지배와 함대 건조를 위한 전략적 자원 관리였다. 브라질 산림은 단순한 자원이 아니라 제국 권력의 상징이자 실질적 기반으로 기능했다.

18세기 후반, 일부 지식인들은 벌목의 문제를 지적하며 산림 보존을 주장했지만, 그 초점은 생태 윤리가 아닌 국가 자원의 지속 가능성에 있었다. 계몽주의 관료들은 이를 '공익'으로 포장했지만, 실제로는 사적 권리를 제한하고 왕실의 경제 통제를 강화하기 위한 정치적 조치였다. 결국 브라질 초기 환경 정책은 자연 보호라는 명목 아래 식민 지배를 유지하는 실용적 통치 시스템이었다. 자연을 다루는 방식은 단순한 자원 관리가 아니라 권력을 유지하는 수단으로 자리 잡았다.

2 자연이 말을 걸기 시작했다: 자연 파괴에 대한 도덕적·정치적 자각

18세기 말, 브라질 내부에서는 자연 파괴를 단순한 생산 문제를 넘어서 사회적·정치적 위기로 인식하는 새로운 시각이 서서히 등장했다. 포르투갈 식민 농업은 광대한 산림을 불태우고 토양의 생명력을 고갈시켜서 지역 공동체의 생태적 기반을 심각하게 훼손했다. 이에 일부 지식인과 행정관, 성직자들은 무분별한 개간과 벌목이 인간의 삶 자체를 위협한다고 비판하며, 나무 보존과 토양 특성에 맞는 경작 방식을 적극적으로 주장했다. 그들은 자연을 단순한 경외의 대상이 아닌, 인간 사회의 존속을 결정짓는 정치적 환경으로 바라보았다.

자연은 상호 의존적 관계에서 조화롭게 유지되는 체계로 이해되었고, 이를 파괴하는 행위는 사회의 도덕적 균형을 무너뜨리는 행위로 평가되었다. 브라질의 지식인과 과학자들은 식민지 자연을 측량하고 기록하는 과정에서 자연의 위계와 질서를 발견하며,

이를 인간 사회의 정치적 질서와 대응시키려 했다. 당시 작성된 여러 보고서와 기록은 자연을 국가의 기반으로 삼으려는 시도이자, 식민지 내부의 생태적 불균형을 인식하는 중요한 계기였다.

이러한 인식은 유럽 계몽주의의 영향을 크게 받았다. 특히 린네(Carl Linnaeus)의 '자연의 경제(nature's economy)' 개념은 브라질에서도 중요한 사상적 기반이 되었다. 1772년 포르투갈 코임브라대학교의 개혁 이후 계몽주의적 과학 체계가 포르투갈과 브라질 전역으로 퍼지면서, 사람들은 더 이상 자연을 신의 피조물이나 단순한 생산 수단으로 보지 않았다. 대신 자연을 질서와 균형을 이루는 하나의 체계로 이해했고, 이를 파괴하는 행위는 결국 사회 전체의 붕괴로 이어진다고 믿었다. 이러한 생각은 기존의 경제 중심적 사고를 비판하는 새로운 지적 흐름으로 자리 잡았다.

표 10·계몽주의 사상과 브라질 환경 인식 변화

구 분	내용 요약
사상적 영향	유럽 계몽주의의 영향 받음
핵심 개념	린네의 자연의 경제(nature's economy): 철학적 기반
변화 계기	1772년 코임브라대학교 개혁 이후, 계몽주의적 과학 체계 확산
자연 인식의 전환	신의 피조물이나 생산 수단 아님: 질서와 균형의 체계로 인식
사회적 의미	자연 파괴를 사회 붕괴로 이어지는 문제로 인식함
지적 흐름의 변화	기존 경제 중심 사고 비판: 새로운 비판적 사상의 형성

브라질의 과학자들은 계몽주의적 분류 체계를 도입하면서도, 제국의 이익을 위해 자원을 소모하는 방식에 점차 문제를 제기했다. 식민 통치가 남긴 토지 황폐화와 삼림 파괴를 문명의 진보로 보지 않았고, 오히려 식민주의적 후진성과 제국 중심의 개발이 가져온 부작용으로 해석했다. 이러한 인식은 자연 문제를 정치 문제로 전환했으며, 자연을 어떻게 관리하는지가 사회를 어떻게 조직하는지와 직결된다는 자각으로 이어졌다. 결국 이 논리는 인간과 자연의 관계를 새롭게 정의하려는 사상적 흐름을 낳았다.

인식의 변화는 단순한 지적 논의에 머무르지 않고 제도와 정책의 기초로 자리 잡았다. 18세기 후반부터 일부 행정관과 지식인들은 인간이 자연 파괴를 방치한다면 공동체 전체의 붕괴를 낳을 것이라고 경고했다. 이들은 숲과 토양의 보존을 국가 생존 전략으로 간주하며, 이를 위해 제도적 개혁이 필요하다고 주장했다. 자연의 질서를 이해하고 유지하는 일이 국가 유지와 직결된다는 인식은, 이후 브라질 환경 정책의 사상적 근간이 되었다. 자연은 더 이상 단순한 자원이 아니라 인간 사회가 자신의 윤리와 정치적 책임을 시험받는 장으로 재탄생했다.

근대 브라질 환경 법제의 출발점인 1934년 〈산림법〉(법률 제23793호)은 '보전'보다 '질서 있는 이용'을 강조했다. 이 법은 산림 보호를 명시하면서도 농업 생산성과 수자원 확보를 통한 산업 발전을 주요 목표로 삼았다. 같은 해 리우데자네이루에서 열린 '자연보호회의'도 표면적으로는 환경 보호를 논의했지만, 실제 중심 의제는 자원의 합리적 이용과 국가 생산성 유지에 집중되었다. 따라서 '보전'이라는 언어는 여전히 '통제와 관리'의 체계에 머물렀다. 초기 환경 법제는 국가 자산의 안정적 관리와 개발 합리화를 위한 도구적 성격을 강하게 띠었다.

이 흐름은 브라질에서 1981년 제정된 〈국가환경 정책법〉(법률 제6938호)으로 이어졌다. 이 법은 경제·사회 발전과 환경 보전의 양립을 명시하며, 환경을 독립적 가치로 인정하기보다 국가의 조정과 관리 대상으로 설정했다. 환경 정책은 국가 행정 체계로 완전히 흡수되었고, 표준 제정, 면허 발급, 환경 영향 평가 등 기술적 절차들은 개발에 관한 조정의 메커니즘이 되었다. 이로써 브라질의 환경 정책은 보전의 언어를 차용하면서도, 산업화와 자원 동원의 효율성을 보장하는 체계로 작동했다.

브라질의 환경 규제 역사는 1605년 〈브라질나무 칙령〉에서 시작해 1934년 〈산림법〉 그리고 1981년 〈국가환경 정책법〉에 이르기까지 일관된 연속성을 보여 준다. 외형적으로는 '보호'와 '보전'을 내세우지만, 실질적으로는 통제와 자원 관리가 핵심이었다. 식민지 시기의 자원 독점은 근대의 '질서 있는 이용'과 현대의 '보전과 개발의 양립'이라는 논리로 재구성되었으며, 환경 규제는 '보호'인 동시에 '배제'의 제도로 작동했다. 이 역사적 연속성은 오늘날 브라질 환경 정책이 불평등하게 작동하는 근본적 이유를 설명한다. 환경 법제는 자연 보호 장치라기보다 국가 통제와 자원 효율화를 정당화하는 도구로 활용되었다.

18세기 후반에서 19세기 초에 걸쳐서 브라질에 등장한 환경 비판 사상은 식민 지배 구조에서 형성된 근대적 자각이었다. 브라질 지식인들은 식민주의적 개발이 남긴 생태 붕괴와 사회 불평등을 반성하며, 인간과 자연의 관계를 재설정하려고 했다. 이러한 사상적 전환은 근대 브라질이 스스로 '열대 국가'로 인식하고, 자연을 정치의 장으로 다시 불러들이는 과정의 출발점이었다. 브라질의 근대 환경 논의는 바로 이 반성적 자각과 정치적 재정의를 통해 탄생한다.

3 '나쁜 농업'과 생태 붕괴: 조방 농업과 제도적 내재화

식민주의적 사고는 브라질의 토지 이용과 생산 구조에도 깊숙이 뿌리내렸다. 무분별한 개발로 인한 환경 황폐화는 오랜 기간 지속되었으며, 브라질은 그 자체로 보호받아야 할 공간보다는 포르투갈 본국을 위한 부수적 자원 공급처로 여겨졌다. 식민주의 통치는 자연과 토지를 단순히 착취할 대상으로 인식하는 것에 그치지 않았고, 사회 전반의 발전 방향에도 큰 영향을 끼쳤다. 특히 농업 방식에서 차이가 두드러졌는데, 유럽에서 주로 시행된 집약 농업(Agricultura Intensiva) 대신 조방 농업(Agricultura Extensiva)이 도입되었다.

조방 농업은 대규모 토지를 광범위하게 사용하는 방식으로, 생산량을 극대화하기보다는 식민 본국의 이익을 위한 소모적이고 약탈적인 생산 체제였다. 이러한 조방 농업 방식은 브라질이 포르투갈에서 독립하고 공화국이 수립된 이후에도 계속 유지되었다.

표 11·집약 농업과 조방 농업의 비교

구분	집약 농업	조방 농업
방식	적은 땅에 많은 투입	넓은 땅에 적은 투입
생산성	높음	낮거나 중간
특징	비료·기계·노동 많이 사용	자연 조건에 의존, 관리 적음
환경 영향	토양 피폐 우려	산림 전환·토지 소모 큼
사례	아시아 논농사, 시설 농업	화전, 대규모 방목

특히 1960년대 정부 주도의 산업화가 본격화하면서, 기업형 농업이 확대되었고 조방 농업 방식이 이익 창출을 위한 주요 수단이 되었다. 그러나 이 방식은 토양과 산림의 순환 과정을 전혀 고려하지 않은 단기 수익 극대화에 집중했으며, 결과적으로 지속 불가능한 개발만을 촉진했다. 17세기부터 18세기까지 브라질에서 실천된 이러한 '나쁜 농업' 방식은, 단순한 외부적 강제뿐 아니라 사회 내부의 제도와 문화에 깊이 내재화되어 있었다는 점에서 더 심각했다.

넓은 면적을 빠르게 개간하는 조방 농업과 화전 그리고 단작에 강제 노동이 결합한 대지주 체제는 토양의 생명력을 급격히 소모했다. 이 생산 방식은 일시적인 전략이 아니라 반복적인 교란 체제로 작동하며 각 지역에서 다양한 산림 파괴를 낳았다. 이는 단순히 식민 정책의 산물이 아니라 브라질 사회 전반에 내재한 경제적·사회적 압력이 복합적으로 작용한 결과였다. 지속적인 자연 훼손은 결국 생태계의 복원력을 훼손하고, 장기적인 환경위기를 초래했다.

이 체계의 이면에는 토지와 자원을 공공 영역이 아닌 가족적 소유와 친분의 연장선으로 인식하는 문화가 자리 잡았다. 브라질의 경제 질서는 공적 규율보다 개인적 관계에 뿌리내린 문화적 구조에서 작동했으며, 생산 활동은 합리적 관리라기보다 정서적 유대와 사적 이해의 산물로 여겨졌다. 이에 따라 토지 경영은 체계적 계획이나 지식 축적보다는 즉각적인 수확과 이익 분배로 결정되었으며, 장기적인 보전보다는 감정적 결속과 위계질서가 우선시되었다. 이 같은 구조에서는 노동 또한 독립된 경제 행위로 성장하지 못하고, 주인과 종의 관계가 공적 계약이 아닌 가부장적 보호와 복종의 틀에 갇혀 있었다.

사적 감정이 공적 질서를 대체하는 사회 구조에서는 생산성과 환경 모두가 불안정해질 수밖에 없었다. 농업은 기술과 지식의 발전을 수반하지 못했고, 노동은 합리적 분업으로 발전하지 않은 채 인격적 종속의 형태로 남았다. 자연과 인간의 관계는 '자원과 소유'의 단순한 틀에서만 이해되었으며, 토지의 회복력이나 숲의 지속가능성은 철저히 무시되었다. 브라질에서 '나쁜 농업'이라 평가받는 이러한 약탈적 경작 방식은 단순한 기술적 후진성의 산물이 아니라 공사 구분이 희미한 사회 구조와 가부장적·개인적 지배가 공적 영역을 대신하는 문화가 복합적으로 작용한 결과였다.

이러한 제도적 유산은 브라질이 독립한 이후에도 지속해서 유지되었다. 토지 개혁과 자원 관리에 관련된 법적 장치들이 형식적으로 마련되었지만, 실제 운영은 여전히 사적 관계망과 가부장적 통치에 크게 좌우되었다. 국가 발전 정책은 겉으로는 근대적 발전주의를 표방했으나, 그 이면에는 여전히 개인적 친분과 감정적 위계가 작동했다. 결과적으로 자연의 이용과 보전은 공적 합리성보다 감정적 권위와 이해관계에 따라 결정되었고, 환경 규율의 제도화 역시 형식적 절차에 그치는 한계를 벗어나지 못했다. 이처럼 식민지 시기의 '나쁜 농업'은 단순히 과거의 유물이 아니라 브라질 사회의 제도적·문화적 심층 구조가 만들어 낸 장기적이고 지속적인 결과다.

표 12·브라질 약탈적 농업의 사회·제도적 배경

구분	핵심 내용
사회 구조	사적 감정·관계가 공적 질서를 대체함
농업·노동	기술·분업 미발달, 노동은 종속적 관계 유지
자연 인식	자연을 소유·자원으로만 이해, 지속 가능성 무시
식민지 시기의 영향	약탈적 농업은 사회·문화 구조가 만든 결과
독립 이후	제도는 생겼지만, 실제 운영은 여전히 사적 관계 중심
결과	식민주의적 '나쁜 농업'의 구조가 장기적으로 계속됨

4 법은 있었고, 숲은 없었다: 브라질 환경법의 탄생과 환경 불평등의 한계

오늘날 브라질은 자연과 환경 보호를 위한 새로운 법적·정책적 방향을 모색한다. 이는 기후 변화와 난개발 문제를 해결하고, 전 지구적 생태계 보전에 기여하려는 중요한 노력이다. 특히 기후 변화 대응과 생물 다양성 보호가 국제 사회에서 중요한 의제로 부상하면서, 브라질 정부와 기업은 지속 가능한 발전을 위한 제도적 변화를 요구받는다. 이러한 움직임은 단순한 환경 보호를 넘어 사회적 정의와 경제적 형평성까지 고려하는 방향으로 확장된다.

20세기 중반 이후 '발전'이라는 개념은 근대 국가의 이념이 되었다. 그러나 그 안에는 여전히 식민지 시기의 지배 논리가 깊이 잠재해 있었다. 국토 개발과 자원 이용을 진보의 척도로 삼는 발전주의(Developmentalism)는 자연을 통제하고 생산하는 대상으로 보는 식민주의적 세계관을 재구성한 결과였다. 당시 발전주의는 자연을 공동체의 삶터이자 생명의 기반이 아니라 국가 경제 성장을 위한 자원의 창고로 인식했다. 이러한 개념은 환경 보호에 관한 논리마저도 생산성 향상과 경제 효율성의 수단으로 전락하는 경향을 보였다.

1930년대 이후, 브라질 정부가 추진한 발전주의 정책은 주로 엘리트 친화적인 산업화와 도시화에 집중되었다. 이 과정에서 자연 보호보다는 국토 이용의 극대화가 우선시되었고, 환경 파괴는 경제 발전을 위한 불가피한 대가로 여겨졌다. 브라질의 초기 환경

법제는 〈산림법〉, 〈광업법〉, 〈수자원법〉, 〈어업법〉 등으로 구성되어 있었지만, 그 핵심 목적은 환경의 복원이 아니라 자원의 질서 있는 활용과 국가 통제에 있었다. 이러한 법적 장치는 실제 보호 효과를 발휘하지 못했으며, 오히려 국가 발전 이미지를 구축하기 위한 형식적인 제도화에 그쳤다.

표 13·브라질의 발전주의와 초기 환경 법제

시기와 정책	핵심 내용
1930년대 이후 발전주의 정책	엘리트 중심 산업화·도시화, 자연 보호보다 국토 이용 우선
환경 법제	〈산림법〉, 〈광업법〉, 〈수자원법〉, 〈어업법〉 등: 자원 관리와 국가 통제
실효성	국가 발전 이미지를 위한 형식적 제도화

발전주의 시기 이후에도 브라질의 환경 인식은 사회적 위계와 불평등이라는 맥락에서 지속해서 재생산되었다. 인식과 제도의 연속성은 브라질 생태 환경에 깊고 치명적인 물리적 상흔을 남겼다. 대표적으로 대서양림의 급격한 축소, 토양의 황폐화, 아마존 지역의 지속적인 벌목과 산불은 단순한 경제 개발의 부산물이 아니라 자연을 통제할 자원으로 본 식민주의적 사고의 결과물이었다. 산림은 재생 주기가 끊기며 생태 복원력을 상실했고, 일부 지역에서는 토양의 영구적 산성화와 하천의 탁류 현상이 심각하게

진행되었다.

이 같은 환경 파괴는 단지 생태계의 문제가 아니라 인간 공동체에도 직접적인 위협을 가했다. 토지 생산성이 저하되면서 농민들은 더 깊은 내륙으로 이주할 수밖에 없었고, 원주민 공동체는 생계 기반을 잃어 심각한 사회적 위기에 직면했다. 즉 환경 파괴는 생태적 현상을 넘어 사회적 배제와 경제적 종속을 재생산하는 구조적 문제로 작동했다. 이는 브라질의 환경 정책과 사회 구조가 얼마나 긴밀히 연결되었는지 보여 주는 중요한 증거다.

20세기 중반 이후 브라질의 환경 문제는 주로 도시 위생, 토지 생산성 그리고 개발 효율성에 집중되어 논의되었다. 이 시기 정부의 환경 정책은 생태적 정의나 공동체의 회복보다는 산업 성장의 도구로 기능하는 경향이 강했다. 결과적으로 환경 문제는 사회적 불평등 문제와 분리되어 다루어졌으며, 빈민 지역의 오염 문제나 자원 접근의 불평등은 종종 무시되었다. 오히려 환경 보호 정책이 사회적 배제를 정당화하거나 강화하는 수단으로 활용되기도 했다. 결국 브라질에서 환경 문제는 단순한 자연 관리가 아니라 사회적 권력과 자원 분배 문제와 밀접하게 연결되었다.

그렇다고 오늘날 브라질에서 나타나는 환경 불평등 현상이 단순히 현대 정책의 실패 때문만은 아니다. 그 배경에는 식민지 시기부터 이어져 온 자연에 대한 인식과 그에 따른 제도적·지적 유산이 자리한다. 성장과 보전의 개념이 명확히 구별되지 않고 혼재된 채 경제 성장의 논리에 환경 문제가 흡수되면서 사회 내부의 불평등 구조가 더 심화했다. 따라서 현대의 환경 불평등은 역사

그림 2 · 브라질과 파라과이 접경의 이타이푸(Itaipu) 댐

출처: 저자 촬영

적·제도적 연속성에서 이해해야 한다.

포르투갈의 식민화 이후 브라질의 정책 기조는 '성장=발전'이라는 단선적 논리에 지배되었다. 국토 개발과 자연 자원 이용은 국가 발전을 상징하는 동시에 자연에 대한 지배와 착취를 정당화하는 도구가 되었다. 농업 개척, 대규모 댐 건설, 삼림 개간 같은 사업들이 국가 발전의 상징으로 부각되었고, 이 과정에서 발생한 생태적 파괴는 진보를 위한 불가피한 희생으로 인식되었다. 결국 식민지 시기부터 이어진 자원 약탈과 불평등 구조가 법과 제도로 재현되면서, 발전이라는 명칭 아래 사회적·생태적 불평등이 제도화되는 체제가 지속했다. 이는 브라질의 발전주의적 정책이 자연과 사회를 동시에 희생시키는 구조적 모순을 내포했음을 보여 준다.

이러한 인식의 연속성에서 브라질의 생태와 환경 문제는 단순한 자연 현상이 아닌 사회적·역사적 불평등의 지표로 자리 잡았다. 식민지 시기의 지식 체계, 제도적 구조 그리고 사회적 감정의 흔적은 오늘날까지 환경 정책과 개발 논리의 심층에서 작동하며, 환경 문제를 둘러싼 권력관계와 불평등을 여실히 드러낸다. 자연은 단순한 자원에서 사회적 갈등과 역사적 부조리의 상징으로 변화했다. 결국 브라질 사회에서 환경 문제는 정의와 권력 문제와 밀접하게 연결된 역사적 산물이 되었다.

21세기에 들어서 이러한 구조는 더 복잡한 양상으로 전개된다. 특히 2019년 이후 브라질에서는 환경 규제가 줄어들고 산림 감독 체계가 축소되면서, 아마존 벌채율이 급격히 증가했다. 일부 지역은 탄소 흡수원 역할을 상실하고, 오히려 순배출원으로 전환되는

표 14·현대 브라질의 환경 문제

시기/요점	핵심 내용
20세기 중반	산업 성장 중심, 생태·사회적 정의의 무시
현대 환경 불평등	식민주의적 자연관·제도 구조의 연속, 불평등 심화
발전 논리 영향	'성장=발전'으로 자연 개발·착취 정당화
21세기 변화	규제 약화로 아마존 벌채 증가, 일부 지역 탄소 순배출

심각한 상황에 이르렀다. 이 현실은 오랜 기간 자연을 통제와 착취의 대상으로 본 식민주의적 인식의 잔재가 오늘날 제도적 형태

로 부활한 결과다. 이는 식민주의 사고와 제도 유산을 극복하려
는 역사적 시도의 중요한 출발점이기도 하다. 따라서 현재 브라질
의 환경위기는 단기적 정책 대응만으로는 해결할 수 없으며, 역사
적·제도적 구조를 근본적으로 재고하는 노력이 필수다.

제 3 장

개발과 저항:
근대화의 유산과
브라질 사회 환경주의의 탄생

군부 발전주의와 환경 침탈

1 브라질 군부 정권의 발전주의 정책과 경제 기적

1964년부터 1985년까지 브라질은 군부 권위주의 정권이 주도하는 발전주의(Desenvolvimentismo) 정책을 추진했다. 1964년 3월 주앙 굴라르(João Goulart) 대통령이 추진하던 토지 개혁·국유화·노동권 강화 등 사회주의적 개혁에 위협을 느낀 군부는 공산주의 확산을 명분으로 쿠데타를 일으켜 정권을 장악했다. 이후 21년간 다섯 명의 군인 출신 대통령이 연이어 집권하며, 반공주의 이념과 국가 안보 논리를 기반으로 권위주의적 경제 발전을 추구했다.

브라질 군부 정권은 국가의 강력한 개입을 통해서 산업화를 가속화하고, 경제 성장을 이루어 통치를 정당화하고자 했다. 이 시기 브라질의 발전 전략은 '경제 성장을 통한 국가 근대화'였으며, 그 핵심은 국가 주도의 자본 축적과 산업 구조 고도화에 있었다. 정부는 공공 투자 확대, 외자 유치, 기술 도입을 추진했고, 특히 인프라 건설과 중화학공업 육성에 집중했다. 이러한 정책은 국가가 경제 성장의 주체가 되는 국가 개발주의(State developmentalism)의 전형이었다.

정책은 성공을 거두었다. 브라질은 1968년부터 1973년까지 브라질 경제의 기적(Milagre Econômico Brasileiro)이라 불리는 고도 성장기의 정점에 있었다. 이 기간 국내 총생산(Gross Domestic Product, GDP)은 연평균 11.1%의 높은 성장률을 기록했으며, 연도별로는 1968년 9.8%, 1969년 9.5%, 1970년 10.4%, 1971년 11.3%, 1972년 11.9%, 1973년에는 14.0%에 달했다. 특히 주목할 점은 이러한 성장세가 물가 안정과 병행되었다는 것이다. 종합물가지수(인플레이션율, General Price Index, GPI)은 1968년 25.5%에서 1973년 15.6%로 하락했으며, 이는 통화 관리, 신용 정책 조정, 환율 제도의 유연한 운용에 기인한 것으로 평가된다.

국제 수지 측면에서도 특징이 있었다. 경상 수지는 연평균 약 12억 달러의 적자를 보였으나, 외자 차입과 직접 투자 등 대규모 외자 유입으로 전체 국제 수지는 흑자를 유지했다. 그 결과 순 대외 부채 대비 수출 비율은 1968년 2.0에서 1973년 1.4로 감소했다. 이 시기 수출입은 각각 연평균 24.6%, 27.5%의 성장률을 보였으며, 특히 제조업 제품 수출이 연평균 39.5% 증가하면서 브라질 경제가 1차 산업 중심 구조에서 공업화된 수출 지향형 산업 구조로 전환됨을 보여 주었다.

표 1·브라질 경제의 기적(1968-1973년)에 관한 지표

항목	수치/내용
기간	1968-1973년
GDP 성장률	연평균 11.1% (1968: 9.8%, 1973: 14.0%)
인플레이션율(GPI)	25.5% → 15.6%
경상 수지	연평균 12억 달러 적자, 외자 유입으로 흑자 유지
순 대외 부채 대비 수출	2.0 → 1.4
수출/수입 성장률	수출 24.6%, 수입 27.5%
제조업 수출 증가율	39.5%
경제 구조 변화	1차 산업 중심 → 공업화된 수출 지향형 구조

경제 호황의 배경에는 우호적인 대외 경제 환경이 있었다. 1960년대 말, 유로·달러 시장의 급속한 성장으로 국제 금융 시장의 유동성이 확대되었고, 브라질은 실질 금리 약 2% 수준의 저금리로 대외 차입을 확대할 수 있었다. 여기에 교역 조건의 개선, 국제 무역의 활황, 외채 조달 여건의 완화가 맞물리며 대외적 안정성이 강화되었다. 이러한 국제 유동성의 확충은 국가 발전 계획의 자금

기반을 제공했고, 브라질 정부는 이를 산업 투자와 인프라 확충에 전략적으로 활용했다.

브라질 내부적으로는 확장적 통화·신용 정책과 수출 진흥 정책이 병행되었다. 1968년 이후 정부는 소폭씩 단계적으로 조정하는 환율 제도인 크롤링 페그(Crawling Peg, Minidesvalorizações Cambiais) 제도를 도입해 수출 경쟁력을 유지했다. 또한 1972년 시행된 베피엑스(Befiex, Benefícios Fiscais à Exportação) 프로그램은 수출 기업에 세제 혜택과 수입 특혜를 부여해 제조업의 국제화를 촉진했다. 정책 조합으로 민간 부문에 대한 신용 공급이 집중되었으며, 실질적인 신용 증가율은 25.4%에 달했다. 그 결과 산업 자본의 축적과 민간 투자가 급증하면서 내생적인 성장 동력이 강화되었다.

외형상의 고도 성장에도 불구하고, 브라질 내부의 사회적 불평등은 오히려 심각한 상황이 되었다. 소득 분배의 불균형은 개선되지 않았고, 도시와 농촌 사이의 격차는 확대되었다. 농촌의 구조적 빈곤과 토지 소유의 집중 문제는 해결되지 않았고, 농민의 대규모 도시 이주가 가속화되면서 도시에는 빈민층이 급증했다. 결과적으로 당시 브라질은 포용적 성장(Inclusive Growth)보다는 배제적 성장(Exclusionary Growth)을 거두었다. 결국 브라질 군부 정권의 발전주의는 거시 경제의 안정과 산업화를 달성했으나, 사회정의와 민주적 제도화에는 역행하는 것이었다.

2 법적 아마존: 국가 통합의 공간에서 개발의 실험실로

‘법적 아마존(Legal Amazon, Amazônia Legal)’이라는 개념은 1953년 브라질 연방 정부가 제정한, 이른바 〈아마존 경제 개발법〉(법률 제1806호)에서 공식화되었다. 이 개념은 아마존의 개발을 촉진하고 국가의 행정 통제를 강화하기 위한 법적·행정적 구획으로, 자연적 또는 생태학적 현실을 반영한 것이 아니라 개발 목적의 행정 단위였다. 그 범위는 북부의 아마조나스, 파라, 세라도(Cerrado)의 일부까지 총 9개 주(약 550만km²)를 포함하며, 브라질 전체 영토에서 약 60%를 차지한다. 이에 따라 ‘법적 아마존’은 실제 생태적 아마존과는 구별되는 정책적·전략적 공간으로 기능했다.

‘법적 아마존’은 각종 통계·정책·개발 지표에서 아마존을 지칭하는 공식 용어가 되었다. 이 명칭은 국가가 자연을 행정적 질서에서 재편해 아마존을 ‘통합된 국가 공간’으로 상상하기 위한 장치였다. 1960년대의 브라질 군사 정권은 ‘국가 통합’을 핵심 목표로 내세우며 법적 아마존을 영토 통합의 상징적 공간으로 재해석했다. 당시 정부는 아마존을 외세에 지켜야 할 국경(Frontier)으로 보았다. ‘넘겨 주지 않기 위해 통합하라(Integrar para não entregar)’는 구호는 그 취지를 상징했다.

이러한 국가 통합 개념은 아마존을 ‘지리적 주변부’에서 ‘국가 정체성의 중심’으로 끌어올렸지만, 동시에 브라질 내부에서는 이 지역을 ‘개척해야 할 미개발지’로 규정하며 내부 식민화(Internal colonization)의 대상으로 삼았다. 그 결과 법적 아마존은 국가와 자

그림 1 · 법적 아마존 지역

출처: Wikiwand

본이 결합한 거대한 실험 공간이 되었고, 이 지역의 생태계와 원주민 공동체는 중앙 정부의 경제 전략에 종속되었다. 1970년대 이후 법적 아마존 구획은 점차 자원의 행정적 관리 체계로 발전했다.

브라질 정부는 이 지역을 농업·광업·삼림·보존 구역 등으로 구분해 거시적 개발 계획을 추진했으며, 겉으로는 '지속 가능한 발전'과 '균형 성장'을 강조하면서 실제 정책의 방향은 농목축업 확대와 인프라 확장을 제도적으로 정당화하는 것이었다. 특히 정부는 미등기 토지의 합법화를 명분으로 국유지를 사유화 대상으로 전환했으며, 이는 불법 점유와 무분별한 개간을 제도 안으로 흡수하는 결과로 이어졌다.

결과적으로 법적 아마존은 보호의 대상이 아니라 경제 자원을 동원하려는 개념이 되었다. 이미 국내 산업화가 진전되었던 남동부 지역의 내부 수요가 증가하면서, 법적 아마존 지역은 국가 내부의 원료 공급지가 되었다. 예를 들어, 여러 제품의 원료가 되는 대두와 소고기 산업이 급성장했고, 이것은 도로망 확충·항만 건설 등 인프라 개발로 이어졌다. 아마존에서 이루어진 도로 건설은 삼림에 대한 접근성을 높였고, 도로 주변 지역에서 집중적으로 이루어진 개간은 이른바 '도로화된 개발주의'를 상징했다. 이곳에서 이루어진 경제 개발 활동은 교통 확장과 삼림 파괴를 하나의 과정으로 결합했고, 인프라 구축이 곧 환경 파괴의 경로가 되었다.

이 시기 토지 이용의 집중은 단순한 산림 훼손을 넘어 기후 체계의 변화로 이어졌다. 대규모 초지 조성과 삼림 전환은 강수량의 감소와 건기의 장기화를 초래했으며, 아마존 생태계는 자율적인 기후 균형을 유지하기 어려워졌다. 아마존의 생태는 자급적인 체계로 기능하지 못하고, 외부 경제 논리에 종속된 구조적 불안정 상태에 놓였다. 법적 아마존은 국가 발전의 공간으로 구획되었으나, 그 내부에서는 자연과 인간의 불균형을 낳았다. 국토는 행정적으로 통합되었으나, 생태계는 분절되었고, 사회는 더 불평등해졌다. 결국 법적 아마존은 통합의 상징으로 출발했으나, 발전주의의 불균형이 가장 뚜렷하게 드러난 공간이 되었다.

1970년대 들어 법적 아마존은 브라질 발전주의의 실험적 무대로 전환되었다. 아마존 횡단 고속도로(Rodovia Transamazônica), 카라자스(Carajás) 광산 개발, 대두 재배 확대 등 주요 국책 사업이 모두 이 지역에서 추진되었다. 정부는 법적 아마존을 '자원의 공급지이자 이주민 수용지'로 상정하고 외자 유치와 정착 프로그램을 집중적으로 배치했다. 그 결과 1970-2000년 사이 이 지역의 산림은 약 20% 이상 사라졌으며, 특히 남부 아마존이 크게 훼손되었다. 행정적으로는 통합되었지만, 사회·생태적으로는 분절(disintegration)되었다. 개발 정책은 생태계를 물리적으로 재편했을 뿐 아니라 그 안의 인간 공동체까지 해체했다.

개발로 삼림 훼손이 집중된 지역일수록 사회 인프라와 공공 서비스가 열악해지는 역설적인 현상이 나타났다. 결국 법적 아마존은 군사 정부의 통합 정책이 낳은 발전주의의 가장 상징적인 모순으로 평가된다. 국토는 통합되었으나, 사회는 분열했고, 국가는 아마존을 포용하기보다 개발의 경계로 밀어 넣었다. 이러한 역설은 이후 아마존 횡단 고속도로 건설이라는 구체적 개발 프로젝트에서 더 명확히 드러났다. 이 과정에서 환경 파괴와 사회적 불평등이 동시에 깊어지면서, 개발과 보호의 상충이 극명하게 드러났다.

3 아마존 횡단 고속도로: 환경 및 문화의 파괴

브라질 군부 정권은 포르투갈 식민 시절처럼 아마존 등 자연 환경을 경제 발전에 도움이 되는 자원으로 인식했다. 이러한 인식 아래 군사 정부는 1970년대 '국가통합계획(Plano Nacional de Integração, NIP)'을 추진하며 아마존 지역의 도로 건설과 정착지 개발을 국가적 과제로 삼았다. 그 상징적 사업이 바로 아마존 횡단 고속도로(Rodovia Transamazônica)였다. 이 도로는 브라질 동북부 파라이바(Paraíba)에서 아마존 내부를 관통해 서부 국경 아마존주(Ámazonas)까지 연결하는 약 4,000-5,000km 규모로 설계되었으며, 정부는 이를 통해서 국토의 통합을 실현하고 북동부 농민의 이주로 인구를 재배치하며 개간지를 확대하고자 했다.

그러나 실제로는 아마존 내부의 수많은 원주민이 원래 살았던 곳에서 강제로 추방되거나 집단적인 이주를 당해야만 했다. 이 횡단 고속도로 건설 과정에서만 최소 29개 이상의 원주민 집단이 직접적인 영향을 받았으며, 그중 다수는 오랫동안 외부와의 접촉이 없던 격리된 공동체였다. 이 과정에서 도로 건설·광산 개발·농업 확장이 결합해 원주민들은 질병과 폭력, 토지 상실에 시달렸고, 많은 공동체가 문화적·사회적 해체를 겪었다.

공사와 정착지 개발이 진행되면서, 아마존의 생태 환경도 심각하게 훼손되었다. 대규모 벌목과 산림 파괴가 이루어졌고, 강 주변의 침식과 수질 오염이 급속히 진행되었다. 공사 과정에서 발생한 토사와 기름 유출은 하천의 생태계를 파괴해 어류 폐사와 토

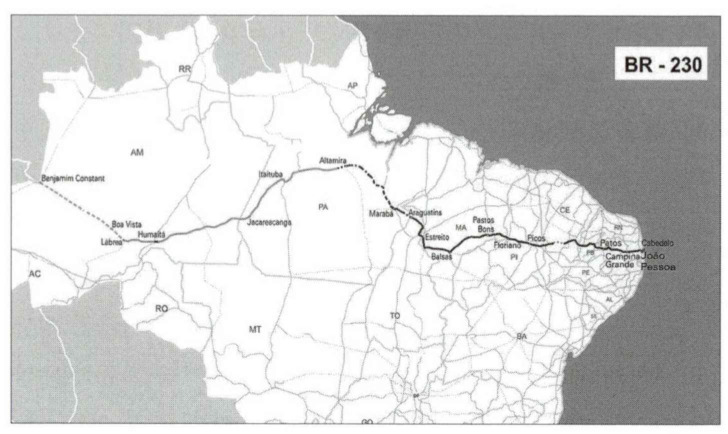

그림 2 · 아마존 횡단 고속도로(BR-230)의 경로

출처: 국토교통 과학기술진흥원

양 산성화를 초래했으며 지역 주민의 생계 기반도 무너졌다. 또한 도로 개통 이후 상업적 벌목과 방목지 개간이 급속히 확대되면서, 삼림은 농업 및 목축지로 전환되었다. 이러한 개발은 아마존의 공간 구조 자체를 근본적으로 변화시켰다.

개발 정책은 생태계뿐 아니라 원주민의 문화적 기반에도 치명적인 타격을 주었다. 도로 건설과 정착민 유입은 기존 원주민의 전통적 생활방식을 붕괴시켰으며, 사냥·어로·자급 농경에 기반한 생계는 유지될 수 없었다. 조상들의 묘지와 의례 공간은 도로 공사로 훼손되었고, 언어·신앙·공동체 의례의 지속도 어려워졌다. 특히 아마존 횡단 고속도로 주변의 테냐림(Tenharim)과 지아우이(Jiahui) 등 원주민 공동체는 물질적·정신적 삶의 터전을 상실했다. 대규모 토사 작업과 중장비 투입은 강과 산림을 파괴했으며, 오염된 하천으로 인해 식수와 생계가 마비되었다. 공사 인력과 외부인의 급격한 유입은 홍역과 독감 등 전염병을 확산시켰고, 음주와 폭력의 증가로 공동체 내부에 균열도 발생했다.

결국 군사 정부가 내세운 '국토의 통합'과 '개발'이라는 명분은 과거 식민지 시절 정책의 연장선에 있었다. 정부는 아마존을 '비어 있는 공간(vazio demográfico)'으로 인식했다. 개발 정책은 '빈 땅에 사람을, 땅 없는 사람에게 땅을(povo sem terra para uma terra sem povo)'이라는 구호로 추진되었다. 그러나 현실에서 이 구호는 이미 그곳에 거주하던 원주민과 공동체를 지워내는 과정을 만들었다. 군사 정부의 아마존 개발은 새로운 정복의 서사로 기능했으며, 원주민의 문화와 생존을 대가로 한 국가주의적 근대화 프로젝트로 포장되었다.

이처럼 아마존을 비어 있는 공간으로 간주하고 국가의 생산 체계로 편입시키려는 발상은, 포르투갈 식민 시대의 개척 담론과 궤를 같이하는 내부 식민화의 논리였다. 결과적으로 이 사업은 개발이라는 명목 아래 국가와 기업의 경제적 이익을 위해 원주민의 생존권을 희생시킨 폭력적 프로젝트로 귀결되었다. 정부는 아마존을 '국가 발전을 위한 비어 있는 공간'으로 인식했고, 그 안에 이미 존재하던 공동체의 권리를 사실상 부정했다. 이에 따라 원주민에게 아마존 횡단 고속도로는 '죽음의 길(estrada que mata)', 곧 그들의 삶과 문화, 영토를 파괴한 국가 폭력의 상징으로 남았다.

그 과정에서 도로 건설은 환경적·사회적 불균형을 더 심화시켰다. 도로 상당 구간이 미완공 상태로 남았고, 완공된 구간조차 포장되지 않아서 교통의 두절과 물류 불안정이 지속되었다. 또한 불법적인 토지 점유 확대로 농민과 대지주, 개발 세력 간의 격차와 갈등도 심화했다. 그러나 정부는 아마존을 여전히 국가 경제 성장의 자원 공급지로 간주했으며, 그 결과는 불완전한 인프라, 생태적 파괴, 사회적 불평등의 심화로 귀결되었다. 이러한 상황은 아마존 개발 정책이 환경적 지속 가능성과 사회적 형평성을 충분히 고려하지 못했음을 보여 준다.

표 2·아마존 횡단 고속도로 주요 결과·문제점

구분	내용
도로 기능 미흡	계획 미완성, 많은 비포장 구간으로 교통·물류 효과 낮음
삼림 파괴 증가	도로 주변에서 벌목·개간 급증, 삼림 파괴의 핵심 경로 형성
이주 정책 실패	정착촌 붕괴 → 이주민 생계 악화·불법 개간 증가
원주민 피해	토지 침탈, 전염병 확산, 공동체 붕괴
생태계 교란	건조화·수문 변화 등 복원 어려운 생태 손상 발생

4 발전주의의 사회적 귀결: 불평등의 제도화와 생태적 불균형

브라질의 발전주의는 인간과 환경의 관계에 대한 국가 인식의 전환이었다. 따라서 브라질의 환경 파괴는 단순히 경제 발전의 부산물이 아니라 국가가 토지와 자연을 인식하는 방식이 변화한 결과였다. 발전주의적 세계관 아래에서 국가와 정부는 토지를, 공동체를 위한 삶의 기반이 아니라 국가 성장의 수단이자 통제할 자원으로 인식했다. 이러한 인식은 단순한 자연과 생태계의 훼손이 아니라 자연의 질서가 사회적 질서로 전이되는 과정에서 인간 사회의 위계와 배제를 제도화하는 기제로 작용했다. 국가가 자연을 자원의 관점에서 대상화하면서 자연의 생태적 불균형은 사회적 불평등의 원인이 되었다. 이러한 모습은 세 가지 차원에서 나타난다.

첫째, 소수의 대규모 토지 소유 구조인 라티푼디오(latifúndio) 체제의 역사적 유산이 사회적·생태적 불균형을 제도화했다. 식민지 시기부터 사회의 소수가 대규모 토지를 독점했는데, 1850년 〈토지법〉은 토지 취득을 구매로만 한정해 무자본 농민과 해방 노예를 토지 활용에서 제도적으로 배제했다. 그 결과 토지는 공동체의 자산이 아니라 부와 권력의 저장 수단으로 변질되었다. 이러한 구조는 토지의 효율적 활용과 환경 보존에 대한 동기를 줄이고, 지주가 생산성 향상이나 생태계 보전보다 광범위한 방목과 삼림 착취를 추구하도록 보장해 산림 훼손, 토양 침식, 수자원 오염 등 구조적 환경 파괴를 유도했다.

둘째, 발전주의적 국가 인식은 자연을 공동체적 자산이 아닌 국가 통제의 대상으로 전환했다. 20세기 중반부터 브라질은 경제 성장과 국가 통합을 위해 자연을 행정적·경제적 단위로 재편했다. 이 시기부터 토지는 인간과 자연의 관계를 매개하는 공간이 아니라 측량되고 관리되는 생산 단위가 되었다. 국토는 통합된 듯 보였지만, 사회는 분열했고 대규모 방목과 개간으로 생태계의 연결망이 파괴되어 지역 공동체의 생존 기반이 붕괴했다. 생태계의 단절은 사회적 단절로 이어졌는데, 보호 구역과 삼림 지대로 밀려난 농민과 원주민은 생존을 위해 불법 개간을 반복했다. 국가는 이들을 환경 파괴의 주범으로 규정했지만, 실상은 자연 통제와 자원 집중이 사회적 배제를 낳은 것이었다. 생태계의 파괴는 불평등을 낳고, 불평등은 다시 환경 파괴로 이어진다.

셋째, 군사 정권의 발전주의 정책은 이러한 악순환을 제도적으로 공고히 했는데, 이 시기의 정부는 환경을 관리하는 주체가 아니라 자원 배분을 통제하는 권력이었다. 1970년대 '국가통합계획'과 아마존 개발 사업은 '통합'과 '근대화'의 명분 아래 생태계를 재편하고 사회적 위계를 심화했다. 정부는 아마존 삼림을 '미개발 자원'으로 간주하고, 대지주와 외국 자본이 광대한 토지를 점유하면서 광물 채굴과 목축을 확장하도록 했다. 도로 건설과 정착민 유입은 생태계의 균형을 무너뜨리며 공동체의 터전을 잠식했다. 자연의 중심에서 밀려난 사람들은 도시 변두리로 내몰렸고, 생태계의 붕괴는 거주의 위계화, 노동력의 불평등, 공동체 해체로 이어졌다.

발전주의 내부에서 누적된 생태위기와 사회 불평등은 점차 국가 체제 자체에 대한 근본적 회의를 낳았다. 생태계의 파괴, 공동체의 해체, 불평등의 심화는 군사 정권이 구축한 발전주의의 구조적 한계로 인식되기 시작했다. 이러한 문제의식이 확장하면서, 브라질 사회 전반에서 민주화와 제도 개혁의 요구가 대두되었다.

표 3·브라질 발전주의와 토지·환경·사회 불균형

구분	핵심 내용
라티푼디오	소수 토지 독점 → 산림 훼손·환경 파괴·불평등 발생
국가 통제	자연을 국가 관리 대상으로 전환 → 공동체 붕괴, 생태계 단절
군사 정권 정책	아마존 개발·도로 건설 → 공동체 해체, 사회·환경 불평등 심화

21년간의 군사 정권이 막을 내리고 1985년 탕크레두 네베스(Tancredo Neves) 대통령의 민간 정부가 출범하면서, 헌법에 토지의 사회적 기능(função social da propriedade)이 명시되었다. 그러나 이러한 원칙은 제도적 실천으로 이어지지 못했고, 경제 성장 중심의 개발은 여전히 국가 정책의 핵심에 남아 있었다. 라티푼디오 체제는 정치적 영향력을 유지해 생태계의 불균형이 여전히 사회 불평등의 거울로 남았다.

브라질의 발전주의는 생태적 불균형이 사회적 불평등으로 번지는 구조적 체계였다. 대토지 소유와 자원 집중은 자연의 질서를

그림 3 · 아마존 산림 훼손

출처: 위키미디어

해체했고, 그 결과 생태계의 붕괴는 인간관계의 불균형으로 이어졌다. 아마존은 그 과정의 핵심 공간이었다. 국가는 자연을 통합하려고 했지만, 실제로는 사회를 분열시켰다. 따라서 브라질 환경위기의 핵심은 단순한 자연 관리의 실패가 아니라 발전주의가 자연과 인간 사이의 불균형을 낳고, 국가의 자연에 대한 통제 방식이 인간에 대한 지배 방식으로의 전환이다.

브라질 사회에서 발전주의에 대한 반성과 생태적 불균형 문제에 대한 대안은 브라질 남부의 고원 지대에 자리한 꾸리치바(Curitiba)의 변화에서 찾을 수 있다. 꾸리치바는 1693년 포르투갈 식민지로 출발해 오랫동안 작은 농업 도시에 머물렀으나, 19세기

그림 4 · 꾸리치바 BRT 체계의 버스 승강장

출처: 저자 촬영

그림 5 · 친환경 생태 도시로서 꾸리치바의 상징인 식물원의 온실

출처: 저자 촬영

후반, 브라질 내륙의 대규모 개발과 철도 건설로 유럽 이민자들이 유입되어 도시의 성격을 바꾸었다. 그러나 20세기 중반의 산업화와 함께 인구가 급증하면서 교통 체증, 환경 오염, 잦은 홍수 등 급속한 도시 팽창의 부작용이 이 도시에 본격적으로 나타났다.

1970년대 건축가이자 도시 계획가였던 자이메 레르네르(Jaime Lerner, 1937-2021)가 꾸리치바의 시장으로 취임하면서, 자동차 중심의 개발 대신 사람 중심의 도시를 지향하며 저비용·고효율의 간선 급행 버스 체계(Bus Rapid Transit, BRT) 등 여러 대안적 교통 체계를 도입했다. 또한 꾸리치바는 홍수 문제를 해결하기 위해서 강을 콘크리트로 가두는 대신에 대규모 공원과 녹지로 조성해 자연을 도시 인프라의 일부로 받아들였다. 이러한 선택들은 지속 가능하고 장기적인 효과를 낳았다.

꾸리치바의 친환경 정책은 제도와 시설뿐 아니라 시민의 참여를 통해 완성되었다. 재활용 쓰레기를 교통권이나 식료품으로 교환하는 프로그램은 환경 보호를 생활 속 실천으로 만들었고, 도시 전체의 지속 가능성을 높였다. 오늘날 꾸리치바는 여전히 여러 도시 문제를 안고 있지만, 거대한 예산이나 첨단 기술 없이도 명확한 철학과 선택을 통해 지속 가능한 도시로 나아갈 수 있음을 보여 주는 상징적인 사례로 브라질뿐 아니라 세계적으로도 높은 평가를 받는다.

02

국제 사회의 논의와 개발주의의 충돌

1 1972년 스톡홀름 회의와 국제 환경법의 출발

1972년 6월 5일 스톡홀름에서 개최된 '유엔 인간환경회의(UN Conference on the Human Environment, 스톡홀름 회의)'는 환경 분야에서 국제 사회의 중요한 전환점이었다. 이 회의는 스웨덴 정부의 제안으로 유엔 총회가 승인한 첫 전 지구적 환경 문제 회의였는데, 인간과 환경의 관계를 전례 없는 규모로 논의한 자리였다. 그 결과 채택된 스톡홀름 선언(Stockholm Declaration)은 환경 보호를 인류 공동의 과제로 공식화하며 국제 환경법 형성의 출발점을 마련했다.

이 선언은 7개의 서문 단락과 26개의 원칙으로 구성되었으며,

첫 문장에 나오는 "인간은 환경의 산물이자 창조자이다.(Man is both creature and moulder of his environment.)"라는 문구는 인간의 자유와 평등, 존엄한 삶의 권리가 건강한 환경의 질에 달려 있음을 표현한 것이었다. 이것은 국제 사회가 환경 문제를 인권·경제·정치가 교차하는 복합적 문제로 인식하게 한 계기였다.

표 4·스톡홀름 선언의 26개 원칙

1. 인간은 건강하고 생산적인 환경에서 살 권리가 있다.
2. 환경 보호는 인류 전체의 공동 책임이다.
3. 개발과 환경 보호는 조화를 이루어야 한다.
4. 자연 자원은 합리적이고 공평하게 이용되어야 한다.
5. 생물 다양성 보호와 생태계 유지가 필요하다.
6. 인간 활동으로 인한 오염을 예방해야 한다.
7. 환경 피해는 사전에 방지하고 최소화해야 한다.
8. 환경 교육과 인식 제고가 필요하다.
9. 과학적 연구와 기술을 환경 보호에 활용해야 한다.
10. 국가 간 환경 정보와 기술을 공유해야 한다.
11. 국제 사회의 협력으로 환경 문제를 해결해야 한다.
12. 오염과 환경 피해에 대한 책임이 있는 국가가 대응해야 한다.
13. 환경 보호를 위한 법적, 행정적 조치를 마련해야 한다.
14. 토지와 물, 공기, 해양 등 자연 자원을 지속 가능하게 관리해야 한다.
15. 천연자원과 에너지 자원의 합리적 이용이 필요하다.
16. 원주민과 지역 공동체의 환경 참여를 보장해야 한다.
17. 개발 프로젝트는 환경 영향 평가를 거쳐야 한다.
18. 산업과 경제 활동의 환경 영향에 대한 감독이 필요하다.
19. 폐기물과 오염물 관리, 재활용이 중요하다.
20. 국제적인 환경 보호 기구와 협력을 강화해야 한다.
21. 군사 활동으로 인한 환경 피해를 방지해야 한다.
22. 환경의 보전과 개발 계획은 장기적 관점에서 수행되어야 한다.
23. 국제 사회는 환경 문제에 대한 조치를 공동으로 마련해야 한다.
24. 경제 원조와 기술 지원을 환경 개선에 활용해야 한다.
25. 국제 환경 정책과 법규를 발전시켜야 한다.
26. 미래 세대를 위해 건강한 환경을 보전할 책임이 있다.

이 선언의 핵심 조항인 제21원칙(Principle 21)은 각국이 자국 영토에 있는 자원을 이용할 주권을 가지되, 그 활동이 타국의 환경에 피해를 주지 않도록 책임을 다해야 한다는 원칙을 명시했다. 이것은 '국가 주권'과 '초국경적 책임' 사이의 균형을 규정하면서 국제 환경법의 근간이 되었다. 동시에 이 선언은 인간 중심적 시각을 넘어서 지구 생태계 전체의 보전과 미래 세대의 권리까지 포함하는 방향을 제시했다. 이 선언은 생물권의 모든 요소인 공기, 물, 토양, 동식물, 생태계를 인류 공동의 유산으로 규정하고, 그 합리적 이용과 보호를 국가의 책무로 제시함으로써 환경 보호를 인류의 공동 관심사(common concern of humankind)로 새롭게 정의했다.

이 선언은 법적 구속력이 없었지만, 국제 정치와 국제법에 영향을 주었고, 국제 환경법의 출발점으로 평가된다. 이 선언은 이후 '국제사법재판소(International Criminal Court, ICJ)', '국제해양법재판소(International Tribunal for the Law of the Sea, ITLOS)' 그리고 여러 환경 분야의 조약들에서 반복적으로 인용되었다. 또한 이 선언은 '유엔환경계획(United Nations Environment Program, UNEP)'의 설립을 유도했고, 각국의 환경 정책 수립과 환경법 제정 및 다자간 협력 체계의 확립으로 이어졌다. 이후 해양 오염 방지, 야생 동물 보호, 〈남극물개 보호 협약〉(1972년 런던 협약) 등 구체적 조치들이 잇따라 채택되었다.

스톡홀름 회의는 냉전 시기의 국제 사회가 남북 문제를 새로운 차원에서 인식하게 했다. 선진국은 오염 방지와 환경 규제를 강조했으나, 개발 도상국은 식민지 시기의 자원 수탈과 불균등한 경제 구조를 비판하며 개발의 권리(right to development)를 주장했다. 제삼 세계 국가는 환경 문제를 단순한 오염의 문제가 아니라 식민주의 와 경제 불평등의 연장선으로 인식했는데, 브라질을 비롯한 저개 발국들은 환경 보호 담론을 선진국이 자국의 발전을 억제하기 위 한 정치적 압력으로 받아들이기까지 했다. 인도 총리였던 인디라 간디(Indira Gāndhī, 1917-1984)는 "문제는 인구가 아니라 과소비"라 며, 소수의 부유한 국가들이 대부분의 천연자원을 소비한다고 비 판했다. 그러나 이러한 논의가 선언문에 충분히 반영되지 못하면 서, 스톡홀름 선언이 환경 문제를 인류의 공동 과제로 공식화하면 서도 소비주의 산업 문명에 대한 비판이나 초국적 기업의 책임을 강조하지 못하고 국가 중심의 사고에 머물렀다.

스톡홀름 선언이 국제 환경법 발전의 사상적·제도적 토대를 제공했다는 점은 분명하다. 이 선언은 국제 환경법을 초국경 오 염 중심의 '양자적 수준'에서 지구 공동체 전체를 대상으로 하 는 '글로벌 환경 거버넌스'로 이행하도록 만들었다. 이후 등장 한 예방 원칙(precautionary principle), 세대 간 형평성(intergenerational equity), 공동의 그러나 차별화된 책임(common but differentiated responsibilities) 등 핵심 개념은 스톡홀름 회의에서 기원을 찾을 수 있다. 또한 이 선언은 법적 구속력보다 규범적 합의의 중요성을 보여 주었으며, 국가의 협력 의무(duty to co-operate)를 기본 원리로 만들었다.

결국 스톡홀름 선언은 환경 보호를 인류 공동의 책임으로 명문화함으로써 근대 산업화의 논리에 도전한 최초의 국제법으로 평가된다. 이 선언은 "환경이 개발의 부속물이 아니라 인류 생존의 조건"이라는 새로운 패러다임을 제시하며, 이후 환경 거버넌스의 나침반이 되었다. 비록 정치적 타협에서 실행에는 한계를 지녔지만, 그 철학적·도덕적 권위는 오늘날까지 국제 사회의 환경 담론을 지배한다. 스톡홀름 선언은 인류가 처음으로 '하나의 행성'의 운명을 공동으로 논의한 역사적 전환점이었다.

2 SEMA와 1981년 〈국가환경 정책법〉 제정

스톡홀름 회의 이후에도 브라질의 군부 정권은 발전주의 정책을 고수했지만. 환경 정책에 일부 변화를 마련하기도 했다. 브라질 정부는 1973년 〈대통령령 제73030호〉를 공포해, '특별 환경국(Secretaria Especial do Meio Ambiente, 이하 SEMA)'을 창설했다. SEMA의 설립은 1972년 스톡홀름 회의 이후 국제 사회에서 관심을 받은 환경 보호 문제에 대한 국내 대응의 일환이었다. 당시 브라질 사회는 산업화와 도시화가 급격히 진전되던 시기에 있었고, 동시에 수질 오염, 삼림 훼손, 산업 폐기물 처리 등 사회적 쟁점을 논의하기 시작했다. 따라서 SEMA는 브라질의 환경 정책을 경제 발전과 조화를 이루는 국가 전략의 일부로 제도화하기 위한 시도였으며, 정부는 이 기관을 통해서 '환경 보호를 발전의 장애가 아닌, 발전의 필수 요소'로 간주하는 새로운 정책적 관점을 제시했다.

　SEMA는 내무부(Ministério do Interior) 산하의 자율적 행정 기구로 설치되었으며, 그 역할은 법률상 '환경 오염의 예방과 통제, 천연자원의 합리적 이용, 생태계의 보존, 환경 정책의 계획·조정·연구·자문 기능 수행'이었다. 당시 SEMA는 환경 문제를 국가 행정의 독립된 분야로 다루는 최초의 기관이었고, 초기 환경 관련 법제와 기준의 부재에서 오염 통제와 환경 관리의 개념을 제도적으로 정립하기 위해 노력했다. 초대 사무국장이었던 파울루 노게이라 네투(Paulo Nogueira Neto) 는 생태학자이자 상파울루대학교 교수로, 스톡홀름 회의 이후 브라질의 환경 정책 수립에 중심적인 역할을 담당했다. SEMA는 네투와 세 명의 직원이 작은 두 개의 사무실에서 시작했지만, 점차 정부 내외의 기술 전문가와 학계 및 산업계의 협력을 조직하며 국가 환경 정책의 핵심 거점으로 성장했다. 이 시기부터 SEMA의 활동은 오염 방지의 기준 설정, 환경 영향 평가(Environmental Impact Assessment, EIA) 개념의 도입, 보호 구역의 지정 그리고 환경 관련 연구·데이터의 축적에 집중되었다. SEMA는 보존과 개발의 조화(compatibilização entre preservação e desenvolvimento)라는 원칙을 바탕으로, 경제적 발전을 저해하지 않으면서도 환경 피해를 최소화할 관리 체계를 구축하는 것이었다. 이를 위해 SEMA는 정부의 여러 부처와 협력하면서 산업 활동의 환경 영향을 검토하고 천연자원의 합리적 이용을 위한 기준을 마련했다. 동시에 각 주 정부 및 지역의 기관에 자문하면서, 지역 차원의 환경 관리 역량을 제도적으로 확립해 나갔다.

SEMA는 또한 환경 정보 시스템 구축의 선구적 역할도 수행했는데, 1970년대 후반부터 환경 데이터의 통합적 관리 필요성을 인식해 오염 통계, 수질 지표, 생태 연구 자료를 국가 차원에서 집적하기 위한 정보 체계를 구축하기 시작했다. 이러한 정보 체계는 훗날 브라질의 '국가 환경정보시스템(SINIMA)'과 연계되어, 환경 정책의 과학적 근거를 제공하는 기반이 되었다. SEMA의 행정적 권한은 시간이 지나면서 꾸준히 확대되었고, 환경 심의, 오염 규제, 수질 관리, 삼림 보호 등 구체적 규범 제정에 관여하기까지 했다. 또한 SEMA는 각 주의 환경 기관 및 각종 위원회와 연계해 환경 영향 평가, 수자원 관리, 댐 안전 규제 등 세부 기술적 기준을 마련하고 시행했다. SEMA는 이 같은 업무의 확장으로 브라질의 실질적 환경 규제 기구가 되었다.

1970-1980년대 브라질의 급속한 산업화에서 SEMA는 국가 발전 정책의 한 축으로 기능하기도 했다. 그 존재는 '개발과 보존의 균형'이라는 이상에서 환경 문제를 정치·경제·사회 전반의 구조적 의제로 끌어올린 시도였다. SEMA의 경험은 1981년 제정된 〈국가환경 정책법〉의 제도적 기반이 되었으며, 1989년에는 '브라질 환경·재생가능천연자원기구(Instituto Brasileiro do Meio Ambiente e dos Recursos Naturais Renováveis, 이하 IBAMA)' 설립으로 여기에 통합되었다. SEMA가 수행하던 오염 통제, 환경 연구, 행정 자문, 규범 제정의 기능은 IBAMA와 '국가 환경시스템(O Sistema Nacional do Meio Ambiente, 이하 SISNAMA)'으로 이관되었다.

브라질 〈환경법〉은 자연환경을 보호 및 보존하고 지속 가능성과 경제 개발과의 균형점을 찾으려는 목적을 가졌다. 이 법은 자연을 국민 모두의 공유재로 보고 자연을 대상으로 하는 모든 경제 활동 및 사회적 활동이 자연의 지속 가능성을 고려해 행해져야 한다는 것을 근본 이념으로 했다. 이 법이 제시하는 '국가환경 정책(Política Nacional do Meio Ambiente, PNMA)'도 이러한 원칙을 기반으로 한다. 이 법에 따라서 국가적 차원에서 자연환경 규제가 이루어지는데, 구체적으로는 SISNAMA가 환경 보호와 질 개선에 관련된 단체, 기관, 지방 정부, 중앙 정부 등을 조직한다.

SISNAMA는 각기 다른 행정 단위의 환경 정책을 통합하고 관리하는 역할을 가졌다. 특히 국토가 넓고 연방제로 구성된 브라질은 중앙 정부와 주 사이의 환경 규제 및 정책의 일괄적 관리가 중요한데, 이 기관은 국가적 일관성을 유지하고 환경 정책 및 규제의 실행 가능성을 높게 한다. 다만 이러한 기관은 효율적이고 일원화된 정책 실행이 가능하지만, 한편으로는 정부의 성격에 따라 정부가 주도하는 정책을 강하게 실천하는 수단이 되기도 한다. 2011년 제정된 〈보완법〉 제140호에 따라서 중앙 정부와 주 정부 등의 균형 있는 협력을 도모했다. SISNAMA는 '환경·재생가능 천연자원기구(Instituto Brasileiro do Meio Ambiente e dos Recursos Naturais Renováveis, Ibama)'나 '시쿠멘지스 생태다양성보존기구(Instituto Chico Mendes de Conservação da Biodiversidade, ICMBio)' 등 연구소 성격의 기관과 협력해, 객관적이고 중립적인 환경 정책을 수립하고자 한다.

표 5·브라질 환경 관련 정부 기관의 변천

연도	기관/법령	주요 내용/역할
1973	SEMA(특별환경국) 설립	스톡홀름 회의 이후 환경 문제 대응 환경 오염 예방·통제, 천연자원 관리 생태계 보존, 정책 계획·연구·자문 수행
1981	〈국가환경 정책법〉 제정	국가환경 정책(PNMA) 수립 환경 보호와 경제 개발 균형 법제화 연방 차원의 환경 관리 체계 강화
1989	IBAMA 설립 SISNAMA 운영	SEMA 기능 통합 중앙-주 정부 환경 정책 조정 환경 규제·감독 수행 보호 구역 관리 및 환경 영향 평가
2000-	ICMBio 등 연구 기관 연계	과학적·중립적 환경 정책 수립 위생 시설 보전 환경 데이터 관리 및 연구 지원

3 1992년 리우 선언과 지속 가능한 발전

1992년 브라질 리우데자네이루에서 개최된 '유엔 환경개발회의(United Nations Conference on Environment and Development, UNCED)'는 인류가 환경과 개발의 관계를 새롭게 정립한 계기였다. 이 회의에서 채택된 리우 선언(Rio Declaration on Environment and Development)은 1972년 스톡홀름 선언의 철학적 기초 위에 세워진 제도적 합의였다. 스톡홀름 선언이 환경을 인간의 권리와 생존의 문제로 제기했다면, 리우 선언은 그 원칙을 구체적인 정책과 국제 협력으로 확장했다. 이 선언은 총 27개 원칙으로 구성되어 있으며, 환경의 보호-경제의 발전-사회적 형평이라는 개념이 상호 의존적이라는 인식을 바탕으로 한다. "지속 가능한 미래를 위해 환경과 개발이 서로를 보완해야 한다"는 이 선언의 서문은 국제 환경 정책의 명제가 되었다.

표 6·리우 선언의 27개 원칙

1. 인간 건강·생산적 삶
2. 국가 주권·환경 의무
3. 국제 협력·공동 책임
4. 개발과 환경 균형
5. 예방 원칙
6. 과학적 불확실성 → 예방
7. 오염 책임자 부담
8. 국제 협력·정보 공유
9. 개발도상국 기술 지원
10. 국제법·협약 준수
11. 개발·환경·무역 조화
12. 환경 영향 평가 필수
13. 군사 활동 환경 고려
14. 위생 시설 보존
15. 생태계 파괴 예방
16. 장기적 환경 영향 고려
17. 기술·자원 공유
18. 법적·제도적 조치
19. 정보 접근권 보장
20. 국민 참여 보장
21. 토착민 참여 보장
22. 사회적·경제적 형평성

리우 선언은 환경 보호를 발전의 제약으로 보던 시각을 바꾸어 발전의 조건으로 보았다. 지속 가능 발전(sustainable development) 원칙은 현재의 필요를 충족시키되 미래의 생존 가능성을 해치지 않는 발전을 지향하는 개념으로, 모든 국가의 정책과 경제 전략의 기본 조건으로 제시되었다. 공통적이지만 차별화된 책임(common but differentiated responsibilities, CBDR) 원칙은 모든 국가가 환경을 보호할 공동의 의무를 지지만, 역사적 배출과 경제적 여건의 차이에 따라 책임의 정도가 달라져야 한다는 원칙이다. 리우 선언은 선진국과 개발 도상국의 현실적 차이를 반영하며 국제 협력의 정의를 재구성했다. 사전주의 원칙(precautionary principle)은 환경 피해의 가능성이 존재할 때 과학적 불확실성을 이유로 조치를 미루어서는 안 된다는 원칙으로, 예방 의무를 불확실성에서도 유지해야 한다는 새로운 기준을 세웠다. 참여와 정보 접근(access to information and participation) 원칙은 모든 개인이 환경 관련 정보에 접근하고 정책 결정 과정에 참여할 권리를 보장하는 원칙으로, 환경 거버넌스의 민주화를 향한 방향을 제시했다.

리우 선언은 법적으로 구속력 있는 조약이 아니라 비구속적 선언(soft law)이지만, 국제 환경법의 형성과 해석에 실질적인 영향력을 미쳤다. 제27원칙은 모든 국가가 환경적으로 건전하고 지속 가능한 발전을 달성하기 위해 협력해야 한다는 의무를 명시해, 협력의 원리를 국제법의 규범적 토대로 재확인했다. 이 선언은 다자 조약과 국내 환경법의 준거로 기능하며, 국제 사회가 환경 문제를 공동의 책임으로 인식하는 계기를 마련했다.

리우 선언은 스톡홀름 선언의 정신을 계승하면서도, 그 철학을 제도적 현실로 옮긴 진화된 모습을 보였다. 특히 리우 선언은 스톡홀름 선언의 원칙이 강조한 국가 주권과 초국경적 책임의 균형 위에서 경제적 형평성과 사회적 참여의 개념을 추가했다. 이제 환경 보호는 사회 정의와 발전권을 포괄하는 종합적 의제로 확장되었는데, 이는 환경을 인간과 자연의 관계로 한정하지 않고, 경제 구조와 사회 제도의 핵심 변수로 통합한 패러다임의 전환이었다.

그러나 리우 선언은 그 성취만큼이나 분명한 한계도 가진다. 이 선언의 차별화 원칙은 선진국의 책임 회피 논란을 불러일으켰으며, 개발 도상국의 환경 전환을 실질적으로 지원할 재정적·기술적 메커니즘이 부재하다는 현실적 한계를 드러냈다. 또한 지속 가능 발전 개념이 가지는 포괄성과 모호성 때문에 각국이 경제 성장 논리를 환경 정책의 이름으로 정당화할 가능성을 열어 두었다. 이러한 모순에서도 리우 선언은 국제 사회가 환경을 인류 공동의 관심사로 규정하고, 경제·사회·생태가 분리될 수 없는 구조적 관계임을 제도적으로 확인했다는 의미가 크다.

리우 선언은 환경의 논제를 수동적인 보존의 개념에서 정의·형평·참여라는 가치의 영역으로 확장했다. 이 선언은 환경을 발전의 대안이 아니라 발전의 조건으로 제시함으로써, 인류가 자연과 맺는 관계를 정치적·경제적 구조에서 재정의하는 전환점을 마련 했다. 이 선언에서 나타난 지속 가능성(sustainability), 형평성(equity), 참여(participation)는 국제 환경 담론의 세 축으로 자리 잡았고, 환 경과 개발의 통합이라는 리우 선언의 정신은 21세기 환경 거버넌 스의 근본 원리로 이어졌다.

표 7·리우 회의와 리우 선언에 관한 평가

구분	핵심 내용
회의	환경 논제를 단순 보존에서 정치·경제적 구조와 연계된 문제로 전환
선언	환경을 발전의 조건으로 제시
핵심 원리	지속 가능성(sustainability), 형평성(equity), 참여(participation)
영향	국제 환경 논의의 기반, 21세기 환경 거버넌스 원리 정립

4 2002년 요하네스버그 정상 회의

2002년 남아프리카공화국의 요하네스버그에서 개최된 '세계 지속 가능 개발 정상회의(World Summit on Sustainable Development, WSSD)'는, 1992년 '리우 유엔환경개발회의(UNCED)' 이후 10년간 의 이행 과정을 점검하고 지속 가능 개발의 새로운 방향을 모색하기 위해 개최되었다. 이 회의에는 190여 개국 정부 대표, 시민 사회, 기업, 학계 등 약 2만 명이 참석했으며, 공식 정상 회의 외에도 비정부 기구(NGO) 포럼과 기업 회의가 병행되는 등 다중 주체가 참여했다.

회의의 주요 결과물은 두 가지 공식 문서와 하나의 협력 메커니즘으로 요약된다. 요하네스버그 선언(Johannesburg Declaration on Sustainable Development)은 국제 사회에서 지속 가능 개발에 대한 정치적 의지를 재확인한 선언문으로, 빈곤 퇴치·환경 보호·인권 보장의 의존성을 강조했다. '요하네스버그 이행 계획(Plan of Implementation)'은 리우 회의에서 도출된 의제를 구체화한 실천 지침으로, 2015년까지 안전한 식수와 기본 위생 시설에 접근하지 못하는 인구를 절반으로 줄이는 등의 목표를 제시했다. 이 이행 계획은 위생 시설 보존, 지속 가능한 에너지 공급, 기초 보건 및 교육 향상 등 분야별 세부 행동 계획을 포함했다.

특히 이 회의에서 새롭게 등장한 '유형 II(Type II) 파트너십'은 기존 정부 사이의 협정(Type I)을 보완하기 위한 혁신적 협력 모델로 주목받았다. 이 새로운 유형이란 정부, 기업, 시민 사회, 지방 자치 단체, 학계 등이 자발적으로 연합해 구체적 프로젝트를 수행하는 다자 행위자(partnership) 방식을 의미하는데, 이러한 방식은 국가 중심의 합의 틀을 넘어서 다양한 사회적 주체가 지속 가능 개발의 실질적 실행 파트너로 참여할 제도적 전환을 제시했다.

이 회의의 의제는 유엔이 제시한 'WEHAB 이니셔티브'—물(Water), 에너지(Energy), 보건(Health), 농업(Agriculture), 생물 다양성

(Biodiversity)—를 중심으로 구성되었다. 이는 지속 가능 개발의 핵심 영역을 다섯 가지로 구분해, 각 분야의 문제를 통합적으로 논의하고 구체적 이행 방안을 도출하기 위한 접근이었다. 이러한 변화된 접근 방식은 국가 사이의 합의에 더해 지역 사회, 기업, NGO의 현장 중심의 실천을 강조했다.

요하네스버그 정상 회의는 리우 이후의 국제 환경 회의 중에서 시민 사회의 참여가 가장 활발했던 회의로 평가된다. 이 회의 기간에 개최된 이행 컨퍼런스(Implementation Conference, IC)에서는 시민 사회, 기업, 학계, 지역 공동체가 주체적으로 참여해 25개 주제별 협력 그룹을 구성하고, 새로운 실행 파트너십을 발굴·연결하는 역할을 했다. 이는 시민 사회를 환경 문제 해결의 실질적인 파트너로 인정한 최초의 대규모 국제 회의로 평가된다.

이 회의로 정책적 측면에서는 '유엔 지속 가능발전위원회(Commission on Sustainable Development, CSD)'의 역할이 강화되었고, 국가 사이의 협력뿐 아니라 다양한 이해관계자 사이의 거버넌스 체계 보완이 제도적으로 논의하는 기회도 마련되었다. 그러나 이 회의는 재원 확보와 실행력 확보에 대한 구체적 합의가 부족해 실질적 효과가 제한적이었다는 비판도 제기되었다. 이 회의는 기후 변화, 무역, 글로벌 환경 거버넌스 개혁 등 주요 쟁점에서는 큰 진전을 얻지 못했으나, 환경·사회·경제의 통합적 접근을 제도화하려는 시도는 지속 가능 개발 논의의 확산에 결정적 역할을 했다. 요하네스버그 정상 회의는 새로운 조약을 제정하기보다는 기존 합의의 실행을 구체화하고 다자적 협력을 제도화한 회의였다. 리우에서 제시된 원칙들이 요하네스버그에서 실행할 수 있는 형태로 재정비되었으며, 정부·시민 사회·기업이 함께 책임을 분담하는 지속 가능 개발 거버넌스의 새로운 패러다임을 확립했다는 점에서 의미가 있다.

표 8·요하네스버그 정상 회의의 의미와 평가

구분	핵심 내용
정책적 의미	유엔 지속 가능발전위원회(CSD) 역할 강화 이해관계자 참여 거버넌스 논의
한계	재원·실행력 확보 구체적 합의 부족 기후 변화·무역 등 주요 쟁점 진전 제한
기능	기존 합의 실행 구체화 다자 협력 제도화
의의	환경·사회·경제 통합 접근 제도화 정부·시민 사회·기업 책임 분담 지속 가능 개발 거버넌스 확립

　아마존에서 남극까지

03

쉬쿠 멘지스와 사회 환경주의의 태동

1 고무 붐

브라질에서 고무나무는 경제적 이익을 가져다주는 중요한 수출 품목이다. 19세기 후반부터 20세기 초까지, 브라질 아마존은 세계 고무 수요의 폭증에서 전례 없는 산업적 변화를 경험했다. 브라질에서 생산된 천연고무(Hevea brasiliensis)는 자동차·전기·통신 산업의 확장으로 필수 자원이 되었고, 아마존 전역은 세계 시장을 위한 거대한 고무 생산지가 되었다. 이른바 '고무 붐'은 아마존의 삼림, 하천, 인간 정주 형태를 근본적으로 바꾸었다.

고무는 나무를 베어 내는 방식이 아닌 수액을 채취하는 형태로 생산되었으나, 그 과정은 환경 친화적이지 않았다. 채취민은 일정

그림 6 · 아마존 고무 채취

출처: 위키피디아

간격으로 배치된 나무줄기에 반복해서 상처를 내 수액을 모았고, 나무가 고사하거나 생태적 복원력을 잃을 때까지 이 과정을 되풀이했다. 수액을 굳히기 위해서 화덕과 연료가 필요했으며, 그 연료는 주변의 목재를 대량으로 벌목해 얻었다. 따라서 토양의 수분이 급격히 감소하고, 하층 식생이 사라지며, 특정 구역에서는 토양 침식이 심각하게 진행되었다. 특히 강가나 지류 주변에서의 채취 활동은 하천변의 식생을 훼손해 유실과 퇴적을 만들었고, 이는 수질 악화와 어류 감소로 이어졌다.

고무 가격이 상승하자 채취 지역은 점차 내륙 깊숙한 지역으로 확장되었다. 수로와 지류를 따라 개척된 경로는 이전까지 외부의 손길이 닿지 않았던 삼림 내부로 침투했고, 인구 이동과 임시 정착이 이어지며 새로운 형태의 인간-환경 관계가 형성되었다. 그러나 이 확장은 토착 공동체의 터전을 침범하고, 삼림을 자원의 저장고로만 인식하는 추출 경제를 심화시켰다. 삼림의 다층적인 생태 질서와 토착민의 생태 지식은 시장 중심의 생산 논리에 주변부로 밀렸다.

브라질의 1차 고무 붐은 1870년대부터 시작되어 1920년대까지 지속되었다. 19세기 후반 산업 혁명으로 인한 고무의 수요가 증가했고 특히 자동차 산업의 발전으로 고무가 전략적 원자재로 부상하면서, 아마존 지역은 국제 고무 시장의 중심으로 떠올랐다. 브라질 정부와 민간 상인들은 천연고무의 수액을 수출하기 위한 대규모 채취 체계를 구축했고, 마나우스(Manaus)와 벨렝 같은 항구 도시들은 급격히 성장했다. 이 시기에만 마나우스의 인구가 158% 증가했으며, 도시의 팽창은 농촌에서 도시로 대규모 이주를 촉발했다.

그러나 1차 고무 붐의 전성기는 오래가지 않았다. 1910년대 중반부터 영국이 말레이시아와 스리랑카에서 고무 재배를 성공하면서 세계 고무 가격이 급락했고, 브라질의 고무 생산 체계는 국제 경쟁력을 잃었다. 아마존 지역은 고립되고, 채취민은 생계를 잃은 채 도시 주변부로 몰려들었다. 산업 기반이 무너지면서 마나우스의 급성장도 멈추었고, 방대한 벌목과 채취로 인한 하천 오염 및 토양 황폐화만 남았다.

　한동안 침체기를 겪던 브라질의 고무 산업은 제2차 세계대전이 발발하면서 다시 주목받았다. 1942년부터 1945년 사이의 2차 고무 붐은 일본군이 동남아시아의 주요 고무 생산지를 점령하면서 연합국이 새로운 공급지가 필요해진 것이 계기였다. 미국과 브라질은 협정을 맺어 천연고무 생산을 재개했으며, 수십만 명의 동북부 노동자들이 이른바 '고무 병사(Soldados da Borracha)'로 동원되어 아마존으로 이주했다. 그러나 2차 고무 붐도 한시적이었다. 전쟁이 끝나면서 국제 시장에 아시아산 고무가 등장했고, 브라질의 생산 체계는 다시 무너졌다. 단기적 이익을 위해 관리 없이 진행된 채취는 삼림의 복원력을 훼손했고, 채취민의 정착지 주변에서는 과도한 연료 채취와 무분별한 개간으로 토양 유실과 수질 오염이 반복되었다.

　결국 1차 고무 붐은 세계 시장 구조의 변화로, 2차 고무 붐은 전시 경제의 종료로 막을 내렸다. 이 시기는 고무 경제가 브라질 산업화를 촉진했지만, 동시에 아마존 생태계에 장기적인 상처를 남긴 시기이기도 했다. 인간의 노동과 세계 자본의 결합은 숲을 일시적 생산 공간으로 전환했지만, 그 결과 하천 침식, 삼림 파편화, 토착 공동체의 생태적 기반 붕괴가 서서히 진행되었다. 고무 반복 채취로 나무는 생리적으로 약해졌고, 연료 채취로 광범위한 벌목이 발생했으며, 하천 주변에서는 토사 유실과 수질 오염이 나타났다. 특히 채취 거점과 가공 시설 주변의 삼림은 집중적으로 훼손되었고, 일차림이 사라진 지역은 초지와 관목지로 대체되었다. 이러한 변화는 지역 기온과 습도에 영향을 미치는 미기후(microclimate)를 교란해 강수량 불균형과 건기 장기화를 초래했다.

채취민의 생활 폐기물과 가공 부산물은 하천에 직접 배출되어 수질 악화를 심화했다.

고무 경제는 표면적으로 삼림을 보존하는 형태의 채취 산업처럼 보였지만, 실상은 생태계의 복원력을 소모하는 비가역적 과정이었다. 숲은 살아 있는 공간이 아니라 경제적 자산으로 바뀌었고, 자연의 순환은 시장의 논리에 종속되었다. 결과적으로 아마존의 고무 채취는 인간의 노동과 시장 수요가 결합한 산업화의 산물이자, 생태계의 구조를 근본적으로 재편한 환경적 사건이었다. 이 과정에서 발생한 토지 황폐화와 생물 다양성 손실은 단기적 경제 이익 뒤에 숨겨진 장기적, 생태적 비용으로, 오늘날 아마존 보전 과제의 역사적 배경을 형성했다.

표 9·브라질 아마존 고무 붐의 경제·사회·환경 영향

구분	내용
시기	1차: 1870-1920년대, 2차: 1942-1945년
원인	1차: 산업 혁명·자동차 산업 수요 증가 2차: 제2차 세계대전 중 동남아 고무 공급 차단
경제 효과	브라질 산업화 촉진, 도시 인구 급증, 국제 고무 시장 중심
환경 영향	반복 채취·벌목, 하천 침식, 삼림 파편화, 미기후 변화
사회 영향	토착 공동체 기반 붕괴, 임시 정착 확대, 도시 주변 집중
종료 원인	1차: 아시아 고무 경쟁 2차: 전쟁 종료 후 아시아산 고무 재등장

2 쉬쿠 멘지스의 등장과 '풀뿌리 환경주의'의 실천

브라질에서 두 차례의 고무 붐이 남긴 것은 자연의 황폐화와 공동체의 붕괴였다. 채취민과 토착민의 삶은 시장의 논리에 종속되었고, 그들의 노동과 생태적 지식은 국가와 자본의 개발에서 철저히 제외되었다. 20세기 중반 이후, 아마존의 숲은 개발과 착취의 대상에 관한 갈등의 장이 되었는데, 이러한 경험은 새로운 사회 운동을 낳았으며 그 중심에 삼림과 인간의 공존을 모색한 인물이 있었다. 1980년대 브라질의 환경 문제를 논하기 위해 반드시 언급해야 하는 인물은, 고무 농장으로 유명한 아크리(Acre)주에서 태어나 어릴 때부터 고무 채취업을 시작한 환경 운동가 쉬쿠 멘지스(Chico Mendes, 1944-1988)다.

고무나무로 생계를 유지하던 아크리 사람들에게, 지주와 정부의 대규모 벌목 계획은 생활의 터전과 생계 수단을 동시에 위협받는 문제였다. 쉬쿠 멘지스는 채취민과 함께 삼림을 지키기 위한, 엠빠치(empate)라는 비폭력 저지 행동을 조직했다. 도로 개설, 불법 벌채, 방목을 위해서 들어오는 장비와 인력을 마주 서서 멈춰 세웠다. 그는 전통적 채취·어로·소규모 농경이 공존하는 방식으로, 숲을 생계 기반으로 활용하면서 동시에 보존할 수 있다는 것을 보여 주려고 했다. 이 채취민 조직은 숲의 생태 지식과 공동체 규범을 바탕으로, 벌목·방화 금지, 하천 오염 방지, 채취 경작지의 순환 이용 같은 내부 규칙을 세우며 '공동체가 지키는 보전'의 실험을 시작했다.

그림 7 · 쉬쿠 멘지스

출처: 위키피디아

멘지스는 현장 저지와 함께 제도 변화를 위한 조직화에도 나섰다. 1985년 브라질리아의 고무 채취민 대회를 계기로, 분산되어 있던 아마존 각지의 채취민 대표가 처음으로 한자리에 모여서 토지 점유권, 삼림 파괴, 공공 정책의 사각지대 문제를 공론화했다. 이 모임에서 채택된 해법의 핵심이 추출 보호 구역(Reserva Extrativista, 이하 RESEX) 구상이었다. 국유림을 해체하거나 개인에게 주지 않고, 전통적으로 점유해 온 지역 공동체에 장기 이용권을 부여해 집단으로 관리·이용하게 하자는 구상이다. 멘지스와 동료들은 이 모델로 토지 분쟁을 완화하고, 채취민의 생계와 숲 보전을 함께 제도화할 수 있다고 주장했다.

멘지스는 거리의 운동을 제도 정치와도 연결했다. 그는 거듭해서 지방 의회 선거에 도전하며, 지역 노동 조합과 정당, 도심의 지식인·언론과 연대를 넓혔다. 무엇보다 채취민 운동이 도시의 환경 단체, 인권 단체와 연결되면서 '아마존 보전=사람의 권리'라는 개념이 힘을 얻었다. 이러한 개념은 가난을 극복하려면 숲을 죽여야 한다는 개발 논리에 맞서서, 숲을 보전하며 살아가는 이들의 권리가 지속 가능한 개발의 전제라고 주장했다. 그뿐 아니라 멘지스는 교육을 중요시해 사람들이 숲을 배울 수 있도록 그의 활동 근거지였던 샤푸리(Xapuri) 지역에서 1979년부터 1983년까지 18개의 학교를 설립했다.

국제 연대도 멘지스의 활동에서 중요한 전략이었다. 그는 1980년대 후반 북미와 유럽을 방문해 채취민의 실태와 아마존 파괴의 문제를 알렸고, 국제 환경 단체·재단, 다자 개발 은행을 향해서 개발 금융에서 환경·사회 보호 장치를 강화하라고 요구했다. 국제 여론이 아마존 대규모 도로·개발 사업의 환경·사회적 피해를 논의하자, 브라질에서도 보전과 권리 보호를 결합한 대안 정책을 검토하는 분위기가 확대되었다.

1988년 멘지스는 지역 목축업자에게 암살당했는데, 그의 죽음은 아마존의 삼림 파괴와 폭력을 세계적인 논제로 부상시키며 국내에서는 산림 전선에서 벌어지던 토지 분쟁과 인권 침해의 실상을 폭로하는 계기가 되었다. 정부는 RESEX 제도를 도입·확대하기 시작했고, 1990년대에 첫 RESEX가 아마존 서부에 공식 지정되었다. 이후 연방·주 차원의 보호 구역과 농업·추출 정착지 제도가 병행되며, '사람이 사는 보전'이라는 새로운 유형의 보호 체계가 브라질 보전 정책의 한 축으로 자리 잡았다.

표 10·쉬쿠 멘지스의 생애와 활동

구분	내용
인물	쉬쿠 멘지스(Chico Mendes, 1944-1988)
출생/배경	브라질 아마존 아크레주, 고무 채취인 가정 출신
주요 활동	고무 채취 노동자 권리 옹호 아마존 공동체 기반의 지속 가능한 숲 관리 추진 RESEX(Extractive Reserves) 도입 및 확산
업적	공동체의 숲 관리와 지속 가능한 자원의 활용 제도화 아마존 보호와 생태적 지속 가능성 강조 국제 사회에 아마존 보호 필요성 알림
사망	1988년, 불법 벌목업자에 의해 살해됨
의의	아마존 환경 보호와 지속 가능성 운동의 상징적 인물

RESEX의 도입은 세 가지 변화를 촉발했다. 첫째, 전통적으로 점유된 숲을 공동체의 집단적 이용·관리 단위로 인정해 토지 분쟁을 제도권으로 끌어냈다. 둘째, 채취·어로·소규모 농경 등 저영향 이용을 관리 기준으로 삼아 보호 구역에서 개발과 보전을 함께 설계할 수 있게 했다. 셋째, 국경 개척형 개발이 밀고 들어오는 경계부에서 보호 구역이 '완충 지대' 기능을 수행하며, 광범위한 불

법 벌채와 방화를 억제하는 효과를 보여 주었다. 물론 도로·목축 전선과 맞닿은 동부 경계부 같은 구간에서는 외부 압력이 집중되며 훼손이 발생하기도 했다. 이는 제도 설계만으로는 충분치 않고, 집행력과 감시, 대체 생계·시장 접근, 경계부 거버넌스가 함께 뒷받침되어야 함을 보여 준다.

표 11·RESEX 제도의 주요 기능

구분	주요 기능
제도적 인정	공동체의 숲 이용에 관한 제도적 인정, 토지 분쟁의 제도권 통합
관리 기준	채취·어로·소규모 농경 등 저영향 이용, 개발과 보전 병행 가능
완충 지대 역할	경계부 보호 구역의 불법 벌채·방화 억제

멘지스의 유산은 '숲-사람-정책'을 잇는 실천으로 기억된다. 그는 숲을 비워 지키는 보전이 아니라 숲을 쓰면서 지키는 공동체 기반의 보전을 제도화하는 역할을 했다. 엠빠치에서 시작된 현장 저항은 전국 조직화와 국제 연대로 확장되었고, 마침내 보호 구역·보전 체계의 법·제도 혁신으로 이어졌다. 그러한 과정은 아마존을 개발의 변방이 아닌, 권리와 보전, 지속 가능한 생계가 교차하는 중심 공간으로 재정의하려는 시도였다. 멘지스의 메시지는 숲과 공동체의 미래가 분리될 수 없으며, 정의로운 생계가 보전의 전제를 뜻한다.

3 사회 환경주의

쉬쿠 멘지스는 고무 채취업으로 생계를 이어가며, 자연에서 경제적 이익을 얻되 인간과 자연의 공존을 지향하는 환경 운동을 펼쳤다. 그의 사상은 인간의 경제 활동을 인정하면서도 생태적 조화를 추구하는 중도적 환경주의로, 무조건적 보존을 강조하는 전통적 환경 보존주의와 구별된다. 이러한 실천은 1990년대 브라질에서 사회적 환경주의(사회 환경주의) 사상과 운동으로 발전했다.

사회 환경주의는 자연을 인간의 개입 없이 보존해야 한다는 보존주의와 환경·사회·경제적 요소를 함께 고려해 인간의 필요에 맞게 활용해야 한다는 보호주의를 결합한 개념이다. 이 사상은 근대 개발이 초래한 사회적 불평등에 대한 비판에서 등장했으며, 생태위기를 사회적 위기로 인식하고, 환경 문제를 정의·참여·문화적 다양성의 차원에서 재구성하려 했다. 즉, 사회 환경주의는 환경과 사회를 분리하지 않고 개발과 진보의 개념을 통합하려는 이론적 전환이었다.

1970년대 이후 국제 사회는 스톡홀름 회의(1972), 브룬틀란드 보고서(1987), 리우 회의(1992)를 거치며 지속 가능한 개발을 핵심 개념으로 삼았다. 그러나 이는 자본주의적 성장 논리를 전제로 위기의 근본 원인을 제거하기보다 효과적 관리에 초점을 두었다. 브라질의 연구자들은 이를 비판하며, 사회적 불평등과 식민지 개발 구조를 고려한 대안적 시각을 모색했다. 1980년대 민주화 이후 브라질에서는 토지, 노동, 주거, 문화 문제와 함께 환경 문제를 통합적으로 다루는 사회 운동이 확산했고, 이 과정에서 사회 환경주의와 환경 정의 개념이 결합해 불평등 구조를 해체하려는 실천으로 발전했다.

멕시코의 환경 사상가인 엔리케 레프(Enrique Leff)는 사회 환경주의의 사상적 기반을 제공했다. 그는 환경위기를 단순한 오염이나 자원 고갈이 아니라 근대 자본주의의 경제적 합리성이 초래한 결과로 보았다. 자본주의는 자연을 무한히 대체할 자원으로 간주하고, 인간과 자연의 관계를 경제적 계산에 종속했다. 레프는 이를 극복하기 위해 환경적 합리성(racionalidade ambiental) 개념을 제안했다. 이는 생산과 소비의 방식을 경제 효율성이 아닌 생태적 한계와 문화적 다양성에 기초해 재편해야 한다는 주장으로, 단순한 정책 조정이 아닌 사회 전체의 문화적 전환을 의미했다. 그는 지속 가능성을 중앙 집중적 계획이 아니라 지역 공동체의 자율적 참여와 자기 관리(autogestão)를 통해 실현해야 한다고 강조했다. 이는 시장 친화적 녹색 경제(green economy)의 한계를 넘어서는 대안적 접근이었다.

1980년대 후반 이후 브라질의 사회 운동은 환경적 요구와 사회 경제적 요구를 결합했다. 농민, 토착민, 추출민(seringueiros) 등은 개발 명목의 자연 파괴와 토지 수탈에 저항하며, 생태 보전을 생존과 정의의 문제로 인식했다. 쉬쿠 멘지스가 주도한 추출보호구역(RESEX) 운동은 사회 환경주의의 구체적 모델로 평가된다. RESEX는 결과적으로 사회 환경주의가 추구하는 생태 보전·사회적 평등·문화적 자율성을 실험적으로 구현한 장이었다.

사회 환경주의는 운동이자 동시에 교육적 실천으로 확산했다. 1970-1980년대 파울로 프레이리(Paulo Freire)의 해방 교육을 계승한 비판적 환경 교육(Educação Ambiental Crítica)은 의식화(conscientização)와 참여를 중시하며, 환경 문제를 도덕적 계몽이 아닌 사회적 해방의 일부로 재정의했다. 리우 회의를 전후로 '지속 가능한 사회를 위한 환경 교육 헌장'과 '지구 헌장'이 발표되며 환경 교육의 정치적 성격이 강화되었다. 이 시기 환경 교육은 국가나 기업 주도의 보전 담론을 넘어서, 사회 운동 내부의 학습 공간으로 작동했다. 사회 환경주의는 이처럼 교육을 통한 사회 변화, 즉 지식 생산이 곧 저항의 형태가 될 수 있음을 보여 주었다.

표 12·사회 환경주의

구분	내용
정의	환경 보전과 사회 정의를 결합한 중도적 환경주의
핵심 원리	지속 가능성, 형평성, 참여, 문화적 다양성
주요 사상가	쉬쿠 멘지스, 엔리케 레프
실천 사례	RESEX, 농민·토착민 권리 보호, 비판적 환경 교육
특징	자연을 사회·경제 구조와 연결, 지역 공동체 참여 강조
현대적 의미	참여·평등 중심 환경 거버넌스, 사회 계약적 지속 가능성 제시

오늘날 사회 환경주의는 환경 거버넌스 논의에서 핵심적인 위

치를 차지한다. 녹색 경제가 시장 효율성과 기술적 관리에 의존한다면, 사회 환경주의는 참여·평등·문화적 다양성을 핵심 원리로 삼는다. 이는 단순한 정책 방향이 아니라 새로운 문명적 합리성의 제안이다. 레프가 말한 환경적 합리성은 경제·생태·문화를 통합하는 세계관이며, 브라질의 민중적 사회 환경주의는 그 실천적 토대다. 결국 사회 환경주의는 자연을 다시 정치의 장으로 불러내, 사회 정의와 생태적 지속 가능성을 결합한 새로운 사회 계약을 제시한다. 이는 지속 가능성의 진정한 의미가 단순한 자원 관리나 기술혁신이 아니라 삶의 방식과 지식, 권력의 관계를 재구성하는 과정임을 보여 준다.

4 제도화된 유산: ICMBio의 설립과 역할

쉬쿠 멘지스의 죽음으로 브라질의 비정부 기구(NGO)에 대한 압박이 커지면서, 당시 대통령인 주제 사르네이(José Sarney)는 우리의 자연 프로그램(Programa Nossa Natureza)을 출범시켰다. 이 프로그램은 아마존과 대서양림 지역에서 추진되던 목축업 지원 정책을 중단하고, 두께 76mm 이상의 목재 수출을 금지하는 것을 핵심 내용으로 삼았다. 이는 멘지스가 살해된 1988년에 제정된 브라질 연방 헌법 제225조—모든 국민은 생태적으로 균형 잡힌 환경을 누릴 권리가 있으며, 공공 기관과 사회는 이를 현재와 미래 세대를 위해 보호할 의무가 있다는 규정—에 근거한 조치였다.

그림 8 · ICMBio의 로고

출처: Wikidata

멘지스의 정신은 쉬쿠 멘지스 '생태다양성보존기구(Instituto Chico Mendes de Conservação da Biodiversidade, 이하 ICMBio)'로 제도적으로 계승되었다. ICMBio는 생물 다양성 보호와 연방 단위 보전 구역(Unidades de Conservação, UCs)의 전문적 관리를 위해 설립된 기관으로, 기존 브라질 환경 재단(IBAMA)에 혼재되어 있던 개발 허가, 감시, 보전 기능을 분리해 관리 효율성과 정책 일관성을 높이고자 했다. 즉, ICMBio는 브라질 환경 정책의 구조적 개혁에서 태어난, 보전 정책의 전문성과 운영 효율성을 결합한 제도적 산물이었다.

이 기관은 '브라질의 자연유산을 보호하고 사회 환경적 발전을 촉진한다(Proteger o patrimônio natural e promover o desenvolvimento socioambiental)'라는 목표를 가진다. ICMBio의 주요 전략은 생물다양성과 위협받는 종의 보호, 보전 구역 관리와 지역 사회 참여 확대, 사회 환경적 발전을 통한 지속 가능한 이용의 촉진으로 구분된다. 이를 실행하기 위해서 ICMBio는 〈균형성과관리기법(Balanced Scorecard, BSC)〉을 도입해 사회·수혜자·내부 과정·학습 및 성장의 네 관점에서 목표를 설정하고, 성과 지표 및 성과 계약 제도를 통해 행정의 투명성과 책무성을 강화했다. 이를 통해 ICMBio는 단순한 보호 구역 관리 기관이 아니라 국가 차원의 생태 보전 및 사회 발전 통합 관리 기관이 되었다.

이 기관의 조직 구조는 통합 거버넌스 모델에 따라서 전략적·전술적·운영적 수준을 유기적으로 연결하도록 설계되었다. 기관의 핵심 운영 단위는 보전 구역, 연구 및 보전 센터, 지역 코디네이션이며, 2009년 전국 11개 지역 코디네이션이 설치되어 현장 관리와 감독을 담당한다. 또한 공공-민간 파트너십 제도를 도입해, 보전 구역의 운영을 사회적 협력 체제로 전환했다. 이로써 ICMBio는 국가 주도의 통합적 관리 체계를 구축함과 동시에 정책 효율성과 사회 참여의 병행을 시도했다.

이 기관의 내부에는 보전주의(preservacionismo), 지속 가능주의(sustentabilismo), 사회 환경주의(socioambientalismo)라는 환경관이 공존한다. 보전주의는 인간의 개입을 최소화하고 자연의 순수성을 유지하려 하며, 폐쇄적 보호 구역 운영을 선호하고, 지속 가능주의는 생태 보전과 경제적 이용의 균형, 관리 효율성과 과학기술의 활용을 중시한다. 사회 환경주의는 지역 공동체와 토착민의 권리를 인정하고, 그들의 지식과 생계를 보전 정책에 통합하려는 접근이다. 아마존 지역의 조사 결과, ICMBio 내부에서는 여전히 보전주의적 시각이 우세하지만, 사회 환경주의적 접근이 점차 확대되며 '혼합형 환경주의'가 형성된다. 이러한 다층적 환경관의 공존은 정책 결정과 현장 실행에 긴장을 유발하기도 하지만, 동시에 다양한 시각이 교차하는 역동적 제도 공간을 만들어 낸다.

ICMBio는 '통합보전국(Diretoria de Proteção Integral, 이하 DIPI)'과 '지속 가능한 이용 및 전통 공동체국(Diretoria de Unidades de Uso Sustentável e Populações Tradicionais, 이하 DIUSP)'으로 구성된다. DIPI는 인간 활동을 최소화하는 전통적이고 순수한 의미 보전 활동을, DIUSP는 지속 가능한 이용과 전통 공동체의 권리 보장 활동을 담당한다. 이 기관의 두 축은 ICMBio가 자연의 보전과 사회적 포용의 균형을 제도적으로 구현하려는 기관임을 보여 준다. 이를 통해 ICMBio는 단순한 보호 기관을 넘어 다양한 이해관계를 조정하는 복합적 거버넌스 모델로 자리매김한다.

각 부서의 역할과 현장 경험이 전체 조직의 가치관 형성과 성과로 연결된다. 이러한 내부 다양성은 ICMBio가 직면한 사회 환경적 과제를 반영하기도 한다. 아마존 지역의 보호 구역 운영 과정에서 기술자들은 과학 지식과 전통 지식, 중앙의 정책 목표와 지역 사회의 요구 사이에서 조정과 협상을 반복한다. 그들은 행정 집행자이자, 서로 다른 지식 체계가 만나는 경계에서 갈등을 중재하는 중개자의 역할을 한다. 이러한 과정은 ICMBio가 현장의 복잡성을 이해하고 유연하게 대응할 조직 역량을 강화하는 계기가 된다.

표 13·쉬쿠 멘지스 생태다양성보존기구(ICMBio)

구분	핵심 내용
설립 배경	브라질 헌법 기반 생태 보전·사회 참여 통합 필요
목적	자연유산 보호·생물 다양성 관리·사회 환경적 발전 촉진
핵심 전략	생물 다양성 보호 보전 구역 관리 및 지역 사회 참여 지속 가능한 이용 촉진
조직 구조	전국 11개 지역 코디네이션, 통합 거버넌스, 공공-민간 협력
환경관	보전주의 + 지속 가능주의 + 사회 환경주의 → 혼합형 환경주의
주요 부서	DIPI(전통적 보전) DIUSP(지속 가능 이용·전통 공동체 권리 보장)
실행 특징	중앙·지역, 과학·전통 지식 조정 보호 구역(RESEX) 운영 사회 환경주의 실천
정책적 의미	사회 환경주의 제도화 자연과 지역 사회 공존 실험 및 관리 체계 구축

ICMBio는 쉬쿠 멘지스가 남긴, 자연 보호와 지역 사회의 공존

이라는 비전을 브라질에서 제도적으로 실현한 기관이다. 이곳에서는 보전과 개발, 과학과 전통, 중앙과 지역의 가치가 끊임없이 충돌하고 타협하며, 이를 통해 브라질 사회 환경주의의 철학이 구체적 정책으로 진화한다. 쉬쿠 멘지스의 정신은 이제 브라질의 행정 조직에서 숲과 인간의 공존 가능성을 실험하는 제도적 실천으로 살아 있다. 따라서 ICMBio는 브라질 사회 환경주의의 이상을 현실에서 시험하고, 지속 가능한 관리 모델을 만들어 가는 중심적 기관으로 기능한다.

제 4 장

법과 생명의 새로운 관계 구현: 지구법학

인간 중심주의의 한계

1 기후위기와 인간 중심주의의 한계

현대 사회가 직면한 기후위기는 인간이 세계를 인식하는 방식의 문제에서 비롯한다. 서구 문명은 오랜 세월 인간을 세계의 중심에 두고, 자연을 통제와 이용의 대상으로 바라보았다. 이에 관해, 린 화이트(Lynn White Jr.)는 「현대 생태위기의 역사적 근원(The Historical Roots of Our Ecologic Crisis)」에서 이러한 사고가 서구의 기독교 전통에 뿌리를 둔다고 지적한다. 그는 인간이 신의 형상으로 창조되었다는 믿음이 자연에 대한 도덕적 책임보다 지배의 권리를 정당화하는 논리로 작동했다고 분석했다. 근대 과학 혁명은 이 사상을 더 강화해 자연을 신성한 질서가 아닌 인간이 측정하고 조작할 기계적 체계로 바꾸었다. 이로써 인간은 자연의 일부가 아니라 외부자이자 통제자로 자리매김했고, 자연은 인간의 경제적 필요를 충족시키는 자원으로 환원되었다.

인간 중심적 세계관에 대한 비판은 20세기 후반 생태철학의 형성과 함께 본격화했다. 아르네 네스(Arne Naess)는 「표층 생태주의와 심층 생태주의 운동: 하나의 요약(The Shallow and the Deep, Long-Range Ecology Movement)」에서, 근대 환경 운동이 환경을 인간의 생존을 위한 조건으로만 인식하는 '피상적 생태학(shallow ecology)'에 머물렀다고 비판했다. 그는 이에 대응해 모든 생명체의 존재론적 평등성을 전제로 하는 심층 생태학(Deep Ecology)을 제시했다. 네스에게 인간은 자연의 중심이 아니라 그 일부이며, 모든 존재는 서로 의존적인 관계에서 자신의 형태를 실현한다. 그는 생태위기를 인간이 자연과 맺는 관계의 근본적 왜곡으로 보았다. 생명체의 가치를 경제적 효율성이나 인간의 필요에 따라 평가하지 않고, 존재 그 자체의 존엄으로 인정하는 것이 생태 윤리의 출발점이라고 보았다.

토마스 베리(Thomas Berry)는 『위대한 과업: 인류의 미래로 가는 길(The Great Work: Our Way into the Future)』에서 이러한 논의를 한층 확장한다. 그는 인간 역사를 지구의 역사에 다시 위치시키며, 인간은 독립된 존재가 아니라 우주적 진화 과정의 일부임을 강조했다. 우주는 스스로 창조하고 진화하는 생명 질서이며, 인간은 이 질서의 일부로서 존재한다. 베리는 현대 문명이 이 질서를 왜곡한 결과 지구 공동체(Earth Community)가 붕괴되었다고 분석한다. 그는 "우주가 있기에 자연이 있고, 자연이 있기에 인간이 있다"는 명제를 통해서 인간이 자연의 연속선상에 놓여 있음을 명확히 했다. 인간이 자신을 이 연속선 밖으로 위치시키려는 순간, 지구 전체의 생명 질서가 균형을 잃는다. 따라서 생태위기를 극복하기 위해서는 세계를 객체들의 집합이 아닌 주체들의 친교로 인식해야 한다.

발 플럼우드(Val Plumwood)는 『환경 문화: 이성의 생태적 위기 (*Environmental Culture: The Ecological Crisis of Reason*)』에서 생태위기의 뿌리를 근대적 합리성의 문제에서 찾는다. 그녀는 근대의 합리주의가 인간의 이성을 지나치게 중심에 두면서, 자연을 이성의 바깥에 있는 비합리적 존재, 즉 인간이 이용하는 도구로 취급해 왔다고 비판한다. 이러한 시각은 자연을 단순하고 예측 가능한 체계로 축소해 버리고, 실제 자연이 가진 복잡한 상호 의존성을 보이지 않게 만든다. 플럼우드는 이를 "이성의 단일성(monological rationality)"이라고 부르며, 이러한 사고방식이 과학, 경제, 정치, 법 등 근대 사회의 거의 모든 제도에 깊이 스며 있다고 지적한다. 이 논리에 따르면, 생태위기는 이성이 타자를 배제하며 작동해 온 방식의 위기며, 동시에 인간이 자연과 맺는 관계가 무너진 관계의 위기다. 생태위기를 극복하기 위해서는 인간이 자연과 맺는 관계를 근본적으로 다시 설계해야 하며, 이는 새로운 윤리적 전환을 요구하는 일이다.

표 1·생태위기론에 관련된 사상가

사상가	핵심 비판	주요 주장
린 화이트	서구 기독교 전통의 인간 중심주의	기독교 세계관과 과학 혁명의 자연 지배 논리 강화
아르네 네스	피상적 환경주의(Shallow Ecology)	모든 생명체의 평등성, 심층 생태학(Deep Ecology) 제안
토마스 베리	인간-자연 분리의 근대 문명	지구·우주의 진화 과정 일부로 인간 재위치
발 플럼우드	근대 합리주의와 이성의 절대화	자연을 타자화하는 '단일적 이성' 비판, 관계적 이성 강조

이처럼 서구의 자연관을 비판하는 다양한 사상들은 공통으로 기존의 인간 중심주의에 대하여 근본적 성찰이 필요하다고 주장한다. 이들은 인간이 세계의 중심이라는 믿음이 지구 생명체의 다양성과 균형을 파괴하는 근본 원인이라고 지적한다. 인간은 자연을 지배하는 주체가 아니라 서로 의존하며 살아가는 생명 공동체의 한 구성원이다. 따라서 기후위기의 핵심은 기술적 한계나 제도적 미비가 아니라 자연을 바라보는 인간의 인식 자체에 존재하는 오류에 있다. 이러한 철학적 통찰은 이후 지구법학의 사상적 기반이 되었으며, 자연을 법적·도덕적 주체로 인정하는 새로운 패러다임을 여는 데 중요한 역할을 했다.

2 현대 사회에서도 지속되는 브라질의 환경 불평등

20세기 중반 이후 브라질의 환경 문제는 주로 도시 위생, 토지 생산성 그리고 개발 효율성에 초점을 맞추어 논의되었다. 이 시기의 환경 정책은 생태적 정의나 공동체 회복보다는 산업 성장의 도구로 기능하는 경향이 강했다. 그 결과 환경 문제는 사회적 불평등과 분리된 사안으로 다루어졌으며, 빈민 지역의 오염 문제나 자원 접근의 불평등은 제도적으로 외면되었다. 이러한 상황은 브라질의 환경 정책이 사회 전체의 지속 가능성을 보장하지 못한 채 일부 계층의 이익을 우선하는 구조였음을 드러낸다. 결국 환경 정책의 방향성 자체가 생태적 보전보다 경제적 성과에 편중된 것이 문제의 근본 원인이 되었다.

나아가 환경 보호 정책이 때로는 사회적 배제를 정당화하거나 강화하는 수단으로 작동하기도 했다. '보전'의 명목 아래 특정 집단이 개발에서 배제되거나, 빈곤 지역이 환경 규제의 부담을 더 크게 떠안는 모습이 반복되었다. 이는 환경 문제가 단순한 생태적 현상이 아니라 사회적 권력관계에서 형성된 것임을 보여 준다. 이러한 불평등적 구조는 정책의 목적과 실제 결과 사이의 괴리를 더 심화시켰다. 따라서 환경 정책은 보호의 장치가 아니라 새로운 불평등을 낳는 메커니즘으로 비판받았다. 이는 결국 환경 정책의 정의성과 정당성 자체에 대한 사회적 신뢰를 약화하는 결과로 이어졌다.

그러나 오늘날 나타나는 환경 불평등은 정부 정책의 실패만으로 설명될 수는 없다. 그 뿌리에는 식민지 시기부터 지속된 자연관과 제도적·지적 유산이 깊게 자리한다. 성장과 보전의 개념이 명확히 분리되지 못한 채 경제 성장 논리에 흡수되면서, 브라질 사회의 불평등 구조는 더 공고해졌다. 다시 말해, 현재의 환경 위기는 역사적 인식의 연속적 축적에서 형성된 구조적 결과다. 따라서 브라질의 환경 문제를 이해하기 위해서는 역사적 배경을 검토하는 작업이 필수적이다. 이러한 역사적 맥락을 고려할 때 환경 불평등 개선은 단순한 정책 조정이 아니라 사회 구조를 재편하는 장기적 과제임이 분명해진다.

포르투갈의 식민지화 이후부터 브라질의 국가 정책은 오랫동안 '성장=발전'이라는 단선적 논리에 지배를 받았다. 국토의 개발과 자원의 이용은 국가 발전의 상징이 되었고, 자연에 대한 지배와 착취는 정당화되었다. 농업 개척, 대규모 댐 건설, 삼림 개간 등은 국가 진보의 표상으로 여겨졌으며, 이 과정에서 발생한 생태 파괴는 불가피한 희생으로 받아들여졌다. 이러한 논리는 발전이라는 이름 아래 자연과 공동체 모두를 도구화하는 결과를 낳았다. 이러한 발전주의적 사고는 오늘날까지도 정책 결정 과정에 깊은 영향을 미친다.

이처럼 식민지 시기부터 이어진 자원 약탈과 불평등 구조는 법과 제도에서 반복하며 제도화되었다. 그 결과 브라질의 환경 문제는 단순한 자연 훼손이 아니라 역사적 불평등의 지표로 자리 잡았다. 식민지 지식 체계와 제도적 구조 그리고 사회적 인식의 잔재는 오늘날에도 환경 정책의 심층에서 작동하며, 환경을 둘러싼 권력관계와 불평등을 지속적으로 재생산한다. 이는 환경 문제를 해결하기 위해 역사적 유산의 재평가가 필수적임을 시사한다. 따라서 제도 개혁은 단순히 규칙을 수정하는 것이 아니라 그 밑에 자리한 인식의 전환까지 포함해야 한다.

21세기에 들어서 이러한 구조는 더 복잡해졌다. 특히 2019년 이후 환경 규제가 완화되고 산림 감독 체계가 약화되면서 아마존의 벌채율은 급격히 증가했다. 일부 지역은 탄소 흡수 기능을 상실하고 오히려 순배출원으로 전환되는 심각한 양상까지 나타났다. 이는 자연을 통제·착취의 대상으로 간주했던 식민주의적 사고가 제도적 형태로 되살아난 결과이며, 이러한 유산을 극복하려는 시도가 왜 중요한지를 분명하게 보여 준다. 현실은 브라질의 미래가 생태적 회복과 사회적 정의라는 두 과제를 동시에 요구함을 드러낸다. 결국 지속 가능한 미래를 위해서는 개발 우선의 사고방식을 넘어 생태적 책임성을 강화하는 국가적 전환이 필요하다.

브라질의 환경 불평등을 둘러싼 역사적·정치적 맥락은 궁극적으로 국가적 차원을 넘어선 글로벌 차원의 문제와도 긴밀히 연결된다. 아마존을 비롯한 브라질의 생태계는 세계적 탄소 순환과 생물 다양성 유지에 결정적 역할을 하기에, 브라질 내부의 정책 선택은 국제 사회의 관심과 압력에서 영향을 주고받는다. 따라서 브라질의 환경 정책은 더 이상 국내 개발 전략에 국한될 수 없으며, 지구적 책임과 국제적 연대의 틀에서 재설계될 필요가 있다. 이는 단순한 외교적 요구가 아니라 브라질 자체의 사회적 지속 가능성과 생태적 회복력을 확보하기 위한 필수 조건이기도 하다.

표 2·현대 브라질의 환경 문제

핵심 요지	설명
산업 중심 환경 정책	개발 효율에 치우쳐 불평등과 생태 보전을 외면한 환경 정책
불평등 심화 메커니즘	빈민층에 대한 부담으로 배제 강화하는 보전 정책
식민 유산의 지속	식민지 시대 자연관·제도: 오늘날 환경 불평등의 구조화
발전주의 논리	'개발=진보' 인식의 자연 파괴와 정당화 및 국가 정책 지배
제도화된 불평등	자원 약탈의 구조: 법·제도에 반복 재현되며 불평등 고착화
21세기 훼손 심화	규제 약화로 아마존 벌채 급증, 생태·사회 위기 확대
글로벌 의의	브라질 생태계: 지구 환경과 직결, 국제적 책임과 연대의 필요

3 기존 환경 거버넌스의 실패와 새로운 인식의 필요성

1992년 리우 회의에서 채택된 〈유엔기후변화협약(United Nations Framework Convention on Climate Change, UNFCCC)〉은 기후 변화를 '인류 공동의 관심사'로 선언하며, 국제 사회가 처음으로 기후 문제를 제도적 틀에서 논의할 계기를 마련했다. 협약은 대기 중 온실가스 농도를 안정화시키는 것을 목표로 했고, 모든 국가는 '공동의 그러나 차별적인 책임'을 진다고 명시했다. 그러나 협약의 핵심 조항은 각국이 자국의 경제 구조와 발전 수준에 따라 감축 목표를 자율적으로 설정하도록 허용했으며, 그 결과 실질적인 강제력을 확보하지 못했다.

이후 국제 사회에서 〈교토의정서〉와 〈파리협약〉이 잇따라 체결되었지만, 구조적 한계는 여전했다. 특히 〈파리협약〉은 인권, 세대 간 형평성, 원주민 공동체의 권리 등을 명시하며 진전된 내용을 담았지만, 여전히 각국의 자발적 목표(Nationally Determined Contribution, NDC)에 의존하는 체계를 유지했다. 이러한 구조는 국제 거버넌스가 선언적 합의에 그치고, 법적 구속력과 실효성을 확보하지 못하는 근본적 문제를 드러냈다. 이런 한계는 결국 국제 사회가 기후위기를 해결하기 위해 필요한 공동의 노력과 강제 규칙을 충분히 마련하지 못했다는 사실을 보여 준다.

환경 문제에 관한 국제 사회 거버넌스의 진전이 느린 원인은 자연을 관리와 조정의 대상으로 보는 인간 중심적 거버넌스라고 할 수 있다. 발 플럼우드는 근대 합리주의의 가장 큰 문제를 자연을 "통제 가능한 질서"로 인식하는 것에 있다고 지적했다. 자연은 복잡한 상호 작용의 체계임에도 불구하고, 근대의 법과 제도는 이를 예측 가능한 변수로 취급했다. 이러한 인식은 국가 사이의 조약에도 투영되어, 자연은 여전히 보호의 대상에 머무르고 인간이 중심에 놓이는 구조를 반복했다. 이런 인간 중심의 관점 때문에 자연의 예측하기 어려운 특성을 고려한 새로운 거버넌스를 만들기 어려워지고, 기존 정책의 한계도 계속 반복한다.

토마스 베리는 이러한 현상을 "지구 공동체의 불균형"으로 규정한다. 그는 인간 사회의 제도와 법이 모두 인간의 욕망을 중심으로 조직되어 있으며, 그 결과 생명 공동체 전체의 질서가 붕괴했다고 보았다. 그는 정치와 경제, 법과 교육의 모든 영역이 인간의 이익을 절대화한 결과, 지구의 생명 질서가 파괴되었다고 분석했다. 따라서 그는 지속 가능한 전환을 위한 출발점을 제도의 개혁이 아니라 의식의 변혁에서 찾는다. 인간이 자신을 지구의 일부로 재인식하지 않는 한, 아무리 정교한 협약도 근본적 변화를 도출할 수 없다. 그래서 그는 인간만을 중심에 두는 제도를 넘어, 모든 생명이 존중받는 새로운 가치와 체계를 만들어야 한다고 강조한다.

이러한 철학적 기반 위에서, 크리스토퍼 스톤(Christopher Stone)은 「법정에 선 나무들(Should Trees Have Standing?)」에서 자연물의 법적 권리 가능성을 제기했다. 그는 자연이 스스로 법정에 설 수 없다는 이유로 권리를 부정하는 것은 논리적 모순이라고 주장하며, 인간이 대리인으로서 자연의 권리를 보장할 수 있고 법은 이를 제도적으로 명시해야 한다고 보았다. 스톤의 논의는 환경법 패러다임을 전환하는 중요한 계기가 되었다. 코맥 컬리넌(Cormac Cullinan)은 『야생의 법(Wild Law)』에서 이러한 사상을 발전시켜 지구법학(Earth Jurisprudence)의 개념을 정립했다. 그는 법을 인간 사회의 도구가 아니라 지구 생명 공동체 전체가 조화롭게 유지되도록 하는 질서의 표현으로 이해했으며, 인간의 법 체계는 이 질서와 조화를 이루어야 한다고 주장했다.

표 3·지구법학에 관한 스톤과 컬리넌의 주장

사상가	핵심 주장	의의
크리스토퍼 스톤	자연물도 법적 권리를 가질 수 있으며, 인간이 대리인이 될 수 있음	자연권 논의를 촉발한 환경법의 전환점 마련
코맥 컬리넌	법은 인간 중심이 아니라 지구 공동체의 질서를 반영해야 함	지구법학 이론의 정립

지구법학 사상은 국제 거버넌스의 한계를 넘어 새로운 방향을 제시한다. 지금까지의 협약과 제도는 '지구를 보호한다'는 명분 아래 인간의 필요를 중심으로 작동해 왔다. 그러나 지구법학의 관점에서 보면, 진정한 전환은 인간과 자연의 관계를 수직적 지배 구조에서 수평적 상호 존중의 관계로 바꾸는 데 있다. 인간은 자연을 지배하거나 보호하는 주체가 아니라 지구 공동체의 일원으로서 상호적 책임을 지는 존재다. 거버넌스의 목표 또한 인간 사회의 안정이 아니라 지구 전체 생명의 지속 가능성으로 확장되어야 한다.

결국 환경 거버넌스의 위기는 제도의 부재가 아니라 인식의 한계에서 비롯한다. 기후 변화에 대응하기 위한 수많은 협약과 선언에도 불구하고, 자연은 여전히 도구화된다. 인간이 자신을 중심에서 내려놓고 자연을 법적·도덕적 주체로 인정할 때 비로소 거버넌스의 진정한 전환이 가능하다. 지구 공동체 전체의 생명 질서를 회복하는 것이 곧 인류의 미래를 회복하는 일이며, 그것이야말로 지구법학이 지향하는 새로운 생태적 시대의 핵심 과제다.

4 생태 철학 및 생태대 이론과 지구법학

토마스 베리의 생태 철학은 인류가 자연을 지배와 이용의 대상으로 다뤄 온 근대 문명에 대한 근본적 성찰에서 출발한다. 그는 인간의 역사를 지구와 우주의 진화 과정에 다시 위치시키며, 인간을 독립적 존재가 아니라 우주의 창조적 과정에서 생겨난 하나의 생명 요소로 보았다. 인간이 자연의 일부임을 인정하지 않는 태도는 생명 체계의 기반을 흔드는 일이며, 지구 생명권이 훼손된다면 인간의 존립도 불가능하다고 경고했다.

베리의 사상은 그의 우주론적 관점에 뿌리를 둔다. 그는 우주의 진화가 은하계의 형성, 지구의 지질·생물학적 변화, 인류의 문화적 발전이라는 세 층위에서 진행되었다고 보았다. 이를 통해 인간의 역사가 우주 진화의 흐름에서 이해되어야 한다는 점을 강조한다. 그는 "우주가 있기에 자연이 있고, 자연이 있기에 인간이 있다"는 말로 인간 중심주의를 단호히 거부하고, 인간이 우주의 정점이 아니라 그 순환과 생성의 맥락에서 탄생한 존재임을 밝혔다.

베리는 오늘날 인류가 스스로 지구 생명 체계의 최상위에 있다는 오만함을 가지고 독단적 판단을 내려왔다고 비판했다. 그는 이러한 상황을 극복하기 위해서는 세상을 "객체들의 집합이 아니라 주체들의 친교(commune of subjects)"로 인식해야 한다고 주장한다. 이는 지구의 문제를 관계적·상호 생명적 구조로 재해석하라는 의미로, 인간은 자연을 조작하거나 소유할 외부자가 아니라 우주적 관계망에서 함께 존재하는 주체라는 뜻이다. 이러한 인식 전환이 자연권이라는 새로운 법적 권리의 인정과 생태 윤리 확장의 출발점이다.

베리는 자연을 대상으로 삼는 서구 근대의 인식 구조를 비판하며, 모든 생명은 그 자체로 존엄을 가지며 고유한 권리를 지닌다고 보았다. 이때 법은 인간 사회의 도구가 아니라 지구 생명 체계의 조화를 유지하는 원리를 반영해야 한다. 그는 인류에게 주어진 시대적 과업을 '위대한 일(The Great Work)'로 규정하며, 파괴적 문명에서 상호 생명적 문명으로 전환하는 것이 현대 인류의 책임이라고 보았다. 기술과 제도의 변화만으로는 충분하지 않으며, 인간이 자신을 지구 공동체의 일부로 다시 인식하고 생명의 상호 의존성을 회복해야 한다고 강조했다.

이러한 논리에 따르면 인간과 지구는 '생태대(Ecozoic Era)'라고 하는 문명적·윤리적 전환의 시대에 놓인다. 이 새로운 시대에서는 인간이 지구를 지배하는 존재가 아니라 지구의 자기 조직화에 협력하는 존재로 변화하며, 경제적 효율성 중심의 사고에서 벗어나 모든 존재가 서로 생명력을 증진하는 원리를 따른다. 베리는 과학과 기술을 부정하지 않으면서도, 그것들이 생명 다양성과의 조화를 강화하는 방향으로 발전해야 한다고 주장했다. 그는 생태위기를 인간의 도덕적 상상력의 위기로 보았으며, 윤리가 인간들의 관계를 넘어서 여러 존재 전체로 확장되고 생명 파괴를 절대악으로 규정하는 새로운 질서가 필요하다고 강조했다.

생태 철학은 여성성과 자연이 동시에 억압된 근대 문명을 비판하면서, 돌봄과 상호성의 원리에 기초한 새로운 관계가 만들어져야 한다고 주장한다. 따라서 이것이 구현될 생태대는 인간에게 과학뿐 아니라 많은 예술적 감수성을 요구하며, 예술은 인간이 지구 공동체의 신성함을 다시 인식하게 하는 중요한 매개체다. 베리가 말한 생태대는 아직 완전히 도래하지 않았으나 이미 전환이 시작되었다. 이것은 제도 개편만으로 이루어지는 것이 아니라 인간이 우주적 연속선 위에 다시 놓일 때 가능하다. '위대한 일'은 파괴 대신 조화와 공존의 질서를 선택하는 인간의 실천을 의미하며, 이를 통해 인류는 지구와 더불어 진화하는 새로운 문명으로 나아갈 수 있다.

결국 생태대로 전환을 위해서는 우리에게 법적·제도적 장치와 더불어 자연을 바라보는 근본적 관점의 변화가 필요하다. 브라질의 토착어 및 원주민 보호 정책은 지구법학이 제시하는 세계관이 실제 정책에서 구현될 수 있음을 보여 주는 사례다. 환경과 생태는 인간 중심적 시각에서 지배할 대상이 아니라 동등한 주체이며, 이를 인정하는 인식 전환이 지속 가능한 미래를 위한 전제 조건이다. 지구법학은 자연과 생태를 고유한 가치와 의미를 지닌 존재로 이해할 것을 요구하며, 국제 환경 정책 역시 이러한 관점을 기반으로 재구성되어야 한다. 유럽 연합(EU)의 정의로운 전환 기금 등 공동체적 연대의 시도는 긍정적이지만, 궁극적으로는 자연과 우주를 동등한 주체로 인정하는 인식 변화가 뒷받침될 때 지속 가능한 효과를 가질 수 있다.

브라질은 21세기 들어 원주민 거주권과 환경 보호를 연계한 정책을 도입하며, 토착어 보호와 인식 개선에서 두드러진 성과를 보여 왔다. 이는 생태 철학에 기반한 지구법학의 세계관을 정책으로 구현한 대표적 사례로 평가할 수 있다. 환경과 자연에 대한 접근은 제도 강화만으로는 충분하지 않으며, 다양한 존재가 공존하는 생태대로 나아가기 위해서는 인간 중심적 개발 논리를 넘어서는 근본적 인식 변화가 요구된다. 이러한 변화는 자연을 단순한 자원이 아니라 독자적 권리와 존엄을 지닌 주체로 인정하는 것에서 시작된다. 나아가 이러한 인식의 전환은 지속 가능한 미래를 위한 사회·문화적 가치 체계의 재구성을 촉진한다.

02

지구법학

1 지구법학의 개념과 의의

지구법학(Earth Jurisprudence)은 20세기 말부터 형성된 새로운 법 철학적 전통으로, 산업 문명 이후 확립된 인간 중심의 법 질서가 생태위기를 구조적으로 심화시켜 왔다는 비판에서 출발한다. 이 이론은 인간의 법이 궁극적으로 자연 질서와 분리된 자율 체계가 아니라 지구 생명 체계의 법칙에 종속된다는 명제를 전제로 한다. 토마스 베리는 '지구 공동체의 모든 구성원은 존재할 권리, 서식할 권리 그리고 지구의 자기 재생 과정에 참여할 권리를 가진다' 고 주장했다. 이러한 권리는 인간의 사회 계약 이전부터 자체의 발생과 함께 주어진 근원적 권리다. 인간이 만든 법은 우주적 질서의 한 부분으로, 지구가 스스로 조정하고 유지하는 자연법을 따르는 경우에만 정당성을 가진다.

지구법학의 형성에는 깊은 철학적 배경이 있다. 베리는 기존 서구 법 질서를 지탱해 온 인간 중심주의(anthropocentrism)를 현재 지구에 발생하는 원인으로 지목하며, 특히 근대 이후의 법·경제·종교·교육 체계가 인간을 자연 위에 위치시키고 자연을 도구적·객체적 대상으로 취급해 생태계의 균형을 파괴했다고 주장한다. 그는 이러한 문제에 대안으로 '지구 중심적 법 체계(Earth-centered governance)'를 제안했다.

이 같은 법 체계는 인간의 사회적 약속이나 제도적 장치가 아니라 생명체들의 상호 의존적 관계에서 형성되는 우주적 규범(cosmological norm)이다. 이러한 사고는 앨도 레오폴드의 '대지 윤리(Land Ethic)', 아르네 네스와 조지 세션스의 '심층 생태학(Deep Ecology)', 크리스토퍼 스톤의 '자연물의 법적 지위 논의(Should Trees Have Standing?)' 등의 사상적 토대를 이어받은 것이다. 베리는 이 사상들을 통합해 자연법적 질서를 법적·우주론적 원리로 다시 정립했다. 이러한 전환의 이론적 핵심은 세 가지로 요약된다.

첫째, 인간과 자연의 관계를 수직적 지배가 아닌 상호 주체적 공존으로 재배치하는 존재론적 전환(ontological shift)이다. 베리는 '지구는 사물의 집합이 아니라 주체들의 공동체(a communion of subjects, not a collection of objects)'라고 선언했는데, 이것은 자연을 권리의 객체로 간주하던 기존 법 철학을 해체하고, 인간·비인간을 아우르는 공동체적 존재론을 법의 토대로 삼는다.

둘째, 법의 궁극적 목적을 인간 사회의 형평이나 효율이 아니라 지구 공동체 전체의 생명적 조화로 설정하는 윤리적 전환이다. 베리에게 정의(Justice)는 더 이상 인간 사회의 공평성만이 아니라 지구 전체의 생태적 무결성(ecological integrity)이다. 이러한 관점에서 법은 경제 성장이나 개발 이익의 도구가 아니라 생태계의 자기 조절 능력을 유지하기 위한 윤리적 제도로 기능해야 한다.

셋째, 지구법학은 법을 인간의 합리적 산물이 아니라 자연 생명 체계에서 벌어지는 장기적 진화와 상호 작용의 산물로 보는 인식론적 전환을 시도한다. 이는 과학적 세계관과 신학·우주론을 통합하려는 매우 깊은 철학적인 논리에 기반한다. 이러한 논리에 따르면, 법의 근원은 '우주의 자기 조직적 질서(self-organizing order)'이며, 법의 실천은 이 질서와의 일치로 귀결되어야 한다.

표 4·토마스 베리의 지구법학 전환

전환 유형	핵심 내용	핵심 메시지
존재론적 전환	인간과 자연: 상호 주체적 공존	지구는 주체들의 공동체
윤리적 전환	법의 목적: 지구 생명 체계의 조화로 설정	정의=생태적 무결성
인식론적 전환	법: 생명 체계의 자기 조직적 질서	법 실천=우주 질서와 일치

지구법학의 이러한 철학적 기초는 법학에서도 점차 독립적인 분야로 발전한다. 주디스 쿤스(Judith Koons)는 이를 '법과 거버넌스에 대한 근본적인 새로운 사고를 요청하는 이론적 틀'로 규정하며, '지구 정의(Earth justice)와 사회 정의(social justice)는 서로 분리될 수 없는 동일한 과제'라고 지적한다. 시스터 패트리샤 시에멘(Patricia Siemen)은 지구법학의 중심 명제를 '지구는 권리를 가진 하나의 주체이며, 인간은 그 공동체의 일원으로서 책임을 공유한다'는 선언으로 요약했다.

피터 버든(Peter Burdon)과 코맥 컬리넌(Cormac Cullinan)은 사상을 구체적인 법이론으로 발전시켰다. 컬리넌은 『야생의 법』에서, "지구법학은 인간의 법이 자연의 법과 조화를 이루어야 한다는 전제 위에 서 있으며, 법의 기능은 인간 활동의 한계를 관리하는 것이 아니라 생명 체계의 자기 유지에 기여하는 것"이라고 설명했다. 버든은 이를 '법의 탈인간 중심화'로 요약하며, 기존 환경법이 '피해 최소화' 중심이었다면 지구법학은 '관계 회복' 중심이라고 주장했다.

결국 지구법학의 의의는 법의 존재론적 기초를 인간에서 지구로, 사회에서 생태계로 이동시켰다는 데에 있다. 이러한 철학적 전환은 법을 인간 사회를 통제하기 위한 장치가 아니라 지구 공동체의 자기 조화적 질서를 유지하는 수단으로 새롭게 정의한다. 지구법학은 산업 문명의 법이 초래한 생태적 붕괴를 넘어 법을 '통제와 소유를 위한 수단'에서 '존중과 상호 생존을 위한 수단'으로 전환하려는 사상적·법적 기획으로 평가할 수 있다. 이는 법체계가 인간 중심적 사고에서 벗어나 지구적 상호 의존성을 전제로 재구성되어야 함을 강조한다.

2 자연의 권리

지구법학이 제안하는 핵심 개념 가운데 하나는 '자연의 권리(Rights of Nature)'다. 이 법리는 강, 산, 숲, 바다, 토양, 종(種) 그리고 생태계 전체가 그 자체로 존재할 권리, 유지될 권리, 재생할 권리를 가진다는 명제를 중심에 둔다. 이러한 권리는 인간의 법적 허가나 사회적 필요에 의해 부여되는 것이 아니라 자연이 지닌 고유한 존재 가치에서 비롯한다. 인간이 자연을 보호해야 하는 이유는 선택적 선의 때문이 아니라 자연이 스스로 권리의 주체이기 때문이라는 인식이 전제된다. 이러한 관점은 자연을 단순한 자원이나 이용 대상이 아니라 독자적 권리와 존엄을 지닌 존재로 바라보는 패러다임의 전환을 요구한다.

이 개념은 기존의 인간 중심적 법 질서를 근본적으로 뒤흔든다. 근대 법 체계에서 권리는 인간이 부여하거나 행사하는 것으로 평가되었으나, 지구법학 개념은 법의 주체 범위를 자연이라는 인간 외의 존재로 확장함으로써 법의 철학적 토대를 전환했다. 법은 더이상 인간 사회 내부의 합의나 계약의 산물이 아니라 생명 체계의 지속을 보장하는 지구 공동체의 윤리적 기준이다. 이는 법 체계가 인간의 이익 중심에서 벗어나 생명 공동체 전체의 균형을 핵심 가치로 삼아야 함을 시사한다.

'자연의 권리' 사상은 토마스 베리의 '지구 공동체의 모든 구성원은 존재하고 번성할 권리를 가진다'는 선언에서 출발했지만, 이를 구체적 법리로 심화시킨 결정적 계기는 1972년 크리스토퍼 스톤(Christopher D. Stone)의 저서 『법정에 선 나무들』이었다. 스톤은 "자연물은 스스로 권리를 주장할 수 없지만, 인간 대리인을 통해 법정에서 그 권리가 대변될 수 있다"고 주장하며, 아동·법인·미성년자·사망자 등도 대리인을 통해 법적 권리를 행사한다는 사실을 근거로 들었다. 그는 법적 주체성의 핵심 기준이 '스스로 말할 수 있는가'가 아니라 '대표될 수 있는가'임을 강조했고, 이 논의는 자연이 권리의 주체(subject of rights)임을 뒷받침하는 지구법학의 핵심 이론적 기반이 되었다.

21세기에 들어서면서 자연의 권리가 실질적 법·제도로 채택되었다. 2008년 에콰도르 헌법은 제71조에서 "자연, 즉 파차마마(Pachamama)는 존재하고, 유지되고, 재생될 권리를 가진다"고 명시해 세계 최초로 자연을 헌법적 권리의 주체로 인정했다. 이어 2010년 볼리비아는 〈어머니 대지법(Law of the Rights of Mother Earth)〉을 제정해 자연을 하나의 생명체로 규정하고 '생명 유지의 권리', '생명 다양성의 보전권', '물·공기·토양의 순환 보장권' 등을 법적으로 선언했다. 이러한 헌법적·입법적 시도는 지구법학의 철학이 국가 법 질서에 실질적 형태로 제도화된 대표적 사례로 평가된다.

이후 국제 기구와 법원에서도 자연의 권리를 인정하는 사례가 확대되었다. 유엔은 2010년 자연과의 조화(Harmony with Nature) 프로그램을 출범시켜 자연의 권리와 생태적 정의를 국제법적 의제로 다루기 시작했다. 뉴질랜드에서는 2017년 〈황가누이강법(Te Awa Tupua (Whanganui River Claims Settlement) Act)〉이 제정되어, 황가누이강을 법적 인격체로 인정하고 두 명의 공식 수탁자(guardian)가 강의 이익을 대변하도록 했다. 인도 우타라칸드 고등 법원 역시 2017년 갠지스강과 야무나강을 "살아 있는 법적 존재(living entities)"로 선언하며, 그 권리와 의무를 인간 대리인이 행사할 수 있다고 판시했다. 또한 콜롬비아 헌법 재판소는 2018년 아트라토강 사건에서 강의 법적 인격을 인정하고, 정부와 지역 공동체가 공동으로 '생태적 회복 프로그램'을 시행할 의무를 부과했다. 이러한 판례들은 지구법학이 추상적 사상을 넘어 실제 사법적 실천으로 이행함을 보여 준다.

자연의 권리를 인정하는 입법과 판례의 확산은 '권리' 개념 자체에 대한 재해석을 요구한다. 근대 인권 개념이 인간 개인의 자유와 존엄을 중심으로 발전했다면, 자연의 권리는 '관계적 권리(relational right)'의 성격을 지닌다. 개별 존재가 고립된 권리 주체로서 독립하는 것이 아니라 서로 생명 조건을 존중하고 유지할 권리를 공유한다. 이러한 관계적 권리는 인간의 권리보다 상위에 놓이지 않으나 최소한 동등하게 고려되어야 하며, 인간의 권리가 자연의 지속 가능성을 훼손하는 순간 그 정당성은 제한된다. 이는 법의 위계질서를 전복하지 않으면서도, 법의 판단 기준을 '인간의 필요'에서 '생명 공동체의 균형'으로 전환하는 근본적 변화를 의미한다.

이 개념을 제도화하는 과정에는 여러 도전도 존재한다. 가장 자주 제기되는 질문은 '자연의 권리가 침해된다면 누가 어떤 자격으로 이를 신고하고 변호할 수 있는가?'라는 문제다. 자연은 스스로 법적 절차를 수행할 수 없기 때문이다. 지구법학은 '대리(代理)' 개념을 통해 대응한다. 인간은 자연의 대리인으로서 그 권리를 대변할 책임을 지며, 이는 법적 의무로 인식된다. 뉴질랜드의 황가누이강법이나 콜롬비아의 아트라토강 판결은 이러한 대리 모델이 제도적으로 어떻게 구현될지를 보여 준다.

표 5·자연의 권리 개념에 의한 인간-자연 관계의 법적 전환

구분	내용
자연의 권리	인간-자연 간 새로운 권리·의무 관계 설정
인간의 역할	자연의 자기 유지 능력에 기여해야 함
개발·이용 기준	'허용된 손상'이 아니라 공동체 지속 조건으로 평가
자연의 지위	법적 발언권을 가진 권리 주체로 인정
의사 결정 변화	자연의 목소리를 포함하는 방향으로 재구성

이처럼 자연의 권리 개념은 인간의 보호 의무를 넘어서 인간과 자연 사이의 새로운 권리와 의무 관계를 설정한다. 인간은 지구 공동체의 일원으로서 자연이 가지는 자기 유지 능력에 기여를 해

야 하며, 개발·이용 행위는 '허용된 손상'이 아니라 '공동체의 지속 조건'에서 평가되어야 한다. 권리의 주체로서 자연은 더 이상 '침묵하는 배경'이 아니라 인간의 법적 언어에서 실질적 발언권을 갖는 존재가 된다. 따라서 인간 사회의 모든 의사 결정 과정은 자연의 목소리를 포함하는 방향으로 재구성될 필요가 있다.

결국 자연의 권리 개념은 인간 중심 법 체계가 가진 구조적 한계를 넘어서는 새로운 법적 패러다임이다. 이는 인간의 법을 지구의 법에 조응시키려는 시도이며, 생명 질서 전체가 지속될 지구 중심적 정의(Earth-centered justice)의 기초를 마련한다. 이러한 전환은 '무엇이 정의인가, 누구를 위해 정의를 실현할 것인가'라는 법의 근본적 정의에 대한 인류 문명적 재사유를 이끈다. 지구법학은 이러한 사유를 통해 법의 언어를 다시 쓰고, 생명 공동체 전체가 법적 존중의 영역에 포함될 새로운 시대의 법 철학적 지평을 제시한다.

3 지구법학과 기존 환경법과의 관계

지구법학은 기존 환경법이 가진 한계를 비판하면서 등장한 새로운 흐름이다. 산업화 이후 발전한 환경법은 오염 방지, 자원 관리, 환경 영향 평가, 보호 구역 지정 등을 통해 인간 활동이 자연에 미치는 피해를 줄이려는 목적을 지녀 왔다. 그러나 이러한 법 체계는 여전히 인간의 생존과 복지를 중심으로 한 인간 중심적 사고방식에서 벗어나지 못했다. 자연은 보호해야 할 대상으로 인정받지만, 여전히 인간의 필요와 이익에 종속된 '객체'로 취급된다. 그 결과 환경법은 오염을 통제하고 피해를 보상하는 수준에 머물렀으며, 생태계가 스스로 회복하고 유지할 자율성을 보장하는 체계로는 발전하지 못했다.

지구법학은 이러한 한계를 넘어 법의 목적과 구조 자체를 생명 중심으로 다시 정의하려는 시도다. 남아프리카의 법학자 코맥 컬리넌은 저서 『야생의 법』에서 "환경법이 인간의 필요를 위한 관리 체계라면, 지구법학은 지구 생명 공동체의 유지 시스템에 인간 법을 조응시키는 법 질서"라고 설명한다. 즉, 환경법이 인간이 만든 법을 자연에 적용하는 체계라면, 지구법학은 인간의 법이 자연의 법에 순응하도록 재구성한다. 이는 국가 헌법이 최상위 규범으로 존재하던 법의 피라미드 구조를 뒤집는 근본적인 전환에 가깝다. 지구법학이 제시하는 질서에서는 지구 생태계의 자기 조직적 질서가 법의 최고 기준이다.

지구법학과 환경법은 대립하는 개념이 아니라 위계적 관계에 있다. 환경법이 인간 사회의 단기적 관리와 규제를 위한 법이라면, 지구법학은 이러한 법이 정당성을 갖추기 위해 따라야 할 상위의 철학적·윤리적 원칙을 제시한다. 지구법학이 제안하는 네 가지 핵심 원칙은 생태적 무결성, 세대 간 형평, 사전주의 그리고 상호 의존성이다. 생태적 무결성의 원칙은 모든 법이 생명 체계의 균형과 회복력을 훼손해서는 안 된다는 의미가 있다. 세대 간 형평의 원칙은 현재 세대의 이익이 미래 세대의 생존 조건을 침해해서는 안 된다는 윤리적 기준을 제시한다. 사전주의 원칙은 환경 훼손의 가능성이 존재할 경우 과학적 불확실성을 이유로 대응을 미루면 안 된다고 강조한다. 마지막으로 상호 의존성 원칙은 인간 사회의 모든 법적·경제적 행위가 생명 공동체 전체의 상호 연결에서 평가되어야 함을 상기시킨다.

이러한 원칙들은 기존 환경법의 해석 방식에도 근본적인 변화를 제시한다. 예를 들어 환경 영향 평가(Environmental Impact Assessment, EIA) 제도는 지금까지 개발로 인한 피해를 '허용 가능한 한도'로 제한하는 데 초점을 맞춰 왔지만, 지구법학의 시각에서는 '그 개발이 생태계의 기본 기능을 훼손하지 않는지'가 핵심 기준이다. 즉, 피해를 최소화하는 것이 아니라 생태계의 회복력 자체를 법적 판단의 척도로 삼는다. 마찬가지로 손해 배상 중심의 환경 소송도 금전적 보상에서 그치지 않고, 훼손된 생태계의 복원과 재생을 법적 구제의 중심으로 삼는다.

실제 제도적 변화에서도 지구법학의 영향을 확인할 수 있다. 콜롬비아 헌법재판소는 아트라토강 판결을 통해 강을 법적 인격체로 인정하고, 정부와 지역 공동체가 강의 복원 계획을 수행해야 할 의무를 부여했다. 뉴질랜드의 〈황가누이강법〉 또한 환경 규제가 아니라 생태적 관계 회복의 법으로 평가된다. 이 법에서 강은 법적 인격체로 선언되었고, 두 명의 인간 수탁자가 강의 권리를 대리한다. 이러한 사례들은 법이 '권리와 의무' 중심에서 '관계와 책임' 중심으로 전환됨을 보여 준다.

호주의 법학자 피터 버든(Peter Burdon)은 이러한 흐름을 '생태법

(Ecological Law)'이라 명명하며, 환경법이 산업 사회의 효율적 관리 도구라면, 생태법은 지구 생명 체계의 지속 가능성을 유지하는 근본 질서라고 설명한다. 그는 지구법학이 환경법을 대체하지 않으면서도 그 위에서 방향성과 윤리적 근거를 제공하는 존재라고 주장했다. 다시 말해, 환경법이 행정적 틀이라면 지구법학은 그 틀의 철학적 근거다.

지구법학의 원리는 헌법과 입법 구조에도 새로운 함의를 던진다. 예를 들어 기존 헌법이 환경 조항을 '국민의 쾌적한 생활 보장'으로 규정했다면, 지구법학적 관점에서는 "생태계의 자기 유지 능력 보전"을 국가의 기본 의무로 명시해야 한다. 브라질 헌법 제225조나 포르투갈 헌법 제66조는 생태적 균형의 회복을 공공의 권리이자 국가의 책무로 선언하며, 이러한 전환을 부분적으로 구현한다. 나아가 지구법학은 환경 거버넌스를 탈국가적이고 다층적인 구조로 확장한다. 지역 공동체, 토착민, 시민 사회가 생태계의 수탁자로서 법적 권한을 행사하는 새로운 모델이 그 예다.

결국 지구법학과 환경법의 관계는 법 질서의 재정렬이다. 환경법이 인간 사회의 지속 가능성을 목표로 한다면, 지구법학은 지구 생명 체계 전체의 지속 가능성을 지향한다. 환경법이 개발과 보전의 균형을 추구하는 관리의 법이라면, 지구법학은 생명 공동체의 존속을 보장하는 존재의 법이다. 지구법학은 법을 인간 중심의 언어에서 벗어나, 인간과 자연이 함께 살아가는 질서를 새롭게 쓰는 시도다. 이는 법이 인간과 자연의 관계를 다시 정의하는 문명적 전환이며, 그 중심에는 생명 자체의 존엄과 자율성이 자리한다.

구분	환경법(Environmental Law)	지구법학(Earth Jurisprudence)
목적	인간 활동으로 인한 환경 피해 통제, 보상	지구 생명 공동체의 자기 조화 질서 유지, 생명 중심 법 질서 확립
철학적 기반	인간 중심, 효율성과 개발 우선	생명 중심, 상호 의존성과 관계 중심
자연의 지위	보호해야 할 객체, 인간 필요 종속	독립적 권리와 존엄을 가진 주체
핵심 원칙	오염 방지, 자원 관리, 개발 허용	생태적 무결성, 세대 간 형평, 사전주의, 상호 의존성
법적 판단 기준	피해 최소화, 금전적 보상 중심	생태계 회복력 유지, 관계와 책임 중심
제도적 사례	환경 영향 평가(EIA), 환경 소송	아트라토강 판결(콜롬비아), 〈황가누이강법〉(뉴질랜드)
법적·정책적 함의	국가 주도의 관리와 규제	헌법·입법에서 생태계 자기 유지 의무 명시, 다층적 수탁자 구조
관계	인간 사회 중심	인간과 자연 공동체 중심
목표	인간 사회의 지속 가능성	지구 생명 체계 전체의 지속 가능성

03

브라질 환경 제도의 사상적 기반

1 브라질 환경권의 헌법적 체계와 의의

환경권 개념은 인간의 존엄성과 생명의 지속 가능성을 보장하는 헌법적 권리 체계로 확립되었다. 1988년 제정된 연방 헌법 제225조는 본문에서 "모든 사람은 생태적으로 균형 잡힌 환경에서 살 권리를 가지며, 이는 건강한 삶의 질을 위한 필수적 조건"이라고 선언했다. 이 조항은 환경을 사적 재산이나 단순한 공공 이익이 아니라 국민 모두의 생명 조건으로 규정하고, 이를 보호·복원할 국가와 사회 전체의 의무를 명시했다. 따라서 브라질에서 환경권은 인권의 확장된 형태, 즉 생명권적 기본권으로 이해된다.

이 조항의 내용은 권리와 의무를 동시에 규정하는 이중 구조를 지닌다. 모든 사람은 환경을 누릴 권리를 갖고, 국가와 사회는 현세와 장래 세대를 위해 이를 수호·보전할 의무를 부담한다. 특히 제225조 제1항은 국가의 생물 다양성과 유전적 유산의 보호 의무를 명시하고, 제4항은 아마존·대서양림·세하두 등 주요 생태 구역을 국가 유산(patrimônio nacional)으로 선언함으로써, 생태계 보전이 사익보다 우선할 헌법적 근거를 마련했다. 이러한 조항으로 환경권은 재산권이나 개발권과의 충돌 상황에서도 우위의 헌법 가치로 자리 잡았다.

브라질의 학자 셀수 피오릴루(Celso Antônio Pacheco Fiorillo)는 환경권을 '인간의 존엄성을 구체화하는 헌법적 장치'로 해석하며, 환경을 인간의 존엄한 삶을 가능하게 하는 존재론적 기반으로 본다. 프레데리쿠 아마두(Frederico Amado)는 이를 '헌법적 환경법(Direito Constitucional Ambiental)'이라 부르며, 입법·행정·경제 질서·문화 환경 전반에 작동하는 종합적 체계로 설명한다. 헌법 제170조는 "모든 경제 활동은 환경의 보호를 전제로 한다"고 규정해 경제 발전과 환경 보전이 대립적 개념이 아닌 상호 보완적 원리임을 분명히 한다.

환경권의 핵심은 환경을 '공동의 재산'으로 인식한다는 점이고, 환경 침해는 단순한 공공 피해가 아니라 인간의 기본권 침해로 간주한다. 이에 따라 브라질 헌법은 환경권을 생명권·건강권과 실질적으로 결합하며, 환경 훼손을 인간의 존엄과 건강한 삶에 대한 위협으로 본다. 브라질 법원은 축산 폐수 사건 등에서 환경

표 7·브라질 연방 헌법 제225조의 내용

조항	핵심 내용	설명
본문	모든 사람의 균형 잡힌 환경을 누릴 권리	현재와 미래 세대를 위한 공공과 사회의 환경 보호 의무
제1항	국가 의무 구체화	생태계·종 보전, 환경 영향 평가, 환경 교육, 기술·물질 통제, 동식물 보호 등
제2항	광물 개발 시 환경 복원 의무	자원 개발 후 환경 훼손 시 복원 책임
제3항	환경 피해에 대한 법적 책임	개인·법인 모두 형사·행정 제재, 피해 복구 의무 병행
제4항	주요 생태계 보호	아마존, 대서양림 등의 국가 유산성, 법률에 따른 이용만 허용
제5항	국가 소유 토지 보호	보호 목적 국가·주 토지 처분 금지
제6항	핵 시설 설치 규제	법률로 위치 지정, 법률 없이 설치 불가
제7항	동물 이용과 문화	잔인한 동물 취급 금지, 문화적 스포츠는 법률에 따라 예외 가능

을 "현재와 미래 세대의 공동 유산"으로 선언하고, 잠재적 위험이 존재하는 경우 예방의 원칙에 따라서 사전 조치를 명령하는 판례를 확립했다. 이러한 판례들은 환경권이 다른 기본권과 상호 의존적으로 작동하며, 생명과 건강을 보장하기 위한 실질적 수단임을

보여 준다.

브라질 헌법 제225조는 또한 세대 간 정의의 원리를 명문화했다. "현재와 미래 세대"라는 표현은 생태계 보전이 단기적 효용이 아닌 장기적 생존 조건의 유지임을 분명히 하며, 미래 세대의 권리 보호를 국가의 헌법적 책무로 확립한다. 브라질 헌법학계는 이를 독일 기본법 제20a조와 비교하며, 기후 보호 의무를 포함한 국가의 생태적 책무로 확장 해석한다. 이로써 환경권은 시간적(현재-미래)으로 세대 간 차원을 포괄하는 통합적 기본권 체계로 발전했다.

환경권의 실효성을 담보하기 위해 헌법은 협력적 연방주의의 원리를 도입했다. 이 헌법 제23조는 연방·주·지자체가 공동으로 환경을 보호해야 한다고 규정하고, 이에 따르는 보충법은 행정 권한의 분권화를 제도화했다. 그 결과 국가의 환경 정책은 중앙 정부 중심의 통제에서 벗어나 지방 정부와 시민 사회가 함께 참여하는 협력 거버넌스 체계로 전환되었다. 이러한 협력 구조는 중앙과 지방의 자율성과 보완성을 조화시켜, 지역적 특수성과 생태계 다양성을 반영하는 다층적 환경 행정을 가능하게 한다.

시민의 참여도 중요한 구성 요소다. 브라질 연방 헌법 제5조는 국민의 기본권을 보장하기 위한 여러 장치를 명시했는데, 이 중에서 제73항은 공공 재산·환경 등 공익 보호를 위한 국민의 소송권을 인정했다. 이 공익 소송 규정으로 검찰, 시민 단체, 비정부 기구 등은 환경권 침해를 적극적으로 사법적 조치를 시도하려고 한다. 이러한 제도적 장치는 환경 보호를 국가 정책의 선택이 아니라 사회 전체의 공동 의무로 자리매김하게 했다. 이는 환경 거버넌스의 민주화를 촉진하며, 헌법적 권리로서의 환경권이 시민의 직접적 실천과 감시를 통해 살아 있는 규범으로 기능하게 한다.

브라질 연방 대법원은 푼두 끌리마(Fundo Clima) 사건 등에서 국가의 기후·환경 보호 의무를 명시적으로 인정했다. 브라질의 하급심과 상급심의 판례들 역시 예방의 원칙과 지속 가능성의 원칙을 근거로 이 헌법 제225조의 규범력을 행정·형사·민사 영역으로 확장한다. 이를 통해서 브라질의 사법부는 환경권을 다른 기본권과 조화시키면서도, 생태계 보전과 세대 간 책임의 헌법적 우위를 확고히 했다. 이러한 사법적 개입은 환경권을 추상적 선언에서 실질적 권리로 전환하며, 국가 정책의 방향을 헌법적 책임에 부합하도록 구속한다.

브라질 연방 헌법 제225조는 생명·건강·환경을 하나의 통합된 기본권 지평으로 묶는다. 환경은 인간 생활의 외부 대상이 아니라 존엄한 삶을 위한 내적 조건이며, 그 보호는 국가·사회·시민 모두의 공동 의무다. 이 규범 구조는 인간과 자연의 상호 존중, 현재와 미래 세대의 형평 그리고 생태적 정의를 동시에 실현하는 헌법적 세계관을 보여 준다. 브라질 연방 헌법은 환경권을 단순한 정책적 목표가 아닌 기본권적·법적 책임과 연계된 필수적 권리로 명시한다.

2 브라질 환경·기후변화부의 제도적 진화

1990년대 브라질의 환경 정책은 본격적인 제도화와 국제적 연계를 통해 근본적 전환기를 맞이했다. 그 출발점은 1992년 리우데자네이루에서 열린 '유엔 지속 가능한 개발 정상회의(UN Sustainable Development Summit, UNCED, 이하 리우 회의)'였다. 이 회의는 환경의 보호와 경제의 성장이라는 국제 사회의 두 가지 목표가 조화된 '지속 가능한 개발(sustainable development)' 개념을 제시했는데, 이 개념의 실행은 브라질이 개발 중심 국가에서 환경 거버넌스의 주도국으로 전환하는 계기가 되었다.

브라질에서 군사 정권이 무너진 1985년 이후 등장한 민간 정부는 민주주의 복원과 함께 환경 문제를 국가 정책의 핵심 의제로 삼았다. 이전의 개발주의는 대규모 인프라 건설과 아마존 개간을 중심으로 추진되었으나, 1988년 헌법 제225조가 환경을 기본권으로 명시하면서 환경 보전은 경제 성장과 동등한 헌법적 가치를 지니게 되었다. 바로 이 시점에 개최된 리우 회의는 브라질이 자국의 헌법적 원칙을 국제 규범과 접목하는 장이었다.

리우 회의는 국제 사회가 달성해야 할 자연과 환경의 보호를 위한 목표를 실행할 구체적 기준을 제공하는 세 가지 주요 국제 협약을 채택했다. ① 〈기후변화에 관한 유엔 기본협약(UNFCCC)〉, ② 〈생물 다양성협약(CBD)〉, ③ 〈사막화 방지협약(UNCCD)〉으로 구성된 이 국제 환경 조약은, 이른바 〈리우 협약(Rio Conventions)〉이라고 부르며, 당시 리우 회의를 개최한 브라질의 이후 환경 정

그림 1 · 1992년 리우 회의

출처: 위키피디아

책에 방향을 구체화하기도 했다.

리우 회의는 '공통되지만 차별화된 책임'의 원칙을 도입해 선진국의 감축·재정 의무를 규정했고, 브라질은 이후 청정 개발 체제(CDM) 프로젝트를 통해 감축 활동에 참여했다. 〈생물다양성협약〉은 생물 다양성의 보전과 유전자원의 공정한 이용·이익 분배를 명시해, 생명 존중의 가치와 과학기술의 균형을 강조했다. 〈사막화 방지협약〉은 사막화와 토지 황폐화 방지를 위한 국제 협력을 제도화했으며, 브라질 북동부 세르탕(Sertão) 지역에도 실질적 의미를 지녔다.

〈리우 협약〉의 브라질 이행을 위해서 국내의 환경 행정 체계의 개편이 진행되었다. 1992년 이타마르 프랑쿠(Itamar Franco) 정부는 환경 문제를 처리하기 위한 정부의 행정 조직 위상을 독립된 환경부(Ministério do Meio Ambiente)를 신설하면서 이전까지 내무부 소속의 '환경특별청(SEMA)' 수준에서 격상시켰다. 이는 환경 정책을 중앙 행정의 핵심 기능으로 재편한 것으로 평가할 수 있다.

이후 부처의 명칭은 정부의 정책 우선순위를 반영하며 변화를 거듭했다. 환경부는 1993년에 '환경·아마존부(Minstério do Meio Ambiente e da Amazônia Legal)'로, 1995년에는 '환경·수자원·아마존부(Minstério do Meio Ambiente, dos Recursos Hídricos e da Amazônia Legal)'로 명칭을 변경했다가, 1999년 다시 환경부라는 이름으로 변경되었다.

표 8·브라질 환경 관련 부처의 변화

연도	부처 명칭	주요 특징
1993	환경·아마존부 (MMA e da Amazônia Legal)	아마존 보호를 국가적 과제로 공식화
1995	환경·수자원·아마존부 (MMA, dos Recursos Hídricos e da Amazônia Legal)	수자원 관리의 중요성 강조
1999	환경부 (MMA)	환경 정책의 독립적 행정 체계 확립
2023	환경·기후변화부 (Ministério do Meio Ambiente e Mudança Climática)	기후위기 대응을 국정 핵심 과제로 격상

룰라 대통령이 재집권한 후 2023년부터는 공식 명칭이 '환경·
기후변화부(Minstério do Meio Ambiente e Mudança Climática)'로 다시 변
경되었다. 이러한 변화는 환경 정책이 '국가 내부의 생태 보전'
에서 '지구적 기후 행동'으로 확장되는 과정을 반영한다. 특히
2023년의 명칭 개정은 브라질이 파리 협정 이후 국제 기후 거버
넌스의 주요 행위자로 자리 잡았음을 보여 준다.

리우 회의는 브라질 내 참여적 환경 거버넌스의 출발점이기
도 했다. 과거 행정 관료의 중앙 집권적 정책 결정 구조에서 벗어
나 정부·시민 사회·NGO·학계·토착 공동체가 함께 환경 정책을
논의하는 제도적 틀이 형성되었다. 환경 영향 평가제(EIA/RIMA),
'지속가능발전위원회(CDS)', '시민 환경위원회(Conselhos de Meio
Ambiente)' 등의 설립은 이러한 협력 구조를 제도화한 결과였다. 이
를 통해 정책의 정당성과 현장 대응력은 강화되었으며, 브라질은
환경 행정을 단순한 통제에서 사회적 조정과 참여의 장으로 발전
시켰다.

1990년대는 브라질이 환경을 단순한 개발의 제약이 아니라 국
가 발전의 조건으로 확립한 시기였다. 리우 회의는 헌법적 환경권
의 국제적 실현장이 되었고, 브라질 환경부의 창설과 명칭 변천
은 그 이념이 국내의 행정 제도로 구현되는 과정을 보여 준다.
오늘날 환경·기후변화부의 존재는 이러한 역사적 연속선상에
서, 브라질이 지속 가능한 개발을 실질적 국가 비전으로 구현함
을 상징한다.

3 〈환경범죄법〉의 제정과 활용

1992년 리우 회의 이후 브라질에서는 1998년 〈환경범죄법(Lei de Crimes Ambientais)〉(법률 제9605호)이라는 연방법이 제정되었다. 〈환경범죄법〉은 1988년 연방 헌법 제225조가 환경을 "현재와 미래 세대의 공동 권리"로 선언한 이후, 환경 보호를 형사적으로 보장하기 위해 제정된 법이다. 이 법은 이전까지 흩어져 있던 〈산림법〉, 〈수산법〉, 〈공중보건법〉, 〈동물보호령〉 등 개별 규정을 통합해 환경 범죄에 대한 일관된 법적 구조를 마련한 최초의 종합법으로 평가된다.

〈환경범죄법〉은 총 82개 조문으로 구성되어 있으며, 형법상의 일반 원칙을 보완하는 특별법적 성격을 지닌다. 환경을 훼손하는 모든 행위를 형사 처벌의 대상으로 명시하고, 개인뿐 아니라 법인에도 형사 책임을 부과한다는 점에서 실효성을 강화했다는 의미가 있다. 이는 브라질 형사법 체계에서 법인의 형사 책임을 최초로 명문화한 사례로, 환경 파괴의 주요 주체가 개인보다 기업 활동이라는 현실을 반영한다.

〈환경범죄법〉은 다섯 개의 주요 범주로 구성된다. 첫째, 오염 행위나 유해 폐기물 방출, 환경 규제 위반 등을 포함하는 '환경 일반 범죄', 둘째, 불법 사냥, 포획, 밀매, 서식지 파괴 등을 포함하는 '야생 동식물 관련 범죄'; 셋째, 산림 훼손, 불법 벌목, 방화 등을 다루는 '식물 자원 관련 범죄', 넷째, 허위 보고나 환경 감시 불응 등 행정 절차를 방해하는 '행정적 방해 행위', 마지막으로 형벌, 과태료, 복원 명령 등 처벌 및 절차를 규정하는 '일반 규정'이다. 각 범죄는 금전적 벌금, 구류 또는 징역형 그리고 피해 생태계에 대한 복원 조치를 결합한 복합적 처벌로 구성된다. 이러한 복원 중심의 처벌 원리는 환경 피해의 회복을 목표로 하는 '생태적 정의'의 실현을 시도한다.

표 9·〈환경범죄법〉의 주요 범주 및 특징

범주	주요 내용	처벌 및 특징
환경 일반 범죄	오염 행위, 유해 폐기물 방출, 환경 규제 위반	벌금·구류·징역형, 복원 조치
야생 동식물 관련 범죄	불법 사냥·포획·밀매, 서식지 파괴	벌칙 및 생태계 복원 의무
식물 자원 관련 범죄	산림 훼손, 불법 벌목, 방화	형사 처벌, 복원 조치
행정적 방해 행위	허위 보고, 환경 감시 불응, 행정 절차 방해	행정·형사 제재
일반 규정	형벌, 과태료, 복원 명령 등 절차 규정	복원 중심 처벌 원칙 명문화

이 법이 특히 주목받는 부분은 야생 동물의 불법 거래 문제에 관한 규정이다. 브라질은 세계에서 가장 풍부한 생물 다양성을 보유한 국가로, 불법 거래의 주요 원산지이자 경유국이 된다. 야생 동물 밀매는 마약과 무기 밀매에 이어 세계에서 세 번째로 수익

성이 높은 불법 산업으로 꼽히며, 국내에서도 심각한 환경 범죄로 인식된다. 이에 관하여 〈환경범죄법〉 제29조는 무허가로 야생 동물을 사냥하거나 포획, 운반, 판매, 보유하는 행위를 명확히 금지하며, 이를 위반하는 경우 최대 1년의 구금형 또는 벌금형에 처할 수 있도록 규정한다.

브라질 〈환경범죄법〉은 헌법 제225조가 선언한 환경권의 실현을 위한 구체적 수단이기도 하다. 헌법은 모든 국민이 생태학적으로 균형 잡힌 환경을 누리는 권리를 가지며, 이를 수호할 의무를 국가와 사회에 부과한다고 명시한다. 이 법은 헌법적 선언을 실제 형사적 제도로 구현한 사례로, 헌법적 책무를 수행하는 법률로 이해할 수 있다. 나아가 환경 보호 의무를 위반한 행위에 명확한 책임 구조를 부여함으로써 환경권의 실질적 보장을 강화하는 역할을 한다.

브라질은 1992년 리우 회의 이후 체결된 다자간 환경 조약의 주요 체약국으로, 〈환경범죄법〉은 〈기후변화협약〉, 〈생물다양성협약〉, 〈사막화방지협약〉 등 국제적 규범과 조화를 이루도록 설계되었다. 이는 브라질이 국제법상 '예방 원칙'과 '공동의 그러나 차별화된 책임 원칙'을 국내법으로 수용한 대표적인 사례로, 국가의 환경 보호 의무를 실정법적 차원에서 구체화한다.

그러나 이 같은 진일보한 입법에도 불구하고, 〈환경범죄법〉은 실제 집행 단계에서 몇 가지 한계를 드러냈다. 가장 큰 문제는 이 법이 규정하는 범죄에 대한 비교적 가벼운 형량에서 비롯하는 법 집행의 효과다. 이 법에서 규율하는 다수의 범죄는 1년 이하의 구금형으로 규정되어 있어서 경범죄로 처리되고, 기소 유예나 조건부 석방이 일반적이다. 그 결과 대규모 오염 사건이나 반복적 불법 채취 행위조차 실질적 처벌 없이 종결되는 경우가 많았다.

이 법의 또 다른 한계는 감시·집행 기관의 구조적 취약성에서 비롯한다. 법의 집행은 '브라질 환경·재생자원청(Brazilian Institute of Environment and Renewable Natural Resources, IBAMA)', 연방 경찰, 주 환경국 등이 분담하지만, 인력과 예산 부족, 행정 중복 등으로 인해 실효성이 떨어지고, 법은 종종 문서상의 보호 장치로만 남는다는 평가를 받는다. 또한 법인의 형사 책임이 명문화되어 있음에도, 실제로는 개인에 대한 처벌 중심으로 운용되어 대기업이나 공공 사업으로 인한 환경 파괴는 행정벌 수준에 머무는 경우가 대부분이다. 이는 법이 지향하는 '생태적 정의(Justiça ecológica)'의 실현이 여전히 어려운 현실임을 보여 준다.

브라질 '야생 동물 밀매 방지 네트워크(Rede Nacional de Combate ao Tráfico de Animais Silvestres, RENCTAS)'와 '국제형사경찰기구(International Criminal Police Organization, ICPO, 인터폴, INTERPOL)'는 야생동물 밀매가 지역 범죄를 넘어 국제적 조직범죄의 일부로 작동함을 지적한다. 불법 거래망은 마약, 무기, 인신매매 루트를 공유하며, 위조 문서, 자금 세탁, 부패와 결합해 복합적 형태로 작동한다. 따라서 〈조직범죄법〉과 연계해 보다 강력한 형사적 제재를 부과해야 한다는 비판이 제기된다. 또한 야생 동물 밀매는 생태적 피해뿐 아니라 동물 학대와 질병 확산 위험을 수반한다. 밀매 과정에서 다수의 동물이 운송 중 죽거나 고문당하며, 일부는 외래종으로 방출되어 토착 생태계를 교란하는 문제를 일으킨다. 이러한 현실을 고려하면, 법의 존재만으로는 충분하지 않으며, 엄격한 집행과 사회적 감시 체계가 병행되어야 한다.

브라질 학계와 실무계에서는 법의 형량을 강화하는 것을 넘어서, 생태 복원 명령, 지역 사회 봉사, 환경 교육 프로그램 참여 등 비형벌적 제재를 병행하는 복합적인 처벌 체계를 도입해야 한다는 제안을 내놓았다. 이러한 접근은 환경의 회복과 사회적 인식 개선을 목표로 하는 '복원적 환경형사정책'으로 평가된다. 이 법의 목적을 오염자 처벌에만 두지 않고, 피해 생태계의 복원과 사회 전체의 환경 의식 제고로 확장하려는 것이다. 이는 단순한 제재를 넘어 환경 거버넌스의 질적 변화를 추구하는 적극적 형사 정책의 전환을 의미한다.

〈환경범죄법〉은 브라질이 환경을 인권의 일부이자 형사적 보호의 대상으로 인정한 역사적 전환점이었다. 이 법은 헌법 제225조가 부여한 환경의 기본권적 지위를 현실화한 상징적 법률로서, 브라질이 환경 보호를 정의의 문제로 인식하게 한 결정적 계기로 남아 있다. 그러나 이 법의 존재만으로는 목표의 달성에 충분하지 않으며, 형량 강화, 법인 책임의 실질화, 행정 기관의 구조 개선, 사회적 감시와 교육을 통한 예방적 접근이 함께 이루어져야 한다. 특히 이러한 다층적 개혁은 법의 실효성을 높이고 환경 정책 전반의 지속 가능성을 확보하는 핵심 조건으로 평가된다.

4 〈대서양림법〉의 제정과 활용

1988년 헌법이 환경을 국가의 의무로 규정한 이후, 1990년대에는 대서양과 접하는 브라질 해안의 여러 숲(대서양림)을 살리기 위한 대통령령과 환경위원회 결의 등 여러 가지 임시 규제가 존재했다. 그러나 이러한 조치들은 대부분은 적용 범위가 불명확하고 과학적 근거가 부족하다는 평가를 받았고, 그 결과 브라질 대서양 해안의 숲과 생태계 보호는 행정적 혼란과 법적 공백에서 실효성을 갖추지 못하는 상황이었다. 이러한 문제를 해결하고자 2006년 12월 22일, 수년간의 논의 끝에 〈대서양림법〉이 제정되었다.

브라질의 〈대서양림법(Lei da Mata Atlântica)〉(법률 제11428호)은 브라질 헌법 제225조가 선언한 "모든 국민의 건강하고 균형 잡힌 환경에 대한 권리"를 법률로 구체화한다. 이 법은 전체 51개의 조항으로 구성되어 있으며, 그 핵심은 생물 다양성이 가장 높은 생태계인 이 지역 '마타 아틀란티카'를 "국가의 자연유산"으로 선언하고, 그 이용과 보전을 체계적으로 규율한다. 기존의 산림법이 숲의 '이용'에 초점을 두었다면, 〈대서양림법〉은 '보전과 복원'을 법적 의무로 격상했다.

이 법률의 규정에 따라서, 이 지역의 벌목, 채취, 건설 등 모든 행위는 해당 식생의 생태적 상태와 천이 단계(초기·중기·후기)에 따라 허가 여부가 달라진다. 원시림과 중·후기 단계의 이차림은 원칙적으로 벌목과 전용이 금지되고, 초기 단계의 이차림만이 환경 영향 평가와 복원 계획을 전제로 제한적으로 이용될 수 있다. 이러한 구분은 생태계의 회복력과 연속성을 고려한 것으로, 법이 지향하는 '생태적 정의'를 잘 보여 준다.

〈대서양림법〉은 보호 대상을 '숲'에 한정하지 않고, 생태적으로 연관된 다양한 환경을 포괄한다. 하천변, 습지, 맹그로브, 사빈, 산정부 초지, 섬 식생 등도 모두 법의 적용을 받는다. 이러한 법 적용의 다양한 대상은 대서양림이 단일한 숲이 아니라 산지와 평야, 해안과 내륙에 걸친 복합 생태망이라는 점을 반영한다. 특히 고지대 초지와 바위 지대는 토양이 얕고 식생이 희박하지만, 고유종의 비율이 높아 생태학적으로 중요한 지역으로 평가된다. 법은 이러한 연관 생태계까지 포함해, 파편화된 보호 체계를 하나의 통합적 생태권으로 묶어 냈다.

이 법의 제정이 과학적 근거 위에 세워졌다는 점에서도 의미가 있다. 과거에는 산림의 '천이 단계'를 평가하는 객관적 기준이 없어 행정 기관들 사이의 판단이 달랐고, 허가·불허의 일관성도 부족했다. 그러나 〈대서양림법〉은 천이 단계별 분류 기준을 생태학적·구조적 특성에 따라 명시적으로 구분했다. 대서양림 지역에는 전통 공동체, 토착민, 소농이 오랫동안 살아왔는데, 이 법은 이들의 생계와 문화적 활동이 환경에 미치는 영향을 최소화하는 범위 내에서 지속 가능한 이용을 인정한다. 따라서 이 법은 단속과 처벌 중심이 아닌 공동 관리와 환경 교육으로 주민의 참여를 유도하고, 환경 보호를 '국가의 통제'가 아닌 '사회적 협력'으로 접근하고자 했다.

〈대서양림법〉은 국제적 맥락에서도 중요한 부분이 있다. 이 법은 브라질이 1992년 리우 회의 이후 체결한 여러 다자 환경 협약, 특히 〈생물다양성협약〉과 유엔 〈사막화방지협약〉의 국내 이행을 위한 법적 장치로 기능한다. 이 법은 글로벌 차원의 생태적 의무를 국내 실정법으로 전환한 대표적인 사례이며, 브라질의 생태 보전 정책이 행정 규제에서 헌법적·형사적 보호로 발전하는 전환점을 보여 준다. 법의 구조는 공간(생태권역), 시간(천이 단계), 행위(보전·이용·복원), 주체(국가·주·지역 공동체)를 포괄하는 통합적 틀을 갖췄으며, 대서양림을 경제적 자원이 아닌 '공동의 생태적 유산'으로 재정의했다는 점에서 그 의의가 크다.

그러나 〈대서양림법〉은 실제 집행 단계에서 다양한 구조적 한계를 노출하기도 했다. 이 법이 선언한 이상과 현장의 현실 사이에는 여전히 여러 가지 차이가 존재한다. 이러한 괴리는 법의 복잡한 구조, 지방 행정의 집행 역량 부족 그리고 지속되는 경제적 개발 압력에서 비롯한다. 특히 이러한 한계들은 법의 보호 대상인 생태계와 지역 사회에 실질적인 영향을 미치며, 법적 목표 달성의 효율성을 저해하는 주요 요인으로 작용한다. 이 법의 문제점을 다음같이 구체적으로 정리할 수 있다.

첫째, 법의 핵심 개념인 '천이 단계' 기준의 적용이 일관적이지 못하다. 대서양림은 다양한 식생 형태를 포함하는 복합 생태계지만, 각 지방의 행정 기관은 이를 구체적으로 구분하고 평가할 과학적·기술적 기준이 충분히 정립되어 있지 않다. 예를 들어, 산타카타리나주에서는 천이 단계를 구분하기 위한 현장 식생 조사 결과가 조사자마다 다르게 나타났으며, 행정 기관이 이를 허가·

표 10·〈대서양림법〉의 특징과 의의

구분	내용
법의 핵심 목적	대서양림을 국가의 자연유산으로 선언, 보전과 복원을 법적 의무로 규정
보호 대상	숲뿐 아니라 하천변, 습지, 맹그로브, 사빈, 산정부 초지, 섬 식생 등 생태적으로 연관된 다양한 환경 포함
이용·보전 기준	벌목, 채취, 건설 등 모든 행위는 식생의 천이 단계(초기·중기·후기)에 따라 허가 여부 결정(원시림·중·후기 단계 이차림: 원칙적 금지, 초기 단계 이차림: 환경 영향 평가 및 복원 계획 조건부 제한적 이용 가능)
과학적 근거	천이 단계별 분류 기준을 생태학적·구조적 특성에 따라 명시
지역 공동체 고려	전통 공동체, 토착민, 소농의 지속 가능한 이용 인정, 공동 관리와 환경 교육으로 참여 유도
국제적 맥락	1992년 리우 회의 이후 체결된 다자 환경 협약(〈생물다양성협약〉, 〈사막화방지협약〉 등)의 이행 장치, 글로벌 생태 의무의 국내법 수용
법적 구조	공간(생태권역), 시간(천이 단계), 행위(보전·이용·복원), 주체(국가·주·지역 공동체) 포함의 통합적 틀
의의	대서양림을 경제적 자원이 아닌 '공동의 생태적 유산'으로 재정의, 헌법적·형사적 보호로 발전시키는 전환점

불허의 기준으로 일관되게 적용하지 못했다. 실제 조사에서는 동일 지역의 식생이 어떤 곳에서는 '중기 단계'로, 또 다른 곳에서는 '초기 단계'로 분류되는 사례가 빈번히 보고되었다. 이는 법의 적용을 불확실하게 만들고, 이 법의 보호 대상과 이용이 허락되는 대상이 모호하게 뒤섞이는 결과를 낳았다.

둘째, 감시·집행 기관의 구조적 취약성 역시 심각한 문제로 지적된다. 마타 아틀란티카가 속한 주 정부의 환경국과 연방 환경청(IBAMA)은 인력과 예산이 부족하고, 현장 점검이나 모니터링을 위한 기술적 지원이 미비하다. 특히 불법 벌목, 방화, 농지 확장 등으로 인한 산림 훼손 사례가 꾸준히 보고되지만, 실제 행정 제재는 대부분 벌금형이나 가벼운 행정 처분에 그친다. 브라질의 환경법 체계에서는 형사 처벌 조항이 존재하더라도, 실무적으로는 대체로 '경범죄'로 평가되어 기소 유예나 조건부 석방으로 종결되는 경우가 많다. 이러한 결과로 법의 억제력이 약화하고, 기업이나 대규모 토지 소유자들이 제재를 회피하는 사례가 반복된다.

셋째, 브라질 〈신산림법〉(법률 제12651호)과의 충돌 문제도 집행의 주요 장애 요인이다. 2012년에 개정된 이 새로운 산림법은 〈식생보호법(Lei de Proteção da Vegetação Nativa)〉으로도 불리며, 농경지 내 보호 구역 설정과 복원 의무를 규정한다. 그러나 이 법의 적용 범위가 〈대서양림법〉과 중첩되면서, 두 법의 해석과 집행에서 혼란이 발생했다. 〈대서양림법〉은 대서양림의 천이 단계와 지역별 식생 특성을 기준으로 보호를 강화하는데, 〈신산림법〉은 전국 단위의 일반적 기준을 적용한다. 그 결과 일부 주에서는 두 법의 조항이 충돌하거나 중복되어, 어느 법을 우선 적용해야 하는지가 불분명한 상태로 남아 있다. 이러한 문제로 정부의 환경 허가 절차가 지연되고, 개발 사업자가 법적 모호성을 이용해 규제를 우회하는 사례도 발생한다.

넷째, '환경등록제(Cadastro Ambiental Rural, 이하 CAR)' 같은 제도적

도구가 충분히 작동하지 못한다. CAR은 농지 단위로 보호 구역과 복원 의무를 기록·관리하는 시스템이지만, 대서양림 지역의 많은 사유지가 아직 등록되지 않았고, 이미 등록된 경우에도 공공 토지와 중복되는 사례가 다수 발견된다. 특히 84% 이상의 등록 필지가 0.5헥타르 미만의 결손(Área de Preservação Permanente, Reserva Legal 부족분)을 가지지만, 나머지 결손은 대규모 농지에 집중되어 있다. 이는 복원의 부담이 소규모 농민에게 과중하게 돌아가고, 대형 토지 소유자가 상대적으로 제재를 회피할 불균형 구조를 낳는다.

다섯째, 복원 정책의 실행력 부족 또한 뚜렷한 한계로 나타난다. 〈대서양림법〉은 훼손된 지역의 생태 복원을 명시하나, 구체적인 이행 절차나 재정적 지원 체계는 미비하다. 복원을 위한 기술적 기준이나 모니터링 체계가 마련되어 있지 않아, 실질적인 생태복원보다는 형식적 복원 조치로 대체되는 경우가 많다. 2008년 이후 위성 자료 분석에 따르면, 대서양림에서 새롭게 훼손된 지역의 면적이 복원된 지역보다 많았으며, 특히 환경 등록이 완료된 토지조차 지속적으로 산림을 잃는다. 이는 법이 존재하더라도 실질적 감시와 사후 조치가 미흡하면 훼손이 계속될 수 있음을 보여 준다.

여섯째, 이 법의 내용과 현실 사이의 괴리도 문제로 지적된다. 〈대서양림법〉은 모든 벌목과 전용 행위에 환경 영향 평가를 요구하지만, 소규모 농민이나 지역 공동체가 이러한 절차를 감당하기는 어려운 것이 현실이다. 복잡한 서류 절차와 비용은 합법적 이용을 어렵게 만들고, 오히려 비공식적·비허가적 이용을 조장하는 부작용을 낳는다. 이러한 현실은 법의 신뢰도를 떨어뜨리고, '법은 존재하되 실질적 보호는 없다'는 비판으로 이어진다. 따라서 법과 제도의 실효성을 확보하기 위해서는 지역 주민의 경제적·행정적 부담을 낮추고 현장 중심의 지원 체계를 확립하는 것이 필수적이다.

표 11·〈대서양림법〉 집행상의 주요 문제점

문제 영역	핵심 문제	영향
천이 단계	식생 구분 기준 모호	법 적용 불확실, 보호·이용 대상 혼재
감시·집행	인력·예산 부족, 점검 미비	불법 행위 반복, 법 억제력 약화
법 충돌	산림법과 〈대서양림법〉 중복/충돌	환경 허가 지연, 규제 우회 가능
환경등록제	등록 미완·결손 불균형	소규모 부담 과중, 대규모 회피
복원 정책	이행 절차·지원 부족	형식적 복원, 산림 훼손 지속
법·경제 괴리	절차 복잡·비용 부담	합법적 이용 어려움, 법 신뢰도 저하

결국 〈대서양림법〉은 브라질에서 생태 보전의 이념을 실현하기 위한 제도적 진전임에도, 현실적 운영에서는 법적 복잡성, 행정적 미비, 경제적 불균형으로 인해 완전한 효과를 거두지 못하는 현실에 놓였다. 학계와 환경 단체는 이 문제를 해결하기 위해서 몇 가지 보완책을 제시했다. 천이 단계 분류 기준을 과학적으로 표준화하고 전국적으로 통일된 현장 조사 지침을 마련할 것, 중앙

정부와 주 정부 사이의 권한 배분을 명확히 해 중복 행정과 책임 회피를 줄일 것, 생태 복원 명령을 실제로 이행할 수 있도록 재정적 지원이나 세제 혜택을 부여할 것, 지역 사회 기반의 공동 관리 체계를 강화해 주민 참여를 제도화할 것 등이 그것이다.

〈대서양림법〉은 브라질 연방 헌법이 명시한 환경권을 구체화한 대표적 성과지만, 여전히 법률의 집행과 현실 사이에는 구조적 불균형이 존재한다. 그러나 이 법은 브라질이 환경을 '자연의 보호 대상'을 넘어서 '사회 정의의 영역'으로 인식하게 한 상징적 전환점으로 평가된다. 〈대서양림법〉이 지향한 생태적 정의와 공동의 책임 개념은 향후 브라질 환경 정책이 나아가야 할 방향을 제시하며, 법의 완전한 실현을 위해 제도적 개선과 시민 참여, 과학적 관리가 함께 결합해야 함을 시사한다.

제 5 장

아마존에서 남극까지: 브라질 환경 논제의 현실과 과제

브라질 원주민의 권리와
생태-정치 충돌

1 1988년 헌법과 원주민의 원초적 권리

아마존에서 원주민의 삶을 이해하려면 1988년에 제정된 브라질 연방 헌법을 중심으로 살펴볼 필요가 있다. 이 헌법은 군부 독재가 끝나고 민주주의가 회복한 시기에 만들어졌으며, 당시 브라질 사회가 강조한 인권, 다양성, 시민 참여의 가치를 폭넓게 담아냈다. 특히 가장 중요한 변화는 원주민을 국가의 보호를 받는 대상이 아니라 고유한 권리를 지닌 역사적 주체로 처음 공식 인정했다는 점이다. 이는 원주민의 법적·정치적 지위를 근본적으로 재정립한 사건이었으며, 이후 브라질의 원주민 정책 전반에 새로운

기준을 제시하는 출발점이 되었다. 이 헌법의 제231조는 원주민
의 토지에 관하여 다음같이 규정했다.

표 1·1988년 브라질 연방 헌법 제231조 (원주민 토지 및 권리)

원주민은 그들의 사회적 조직, 관습, 언어, 신앙 및 전통과 함께, 그들이
전통적으로 점유해 온 토지에 대한 원초적 권리를 인정받는다. 연방 정부는 이
경계를 설정하고 보호하며, 그들의 재산을 존중하도록 보장할 의무가 있다.

제1항 원주민이 전통적으로 점유해 온 토지는 그들이 지속적으로 거주하는 지역,
생산 활동에 사용하는 지역, 그들의 복지와 신체적·문화적 재생산을 위해 필요한
환경 자원을 보존하는 데 필수적인 지역으로, 원주민의 사용 방식, 관습 및 전통에
따라 정의된다.

제2항 원주민이 전통적으로 점유해 온 토지는 그들의 영구적 소유를 목적으로
하며, 토지 내 토양, 강, 호수의 자원을 독점적으로 이용할 권리가 있다.

제3항 수자원(에너지 잠재력을 포함)과 원주민 토지 내의 광물 자원은 관련
공동체의 의견을 들은 후 국회의 승인 없이는 개발, 탐사 또는 채굴할 수 없으며,
채굴 결과의 일부는 법률로 정한 바에 따라 원주민에게 귀속된다.

제4항 이 조항에서 언급된 토지는 양도나 처분이 불가하며, 이에 대한 권리는
제한될 수 없다.

제5항 원주민 집단을 토지에서 강제로 이동시키는 것은 금지된다. 다만, 재해나
전염병으로 인한 위험이 있거나 국가 주권의 보호의 목적으로 필요한 경우에는
국회의 승인을 거쳐 이를 실행할 수 있으며, 이러한 경우에도 위험이 사라지면
즉시 원주민의 복귀가 보장된다.

제6항 이 조항에서 언급된 토지 점유, 소유, 권리 행사 또는 토지 내 자연 자원의
이용을 목적으로 하는 행위는 공익(연방 정부의 중요한 공익)에 해당하는 경우를
제외하고 무효이며, 법적 효력을 발생하지 않는다. 단, 선의로 점유한 개선 사항에
관하여 법률이 정하는 방식으로 보상을 청구할 수 있다.

제7항 제174조 3항 및 4항의 규정은 원주민 토지에는 적용되지 않는다.

브라질 헌법의 규정은 원주민의 사회 조직, 언어, 문화, 신앙이 지닌 고유성을 명확히 인정한다. 중요한 점은 이러한 권리가 국가가 나중에 부여한 것이 아니라 원래부터 존재하던 '원초적 권리 (original rights)'로 규정되었다는 사실이다. 이는 토지와 자원을 국가 소유로 편입하던 식민지적 관점과 단절하고, 원주민을 역사적 주변부에서 중심부로 되돌리려는 근본적 전환이었다. 이러한 규정은 원주민이 자신의 정체성과 삶의 방식을 스스로 선택할 주체임을 처음 법적으로 선언한 사례로, 공동체가 미래를 주체적으로 설계할 기반이 마련되었다는 점에서 큰 의미가 있다.

토지는 이러한 논의에서 핵심적 요소다. 브라질 헌법은 원주민이 전통적으로 점유해 온 토지를 공동체의 집단적 권리로 보호해야 한다고 규정한다. 이 토지는 개인 재산처럼 매매하거나 담보로 설정할 수 없으며, 공동체의 생존 기반으로 존중되어야 한다. 이는 토지를 경제적 자원이 아닌 삶의 터전으로 바라보는 원주민의 세계관을 제도적으로 반영한 조치였다. 이러한 전환을 통해 원주민의 생활 방식, 자연과의 관계, 공동체 구조가 법적으로 지탱될 장치가 마련되었고, 토지는 법적 권리이자 문화적·정서적 의미를 지닌 공간으로 새롭게 인정받게 되었다.

문화와 언어 또한 헌법이 보호하는 중요한 권리다. 비록 브라질의 공식 언어는 포르투갈어지만, 헌법은 특정 언어 규범을 강제하지 않았고 다양한 언어가 공존할 여지를 남겼다. 원주민이 자신의 언어를 지킬 권리는 단순한 문화 보존을 넘어 정치적·사회적 권리로 자리 잡게 되었다. 최근 브라질 헌법이 토착 언어인 니엥

가뚜어로 공식 번역된 사건은 이러한 흐름을 상징적으로 보여 주며, 원주민 언어가 국가의 공식 문서 체계 안으로 편입될 수 있음을 보여 주는 의미 있는 변화였다. 이로써 언어는 단순한 소통 수단을 넘어 국가 정체성을 구성하는 요소로 재인식되기 시작했다.

이 브라질 헌법은 원주민의 삶과 아마존을 둘러싼 법적 환경을 근본적으로 변화시켰다. 이 조항은 원주민의 언어와 문화, 토지에 관하여 새로운 관점을 제공했고, 원주민을 브라질의 문화적·생태적 다양성을 구성하는 핵심 주체로 자리매김하도록 했다. 결과적으로 이 헌법 규정은 아마존과 브라질 전체의 다문화적 정체성을 지탱하는 중요한 기반이 되었다. 또한 이 규정은 원주민 공동체가 스스로 삶과 미래를 주체적으로 설계할 법적·정치적 토대를 마련했다는 점에서도 중요한 의미가 있다.

아마존의 생태 및 언어 위기를 고려할 때, 헌법의 의미는 더 분명해진다. 언어는 공동체의 지식을 담는 그릇이며, 이 지식은 자연을 이해하고 돌보는 방식과 깊이 연결되어 있다. 토지는 이러한 언어와 지식이 살아 움직이는 삶의 터전이다. 언어, 지식, 토지는 서로 분리될 수 없는 하나의 생태적 체계를 이루며, 원주민 공동체의 삶 전체를 떠받친다. 헌법이 이 권리들을 '원초적 권리'로 명시한 것은, 원주민과 아마존을 존중하는 일이 브라질의 미래와 직결된다는 사실을 강조한다. 결국 원주민 권리를 보호하는 것은 곧 아마존 생태계를 지키는 가장 효과적인 방법이다.

그러나 헌법이 보장하는 권리가 현실에서 즉시 실현된 것은 아니다. 원주민 토지의 경계 확정 과정은 정치적 이해관계와 맞물려 오랫동안 지연되거나 중단되었다. 농업, 광업, 축산업 등 아마존과 깊게 연결된 대규모 산업은 원주민 토지 보호 정책과 종종 충돌했으며, 아마존이 브라질 경제의 핵심 개발 지역으로 여겨졌기 때문에 이러한 갈등은 반복해서 발생했다. 이러한 문제는 현재까지도 브라질 사회의 중요한 쟁점으로 남아 있다. 따라서 법적 권리만으로는 원주민 공동체의 현실적 보호를 담보할 수 없다는 사실이 분명히 드러난다.

헌법적 보호가 실제 변화를 만들기 위해서는 원주민의 목소리가 정책 결정 과정에 직접 반영될 구조가 강화되어야 한다. 원주민의 언어와 지식을 존중하는 일은 단순한 문화 보존을 넘어 아마존의 지속 가능한 미래를 함께 설계하는 공동 작업이기 때문이다. 이러한 참여 구조가 제도적으로 마련될 때 헌법이 약속한 권리는 현실에서 실질적인 변화로 이어질 수 있다. 이는 원주민 공동체가 국가 정책의 수동적 대상이 아니라 적극적 참여자로서 자신의 미래를 설계할 수 있음을 의미한다.

2 '시기 제한' 논쟁과 2023년의 전환점

아마존에서 원주민의 권리를 둘러싼 가장 격렬한 법적 쟁점 중 하나가 바로 '시기 제한(Marco Temporal)' 논쟁이다. 이 논쟁은 단순한 법 해석의 차원을 넘어서 브라질 사회가 원주민 토지를 어떤 관점에서 바라볼 것인지, 그리고 국가가 과거 발생했던 부정의한 결과를 어떻게 바로잡을 것인지와 관련된 근본적 갈등을 반영한다. 토지는 원주민 공동체의 생존 기반이자 정체성의 축이기 때문에 이 논쟁은 브라질 민주주의와 인권 체계가 어느 수준까지 확장할지 시험하는 장이 되어 왔다.

20세기 전반부터 브라질 정부의 개발 정책, 민병대 폭력, 농업·목축업 확장 등으로 다수의 원주민 공동체가 강제로 이주해야 했다. 1988년 브라질 연방 헌법은 원주민의 토지, 언어, 문화를 '원초적 권리'로 보장했지만, 헌법 제정 당시 일부 원주민이 강제 이주로 인해 전통적인 토지에 거주하지 못한 사례가 있었다. 일부 토지 소유자와 개발업자, 정치 세력은 헌법 제정 당시 원주민이 해당 토지를 점유하지 않았으면 토지권을 인정할 수 없다는 시기 제한 원칙을 제기했고, 원주민 공동체와 인권 단체는 역사적 강제 이주와 공동체의 연속성을 고려해야 한다며 반발했다. 이러한 다툼은 전국적 관심사로 확대되었고, 결국 원주민 토지권과 헌법 해석, 역사적 정의 문제를 브라질 연방 대법원에서 검토하기에 이르렀다.

2023년 브라질 연방 대법원의 판결은 중요한 전환점을 마련했다. 시기 제한 원칙은 1988년 헌법 제정 당시 원주민이 그 땅을 점유했는지를 토지권 판단 기준으로 삼으려는 접근이었지만, 많은 공동체가 폭력과 강제 이주로 인해 오래전부터 고향을 떠나야 했던 역사적 현실을 고려하면 이 기준은 실질적 정당성을 갖기 어려웠다. 이 사건에서 연방 대법원은 시기 제한을 폐기하며, 원주민 토지는 특정 시점의 점유 여부가 아니라 세대를 이어 온 역사적 점유와 공동체적 관계를 기준으로 보호되어야 한다는 헌법적 원칙을 재확인했다. 이는 원주민 권리가 정치적·경제적 상황에 따라 축소되어서는 안 된다는 점을 명확히 한 결정이었다.

연방 대법원의 판결은 원주민의 존엄성과 역사적 권리를 다시 인정했다는 점에서 의미가 있다. 특히 분쟁 지역 대부분이 아마존 열대우림에 위치한다는 점에서, 이 사건에 관한 연방 대법원의 판단은 환경 보존 문제와도 깊이 연결된다. 원주민 토지권이 강화되면 개발업자의 무분별한 삼림 훼손과 토지 수탈을 제어할 법적 기반이 마련되기 때문이다. 이는 브라질 정부의 아마존 보존 정책에도 새로운 추진력을 제공할 것으로 기대된다. 결국 이번 판결은 역사적 정의를 회복하는 동시에 아마존 생태계를 보호하는 데 필수적인 법적 장치를 강화한 사건으로 평가된다.

'시기 제한'이 비판받았던 이유는 원주민 영토가 단일 시점에 고정되는 것이 아니라 세대를 거쳐 이동·정착을 반복해 온 역사에서 형성된다는 점을 무시했기 때문이다. 브라질 헌법이 원주민의 권리를 '원초적 권리'로 규정한 것도 바로 이러한 역사적 연속성을 존중하기 위해서였다. 원주민의 토지는 국가가 새롭게 부여한 권리가 아니라 헌법 이전부터 존재해 온 고유한 권리라는 인식이 헌법적 토대였다. 따라서 시기 제한 원칙은 원주민 공동체의 실제 역사와 삶을 제대로 반영하지 못하는 제도로 평가될 수밖에 없다.

2023년 브라질 연방 대법원의 판결은 이러한 헌법 정신을 다시 명확히 하며, 원주민 토지를 공동체의 역사·관계·지속성에 기반한 권리로 재정립했다. 이는 브라질뿐 아니라 국제 사회에서도 중요한 의미가 있다. 아마존은 생태적 가치뿐 아니라 큰 경제적 이해관계가 얽힌 지역이기 때문에, 원주민 권리를 제약하려는 정치적 시도가 반복되었다. 시기 제한도 그중 대표적 사례였으나, 이번 판결은 역사적으로 부정의한 결과를 바로잡는 방향으로 법적 기준을 재조정했다는 점에서 상징적이다. 이 판결은 향후 원주민 토지권 분쟁에서 중요한 선례로 작용할 가능성이 크다.

특히 이 사건에 관한 연방 대법원의 판단은 원주민 권리를 단순한 문화적 보호의 대상이 아니라 적극적인 법적·정치적 권리로 이해해야 한다는 인식을 확산시켰다. 토지는 원주민에게 삶의 터전이자 언어와 지식이 유지되는 생태적 공간이기 때문에, 토지권 제한은 공동체의 문화·언어·지식 체계의 지속 가능성에도 직접적 영향을 미친다. 이 결정은 이러한 악순환을 차단한 조치로 평가될 수 있는데, 이에 따라 원주민 공동체가 자신의 토지와 자원을 스스로 관리하고 보호할 법적 근거가 강화되었다.

물론 이 판결이 모든 문제를 해결한 것은 아니다. 아마존 지역에서는 여전히 광업·농업·목축업 등의 대규모 개발이 진행되며, 원주민 토지 경계 획정의 행정적 지연 문제도 남아 있다. 그럼에도 2023년 판결은 브라질 국가가 원주민 권리를 어떤 기준으로 이해해야 하는지를 명확히 했다는 점에서 중요한 의미를 지닌다. 단기적 정치 변화에 흔들릴 정책과 달리, 헌법 해석에 기반한 사법적 기준은 장기간 유지될 강력한 구속력을 갖기 때문이다. 이는 향후 유사한 갈등 상황에서도 원주민 권리를 보호하는 중요한 선례가 될 수 있다.

　결국 시기 제한 논쟁은 토지권을 둘러싼 법적 기술의 문제가 아니라 브라질이 과거의 부정의한 결과를 어떻게 바라보고 어떤 미래를 선택할 것인지에 관한 문제였다. 2023년 대법원의 결정은 브라질이 아마존과 원주민 공동체를 고유한 역사적·문화적 주체로 존중하는 방향으로 다시 나아감을 보여 주는 역사적 이정표로 평가된다. 이 결정은 브라질 사회 전체가 원주민의 권리와 아마존 보전을 국가적 의무로 받아들이는 계기가 된다.

표 2·브라질 2023년 시기 제한 판결

항목	내용
판결 시기	2023년
주요 내용	원주민 토지를 공동체의 역사·관계·지속성에 기반한 권리로 재정립
의미	헌법 정신으로 역사적 부정의를 바로잡는 법적 기준 제시
정치·법적 영향	원주민 권리를 단순 문화 보호가 아닌 법적·정치적 권리로 인식
생태적 영향	토지권 보호로 공동체의 언어·문화·지식 유지 아마존 생태계 보호에 기여
한계	광업·농업·목축업 등 개발 압력과 토지 경계 확정 지연 문제 존재
선례적 가치	헌법 해석에 기반한 사법적 기준으로 장기적 권리 보호 가능 향후 유사 분쟁에서 중요한 선례
사회적 의미	원주민과 아마존을 역사적·문화적 주체로 존중하는 방향으로 진전 브라질의 국가적 의무로 받아들이는 계기

3 자칭 원칙과 언어·정체성의 정치학

아마존을 둘러싼 논쟁에서 언어는 한 공동체가 자신을 어떻게 규정하고 사회가 그들을 어떻게 대우하는지 결정하는 핵심 요소다. 언어는 이름을 통해 정체성을 드러내고, 이름은 곧 권력을 의미한다. 이러한 맥락에서 브라질의 원주민 정책에서 중요한 변화로 평가되는 것이 바로 '자칭(autodenominação)' 원칙이다. 2016년 브라질 '국립원주민재단(Fundação Nacional dos Povos Indígenas, FUNAI)'이 문서 작성 지침을 발표하며 공식 제도 영역으로 편입시킨 이 원칙은, 원주민을 외부에서 부르는 명칭이 아니라 공동체 스스로 사용하는 명칭을 따라야 한다. 이 변화는 원주민의 주체성과 정치적 지위를 근본적으로 재조정한 조치였다.

과거 브라질 행정 문서에서는 '부족'이라는 표현이 자연스럽게 사용되었다. 그러나 이 표현은 식민지 시대적 관습을 반영하며, 원주민을 현대적 시민 범주와 분리하는 효과를 가져 왔다. '부족'이라는 용어는 원주민을 발전 단계가 낮은 집단처럼 보이게 하는 서구 중심적 관념을 포함했다. 이러한 용어는 원주민을 브라질 시민권의 동등한 주체로 인정하기보다 주변화하는 기능을 수행했다. 따라서 최근 공식 문서와 정책에서 '부족'이라는 표현을 사용하지 않도록 하고, 대신 '원주민' 또는 각 공동체가 스스로 사용하는 고유한 명칭을 사용하도록 한 조치는 언어를 통한 권력관계를 바로잡는 중요한 변화였다.

이러한 자칭 원칙은 언어가 정체성을 규정하는 방식에 대한 깊은 이해에서 출발한다. 공동체는 자신들을 특정한 이름으로 부를 때 그 이름에 담긴 의미로 스스로 정의한다. 예를 들어 어느 원주민 공동체는 자신들의 이름을 조상, 영토, 자연과의 관계를 강조하는 방식으로 구성한다. 이는 그들의 언어와 문화가 그들이 어떤 존재인지, 어떤 세상의 일부인지에 대한 철학적 선언이라는 점을 보여 준다. 반면 외부에서 부여된 이름은 내부적 의미를 반영하지 못할 뿐 아니라 때로는 그 공동체의 정체성을 왜곡하거나 축소하기도 한다.

브라질 정부의 자칭 원칙 도입은 또한 언어를 보존하는 데 매우 실질적인 효과를 가져 왔다. 토착어가 사라질 위기에 놓여 있다는 사실은 이미 여러 연구로 지적되었다. 많은 원주민 언어는 수백 년 동안 자연 지식을 담아 왔지만, 젊은 세대가 포르투갈어를 중심으로 교육받는 환경에서 빠르게 위축된다. 그런데 자칭 원칙은 공동체가 자신들의 이름을 유지할 수 있도록 제도적으로 지원하기 때문에, 토착어 보존의 기반을 넓히는 효과를 낳는다. 이름은 언어와 분리될 수 없으므로, 자신들의 고유한 언어적 표현을 공식 문서에서 존중받는 경험은 공동체가 언어를 유지하려는 동기를 강화한다.

이러한 변화는 원주민의 정체성을 둘러싼 정치적 논쟁과도 연결된다. 오랫동안 브라질에서는 원주민 정체성을 다소 고정된, 전통적 생활 방식과 연결된 이미지로 이해해 왔다. 그러나 실제로 원주민 공동체의 문화는 유동적이고 다양한 방식으로 변화하며, 언어적 표현에도 반영되었다. 자칭 원칙은 공동체가 정체성을 현대적으로 재구성할 여지를 제공하고, 외부 사회가 그 변화에 따라 명칭과 인식을 조정하도록 요구한다.

이 모든 변화가 아마존의 생태·문화 보존과 연결되는 이유는 명확하다. 원주민의 언어는 그들의 자연 지식을 담으며, 토착 지식은 아마존을 지속 가능한 방식으로 이해하고 관리하는 데 필수적이다. 따라서 언어를 보존한다는 것은 아마존이라는 지구적 생태 공간을 유지하기 위한 중요한 조건이다. 공동체가 자신을 무엇이라고 부르는지, 그 이름이 어떤 언어로 구성되어 있는지는 결국 그들이 자연과 맺어 온 관계가 어떤 방식으로 지속할지를 결정한다.

자칭 원칙은 브라질이 아마존을 바라보는 방식이 바뀜을 보여준다. 국가가 원주민을 보호 대상이 아닌 주체로 인정하고, 그들의 언어와 이름을 존중하는 방향으로 이동한다는 신호다. 이러한 변화는 언어, 지식, 토지, 정체성이 긴밀히 얽혀 있는 아마존의 복합 생태 구조를 이해하는 데 필수적인 전환점이다. 이러한 전환은 브라질 사회 전체가 원주민의 권리와 아마존 보전을 단순한 정책적 선택이 아닌 국가적 의무로 받아들이는 계기가 되기도 한다.

4 아마존 개발과 생태 정치적 갈등

아마존은 세계 최대의 열대우림일 뿐 아니라 브라질 사회가 직면한 가장 복합적인 법적 전선이기도 하다. 이 지역에서는 토지권, 언어, 생태적 보존, 경제적 개발이라는 여러 문제가 서로 얽히며 반복적으로 충돌한다. 이러한 갈등은 단지 환경 문제나 지역 개발 수준의 논쟁이 아니라 브라질의 헌법이 어떤 사회적 가치를 우선시하는지 끊임없이 시험하는 정치적 현장이다. 따라서 아마존에서의 정책 결정은 단기적 경제 이익보다 장기적 사회·환경적 책임을 고려해야 함을 시사한다. 이러한 상황은 정책 결정자들이 단순한 법적 해석을 넘어, 역사적·문화적 맥락을 충분히 고려해야 함을 보여 준다.

원주민의 토지 경계 확정 문제는 그 중심에 서 있다. 1988년 헌법은 원주민의 영토를 국가가 보호해야 할 원초적 권리로 명확히 규정했지만, 현실에서는 이 권리가 언제나 온전히 보장된 것은 아니다. 아마존 지역의 토지는 농업, 광업, 목축업, 대규모 인프라 개발 등 다양한 경제적 이해관계에 의해 끊임없이 압박받는다. 많은 지역에서 토지 경계를 확정하는 행정적 과정이 지연되거나 중단되었고, 그 사이 원주민 공동체는 자신의 영토를 잃거나 접근할 수 없는 상황에 놓이기도 했다. 이는 헌법상의 권리와 현실 사이에 존재하는 간극이 얼마나 심각한지를 보여 준다. 따라서 법적 보호만으로는 원주민의 삶과 공동체 지속성을 충분히 보장하기 어렵다.

특히 최근 몇 년간 아마존 지역에서 빈발한 불법 점유, 삼림 벌채, 광산 개발 문제는 원주민 공동체에 직접적인 위협이 되어 왔다. 이를 둘러싼 갈등은 경제적 충돌을 넘어서, 국가가 헌법적 의무를 어떻게 이행하느냐에 대한 근본적 문제를 제기한다. 아마존은 그 자체로 가치 있는 생태 공간이며, 동시에 원주민의 언어·문화·지식이 유지되는 삶의 터전이다. 따라서 토지가 위협받을 때 언어와 지식도 함께 흔들리며, 이는 생태계 전체의 회복력에 영향을 준다. 결국 아마존 보호와 원주민 권리 보장은 상호 보완적이며 분리할 수 없는 과제임을 명확히 보여 준다. 상호 연결성은 정책 설계와 법적 판단에서 통합적 접근의 필요성을 강조한다.

이 같은 상황에서 2023년 브라질 연방 대법원의 판결은 중요한 변곡점이 되었다. 대법원은 '시기 제한' 해석을 폐기하며, 원주민의 권리를 특정 시점의 점유 여부에 따라 제한하는 것은 헌법이 보장한 역사적 정의와 맞지 않는다고 밝혔다. 이 판결은 원주민 공동체가 오랜 시간 겪어 온 부정의한 결과를 제도적으로 바로잡는 계기가 되었으며, 아마존의 토지권을 둘러싼 국가적 방향성을 재확인한 사건이었다. 판결 이후 브라질 의회에서는 이를 무력화하려는 시도가 이어졌지만, 국가 간·국내적 여론은 점차 헌법적 기준을 지키는 방향으로 움직인다. 이번 판결은 원주민 권리를 둘러싼 법적 기준을 장기적으로 강화하는 선례가 되었다.

아마존을 둘러싼 법적 갈등의 또 다른 축은 언어 정책이다. 아마존 원주민의 토착어는 수많은 자연 지식과 생활 방식이 담긴 저장고이며, 이 언어의 약화는 곧 생태적 지식 체계의 약화를 의미한다. 브라질 정부가 최근 원주민 언어 번역을 공식 문서에 포함하고, 원주민 공동체가 스스로 사용하는 명칭을 최우선으로 인정하는 자칭 원칙을 제도화한 것은 이러한 위기를 인식한 결과였다. 이는 단지 언어권 보장의 차원을 넘어, 원주민의 정체성과 생태적 지식을 보전하는 전략이자 국가 정체성의 확장을 의미한다. 언어 정책의 변화는 법적 보호와 문화적 존중이 상호 보완적으로 작동할 수 있음을 보여 준다.

아마존은 국제적으로도 큰 관심을 받는 지역이다. 삼림 파괴와 기후 변화 문제는 세계적인 우려를 낳았으며, 각국의 환경 단체·국제 기구·과학 커뮤니티는 아마존의 장기적 보존을 위한 법적·외교적 압력을 지속해서 행사한다. 국제적 시선은 브라질의 정책 결정에 큰 영향을 미치며, 국가 이미지와 외교적 신뢰도와도 직접적으로 연결된다. 따라서 아마존에서의 법적 갈등은 국내 문제에만 머물지 않고, 환경 외교와 국제 인권 규범의 차원에서도 해석할 필요가 있다. 국제 사회의 관심은 브라질 정부가 원주민 권리와 환경 보전을 균형 있게 고려하도록 압박하는 요인으로 작용한다.

근본적으로 아마존에서 벌어지는 법적 긴장은 토지 분쟁이나 언어 보존의 문제에만 그치지 않는다. 그것은 브라질이라는 국가가 어떤 미래를 선택할 것인지에 대한 질문이다. 원주민이 자신들의 영토와 언어를 유지할 수 있도록 보장하는 것은 그들의 권리를 보호하는 일인 동시에 아마존이라는 고유한 생태 세계를 지키는 일이기도 하다. 생태계, 법 체계, 문화 체계가 서로 연결되어 있다는 사실은 아마존에서 특히 두드러진다. 토지는 원주민의 생활공간이며, 언어는 그 공간을 해석하는 방식이고, 지식은 그 공간을 지속시키는 힘이다. 따라서 아마존 문제는 브라질의 법적, 생태적, 문화적 지속 가능성을 시험하는 핵심 척도라고 할 수 있다.

따라서 아마존의 법적 전선은 브라질 사회가 앞으로 생태적 지속 가능성과 문화적 다양성을 어떤 방식으로 실현할 것인지에 대한 시험대다. 1988년 헌법이 제시한 원칙과 2023년 대법원의 판결은 그 방향성을 분명히 제시해 왔다. 그럼에도 갈등은 계속될 것이며, 아마존은 앞으로도 법적·정치적·생태적 논쟁의 중심에 서게 된다. 궁극적으로 브라질 사회가 선택하는 정책과 법적 판단은 아마존과 원주민 공동체의 미래뿐 아니라 국가 전체의 지속 가능성을 결정짓는 잣대가 된다.

02

아마존의 언어와 생태계 지식의 위기

1 아마존의 언어 생태계가 무너질 때

아마존은 언뜻 보기에 무한히 풍부한 숲과 물, 생명으로 가득한 공간처럼 보이지만, 그 이면에서는 눈에 보이지 않는 거대한 소멸의 흐름이 진행된다. 그중 하나는 바로 언어의 소멸이다. 언어는 그 지역 사람들의 삶의 방식, 자연을 이해하는 방식을 모두 담아내는 그릇이다. 그러나 브라질 전역에서 한때 약 1,000개에 달하던 토착어 가운데 약 800개가 이미 사라졌다고 알려져 있다. 이소멸은 자연스러운 변화가 아니라 식민지 시대 이래로 지속된 표준어 중심 정책 그리고 국가 단위의 동질성을 강조하는 제도적 환경에서 인위적으로 가속화된 결과다.

공동체의 기억, 식물과 동물의 이름, 계절을 읽어 내는 지식, 자연에서 위험을 감지하고 살아가는 법 같은 실천적 지혜가 모두 언어라는 매개를 통해 전승된다. 언어는 그 공동체가 세대를 거쳐 축적한 자연 해석의 체계이자 삶의 철학인데, 그 소멸은 공동체의 정체성과 자연관 전체가 함께 사라지는 일이기도 하다. 언어가 사라진다는 것은 단지 하나의 소통 수단이 없어지는 문제가 아니라 그 언어가 품었던 세계 자체가 사라진다는 의미다. 또한 언어를 잃는다는 것은 공동체의 과거뿐 아니라 미래의 가능성까지 함께 지워지는 것과 같다.

흥미로운 점은, 언어 생태계가 자연 생태계와 유사한 방식으로 움직인다는 사실이다. 한 생태계 안에서 다양한 종이 서로 영향을 주고받으며 균형을 이루듯, 언어 또한 관계를 맺고 상호 작용을 하면서 존속을 이어간다. 언어의 다양성이 사라지면 자연 생태계의 회복력이 떨어지는 것처럼, 언어 생태계 역시 단일화될수록 취약해진다. 학자들은 언어 사이의 관계가 자연 생태계의 구조적 유사성을 보여 주며, 언어 생태계의 변화를 통해 자연 생태계의 미래를 예측할 단서를 발견할 수 있다고 말한다. 이처럼 언어와 자연이 서로 가지는 의존성은 두 생태계가 결코 분리될 수 없는 하나의 거대한 시스템이라는 것을 보여 준다.

아마존 지역에서 벌어지는 언어 소멸의 속도는 특히 주목할 만하다. 여러 연구에 따르면 언어의 소멸은 지구 생태계가 붕괴하는 속도보다 더 빠르게 진행된다고 지적된다. 이는 단순한 통계적 수치를 넘어선 의미가 있다. 언어의 소멸이 자연환경·지식·문화의 소멸과 긴밀하게 연결되어 있기 때문에, 언어를 잃는다는 것은 그 지역이 지닌 자연의 미래까지 함께 약해진다는 뜻이다. 언어 생태계가 붕괴하면 자연 생태계를 이해하는 능력도 줄어들고, 이는 결국 생태계 전반의 위기를 앞당기는 요소가 된다. 결국 언어의 소멸은 단순한 문화적 손실이 아니라 생태적 위기의 촉진 요인으로 작용한다.

현재 아마존의 언어 생태계는 물리적 파괴보다 더 치명적인 침식을 겪는 중이다. 이곳 사람들의 언어 선택이 자발적 변화의 결과가 아니라 오랜 기간 누적된 정치적·사회적 압력에서 이루어졌기 때문이다. 언어의 소멸은 그저 사람들의 '선택'이 아니라 역사적 불평등이 낳은 구조적 현상이다. 아마존의 언어 생태계는 지금도 보이지 않는 거대한 무게의 압력 아래 있으며, 그 변화의 속도는 우리의 예상을 훨씬 뛰어넘을 정도로 빠르다. 이러한 현실은 언어 소멸이 개인의 선택 문제가 아니라 구조적 폭력의 결과임을 보여 준다.

더 나아가 이러한 아마존 언어 소멸의 흐름을 되돌리기 위해서는, 단순히 사라져가는 언어를 기록하는 것에서 그치면 안 된다. 이에 더해 공동체 내부의 언어 사용 환경을 되살리고, 교육·미디어·정부 정책 등 다양한 영역에서 토착어의 위상을 회복시키는 작업이 병행되어야 한다. 이러한 작업은 어느 한 언어를 '보존'하는 것을 넘어서, 해당 공동체가 세계를 바라보는 방식을 존중하고 그들이 자연과 맺는 관계를 재확립하는 과정이기도 하다. 언어를 지키는 일은 결국 생태계를 지키는 일과 같은 맥락에서 이해될 수 있다. 이는 언어 보전 정책이 문화 정책을 넘어 환경 정책의 일부로도 인식되어야 함을 시사한다.

표 3·아마존 언어 보전의 필요성과 방향

핵심 요소	내용
기록의 한계	기록만으로는 언어 소멸을 막기 어려움
공동체 환경 회복	일상적 토착어 사용 환경 재구축 필요
제도적 지원	교육·미디어·정책에서 토착어 위상 강화
의미 확장	언어 보전 = 공동체 세계관·자연관 회복
생태적 연계	언어 보전은 생태 보전과 직결됨
정책 시사점	문화 정책을 넘어 환경 정책으로 확대 필요

언어의 다양성은 인류 전체의 미래를 풍요롭게 하는 중요한 자산이기도 하다. 다양한 언어는 서로 다른 사고방식과 문제 해결 방식을 제공하며, 새로운 환경 변화에 대응할 집단적 지혜의 폭을 넓힌다. 아마존의 토착어가 보유한 생태 지식은 기후위기 시대에 더 절실한 자원으로 평가받는다. 따라서 언어의 다양성을 유지하는 것은 지역 공동체만의 과제가 아니라 인류 모두가 함께 풀어야 할 전 지구적 책무라고 할 수 있다. 결국 언어의 생존은 인류가 직면한 위기를 해결하는 데 전략적이고 필수적인 기반이다.

2 언어 생태계와 자연 생태계의 상관성

아마존 지역의 공동체가 사용하는 언어는 자연환경과 삶을 이어 주는 기본적인 매개체라고 할 수 있다. 원주민 공동체는 수백 년 동안 쌓아 온 경험을 언어로 전승해 왔다. 그 안에는 어떤 식물을 언제 채취해야 하는지, 어느 계절에 어떤 강물이 불어나는지, 특정 동물의 움직임이 어떤 기후를 예고하는지 같은 지식이 모두 담겨 있다. 이러한 지식은 문자 기록보다 일상적인 대화, 구술 전통, 이야기, 노래, 의례 등을 통해 자연스럽게 이어졌다. 따라서 언어가 약해진다는 것은 단순히 단어를 잃는 문제가 아니라 자연과 세계를 이해하는 방식이 사라지는 일이다. 결국 언어가 흔들리면 공동체가 세계를 해석하는 감각 자체가 약해진다.

예를 들어, 아마존 북서부 지역의 약용 식물 연구는 언어와 지식이 거의 같은 속도로 움직인다는 사실을 보여 준다. 이 지역의 약용 식물 관련 지식은 대부분 하나의 특정 언어를 통해서만 전승되며, 그 비율은 90%가 넘는다. 이는 그 지식이 다른 언어로 쉽게 옮겨지거나 대체될 수 없다는 뜻이다. 예를 들어 한 식물을 언제 채취해야 하는지, 어떻게 약을 만들어야 하는지, 그 약은 어떤 질병에 쓰이는지 같은 정보는 그 언어를 사용하는 공동체의 감각과 경험에서 형성된다. 이런 지식은 고유한 표현과 맥락에서만 정확히 이해되기 때문에 언어가 사라지면 지식도 함께 사라질 위험이 크다. 이곳에서 언어는 특정 생태 지식을 온전히 담아내는 틀이다.

따라서 자연이 그대로 남아 있다고 하더라도, 그 자연을 해석하는 언어가 사라지면 자연과 맺을 관계는 급격히 좁아진다. 숲에 같은 식물이 남아 있어도 그 독성 여부나 치유력 혹은 어느 계절에 효력이 강한지에 대한 정보가 사라지면 그 식물은 더 이상 활용 가능한 자원이 아니다. 식물에 대한 지식은 오랜 세대 동안 축적된 경험의 산물이며, 그 경험은 지역 언어의 표현 방식을 통해 보관된다. 결국 언어는 이 지식을 안전하게 담아 두는 저장고 역할을 한다. 따라서 언어가 사라지면 자연의 의미와 활용 가치도 함께 사라진다. 언어는 단순한 의사소통 수단이 아니라 자연과 인간을 연결하는 핵심 다리인 셈이다.

이러한 이유로, 언어 소멸의 속도는 단순한 문화적 손실을 넘어선다. 연구에 따르면 언어가 사라지는 속도는 자연 생태계가 파괴되는 속도보다 더 빠르다. 자연 훼손은 눈에 보이지만 언어 소멸은 보이지 않는 방식으로 조용히 진행될 뿐, 두 과정은 밀접하게 연결되어 있다. 언어가 약해지면 먼저 자연 지식이 무너지고, 그 결과 공동체는 자연을 이해하고 대응하는 능력을 잃는다. 이런 점에서 언어 소멸은 생태위기의 가장 빠른 신호라고 할 수 있다. 즉, 언어의 쇠퇴는 생태계 붕괴를 예고하는 가장 초기 경고음이다.

아마존에서 언어와 지식의 관계는 공동체의 생활 방식에서도 고스란히 드러난다. 많은 원주민 공동체는 자연을 살아 있는 존재로 여기며, 자연과 조화를 이루는 방식으로 살아간다. 이때 자연의 변화나 상태는 언어라는 틀 안에서 해석된다. 개울물의 색, 새의 울음소리, 바람의 방향, 숲의 냄새 같은 작은 단서들은 이야기

와 연결되며, 이러한 해석 방식은 특정 언어의 표현 체계에 담겨
있다. 그래서 언어는 자연을 해석하는 '사전'이자, 생존술을 기록
한 '백과사전', 공동체의 정체성을 담는 '역사책'이다. 이 사실은
언어가 단순한 도구가 아니라 세계를 바라보는 방식 그 자체임을
보여 준다.

아마존 지역의 지식 전승은 공동체 정체성과도 깊이 연결되어
있다. 약초를 채취하거나 자연 현상을 설명할 때 그 공동체 고유
의 이야기와 관념이 함께 전해지며, 그 서사는 언어를 통해서 구
현되므로, 언어는 지식을 전달하고 공동체의 정신을 만들어 낸다.
언어가 사라지면 지식 체계뿐 아니라 공동체의 정체성과 세계관
도 함께 무너진다. 따라서 언어의 유지 여부는 공동체의 문화적
생명력을 지탱하는 핵심 요소가 되고, 이 과정을 통해서 언어는
단순한 소통 수단을 넘어 공동체의 역사와 철학을 보존하는 역할
까지 수행한다.

표 4·아마존 언어-지식-공동체의 관계

핵심 요소	내용
언어의 역할	자연을 해석하고 생존 지식을 담는 틀
지식 전승	이야기·관념과 함께 언어로 이어짐
소멸의 영향	지식·정체성·세계관이 함께 붕괴
결론	언어는 공동체 문화의 핵심 기반

이곳에서 언어의 소멸이 빠르게 일어나는 이유는 자연환경 변화만이 아니라 사회적·정치적·역사적 압력 때문이다. 브라질은 법적으로 표준어를 강제하지 않지만, 실제 교육 제도에서는 특정 형태의 포르투갈어가 사실상의 표준으로 기능하며 토착어 사용을 제한한다. 이런 환경은 젊은 세대로 해금 토착어 대신 포르투갈어를 선택하게 만들고, 결국 언어와 지식을 더 빠르게 단절시킨다. 즉, 언어는 자연스럽게 줄어드는 것이 아니라 사회적 조건 때문에 빠르게 약해진다. 이처럼 언어 소멸은 개인의 선택이 아니라 구조적 불평등의 결과로 보아야 한다.

표 5·아마존 언어의 소멸 원인

핵심 요소	내 용
제도적 압력	교육 제도에서 포르투갈어가 사실상 표준으로 작동
사용 감소	젊은 세대가 토착어 대신 포르투갈어 선택
결과	언어·지식의 빠른 단절
핵심 원인	자연 변화가 아닌 사회·정치·역사적 조건
결론	언어 소멸은 구조적 불평등의 결과

이 같은 아마존의 사례는 브라질과 국제 사회 전체에 중요한 메시지를 준다. 언어의 소멸은 생태의 소멸보다 먼저 나타나며, 그 영향은 훨씬 더 깊고 넓다. 언어를 잃는다는 것은 말할 능력을

잃는 것이 아니라 자연을 인식하는 감각과 지혜, 그리고 오랜 세월 이어져 온 공동체의 기억을 잃는다. 언어는 지식을 담는 그릇이며, 자연과 인간을 이어 주는 다리다. 이 다리가 무너지면 자연은 사람들에게 더 이상 충분한 의미를 제공하지 못한다. 결국 언어를 보존한다는 것은 자연을 보전하는 일이며, 아마존 생태계의 지속 가능성을 지키는 중요한 출발점이라고 할 수 있다. 따라서 언어 보전은 생태위기에 대응하는 데 필수적인 첫걸음이다.

3 헌법과 교육 정책 속의 언어 이중 구조

브라질의 언어 정책을 보면, '공식적으로는 언어의 다양성을 인정하지만, 실제 운영에서는 하나의 언어만을 중심으로 굴러가는' 특유의 이중 구조가 보인다. 이러한 구조는 아마존의 언어 생태계와 원주민 공동체의 언어 보존 노력에 직접적인 영향을 미치며, 브라질 사회가 언어를 어떤 방식으로 제도화해 왔는지를 드러내는 중요한 지점이기도 하다. 이 모순된 구조는 언어 다양성 보장을 약속하면서도 현실에서는 단일 언어 중심주의가 강화되는 역설적 상황을 만들어 낸다.

먼저 헌법적 차원에서 브라질은 언어의 다양성을 배제하지 않는 형태로 체계를 설계했다. 1988년 제정된 브라질 연방 헌법 제13조는 포르투갈어를 국가의 공식 언어라고만 규정할 뿐 특정한 언어 변종을 표준어로 지정하지 않았다. 이는 곧 브라질 정부가 헌법적으로는 다양한 언어적 표현과 지역적 차이를 인정한다는 뜻이기도 하다. 표준어를 법적으로 고정하지 않는다는 점은 언어를 단일하게 규범화하지 않으려는 의지를 보여 주는 동시에 다양한 언어적 배경을 가진 집단을 배제하지 않으려는 제도적 선택으로 읽힌다. 헌법적 유연성은 잠재적으로 언어적 평등을 지향하는 제도적 기반을 마련해 준다.

표 6·1988년 브라질 헌법의 공식어 관련 조항(제13조)

항목	내용
공식 언어	포르투갈어
표준어 지정 여부	특정한 포르투갈어 변종을 표준어로 법적 지정하지 않음
기타 언어 규정	토착어·지역어 사용을 금지하거나 제한하는 조항 없음
의미	헌법적으로는 언어 다양성을 배제하지 않는 구조 유지

그러나 실제 교육 현장에서는 상황이 다르다. 브라질 교육부는 국가 교육 과정 기준을 통해 학교에서 사용하는 포르투갈어의 규범과 방향을 제시하는데, 이 과정에서 하나의 규범어가 사실상의 표준어처럼 기능한다. 헌법이 언어적 다양성을 제도적으로 보장하는데도 교육 시스템은 통일된 언어 지식 제공을 위해 특정한 형태의 포르투갈어를 기준으로 삼으며, 이는 결과적으로 학생들이 일상에서 사용하는 지역 언어나 토착어를 '비표준적'으로 인식하

게 만드는 효과를 낳는다. 따라서 학교는 제도적 언어 선택을 통해 언어 간 서열 구조를 강화하는 공간이 되기도 한다.

이러한 교육 정책은 언어 문제에서 파생된 사회적 가치 판단에도 깊은 영향을 미친다. 어떤 언어가 '표준'으로 설정되면 다른 언어들은 자연스럽게 비표준어로 분류되고, 이는 해당 언어를 사용하는 사람들에게 열등하다는 인식을 강화할 수 있다. 실제로 포르투갈어만을 교육의 중심에 두고 다른 언어적 배경을 배제하는 구조는 원주민 공동체에 자신들의 언어가 공교육의 장에서 설 자리가 없다고 느끼게 하는 원인이다. 언어는 개인의 정체성과 공동체의 문화적 기반을 이루는 핵심 요소이기 때문에 비표준어로 분류되는 순간 그 가치는 쉽게 훼손된다. 결과적으로 많은 원주민 청소년은 자신들의 언어 사용을 스스로 제한하거나 포기하는 상황에 내몰린다.

원주민들에게 포르투갈어는 '외국어'가 아니지만, 동시에 그들의 모국어도 아니다. 이 독특한 위치 때문에 '외국어로서의 포르투갈어'라는 표현을 사용하면 원주민이 무의식적으로 '국민'의 범주 밖으로 밀려나는 부작용이 생길 수 있다. 이는 원주민이 브라질 사회에서 어떤 위치를 차지하는지를 상징적으로 보여 주는 현상이다. 이 때문에 원주민 관련 용어와 언어 사용 방식은 매우 세심한 주의가 필요하며, 정부 기관에서도 이러한 문제를 인식하고 정책적 개선을 시도해 왔다.

2016년 브라질에서 발간한 공식 문서의 작성 지침서는 이러한 흐름을 잘 보여 준다. 이 지침서는 원주민을 지칭할 때 외부에서 부여된 명칭이 아니라 공동체 스스로 사용하는 이름, 즉 '자칭'을 사용할 것을 규정한다. 이는 원주민 공동체를 독립된 주체로 인정하고 언어적 호명 방식부터 차별을 제거하려는 시도이며, 토착어와 원주민 문화 보존을 위한 인식 개선의 일환이기도 하다. 언어는 사람을 부르는 방식부터 권력관계를 드러내기 때문에 이러한 용어 정책은 그 자체로 매우 중요한 의미가 있다.

결국 브라질의 언어 정책은 법적 차원에서는 다양성을 인정하지만, 교육 정책에서는 하나의 언어 규범을 중심으로 운영되는 복합적 구조를 가진다. 이 이중 구조는 표면적으로는 모순처럼 보이지만, 브라질이라는 거대한 다문화·다언어 국가가 균형을 잡아가는 과정에서 나타난 현실적 결과라고도 할 수 있다. 그러나 이 구조가 토착어 보존과 다양한 언어 생태계의 유지에 어려움을 주는 것은 사실이다. 특히 아마존 지역의 경우, 토착어는 자연 지식의 핵심적인 매개이기 때문에 언어 다양성을 보호하는 정책적 시도는 생태계의 보호에 직결된다.

이러한 이유로 브라질 사회는 점점 더 토착어의 중요성을 재평가하며, 언어 정책의 틀을 수정하려는 움직임도 나타난다. 언어를 둘러싼 제도적 환경은 원주민 공동체, 교육 체계, 생태적 지속 가능성이 얽혀 있는 복합 문제다. 이 문제를 해결하기 위해서는 헌법적 원칙과 교육 정책 사이의 거리를 좁히고, 언어 다양성이 실질적으로 존중받을 환경을 만드는 노력이 필요하다. 아마존의 언어 생태계를 지키는 일은 곧 그 지역의 지식, 문화, 나아가 미래의 생태적 균형을 함께 지키는 일이기 때문이다.

4 토착어 보존을 위한 제도적 노력과 사회적 변화

아마존 지역의 언어 생태계는 오랜 역사 동안 자연환경과 공동체의 생활 방식에서 유지되었지만, 현대 국가 체제와 교육 제도의 변화에서 급격한 압력을 받으며 흔들린다. 이러한 상황에서 브라질 정부와 원주민 공동체, 지역 사회는 토착어 보존을 위한 다양한 제도적·문화적 노력을 기울인다. 이러한 노력은 언어를 지키는 차원을 넘어 원주민의 정체성과 자연과의 관계를 복원하려는 시도로도 이해할 수 있다. 따라서 토착어 보존은 단순한 문화 보호를 넘어 아마존 생태계와 공동체의 지속 가능한 미래를 지키기 위한 필수적인 과제로 자리 잡았다.

브라질 정부는 원주민 관련 정책 전반에서 언어적·문화적 존중을 강화하는 방향으로 움직였다. 특히 주목되는 변화는 원주민을 지칭하는 용어 사용에서 드러난다. 과거에는 원주민 집단을 '부족'이라는 용어로 호명하는 것이 일반적이었으나, 오늘날에는 '원주민' 또는 '원거주민'이라는 표현 사용이 권장된다. 이 용어의 변화는 단어 선택의 문제가 아니라 원주민을 국민의 한 부분으로 확실히 각인시키려는 사회적 흐름을 반영한다. 외부에서 부여된 명칭이 아니라 공동체 스스로 사용하는 이름을 존중하는 방향으로 정책이 이동한 것은 그동안 주변화되어 왔던 원주민의 주체성을 공식적으로 인정하는 중요한 기준이다.

브라질 정부와 지역 사회는 토착어 보존을 위해 다양한 기관과 프로그램을 운영해 왔다. 대표적인 것이 1991년 아마조나스주 벤

자민콘스탄트(Benjamin Constant)시에 설립된 마구타 박물관(Museu Magüta)이다. 이 박물관은 브라질 최초의 원주민 박물관으로, 띠꾸나(Ticuna)족의 문화와 역사를 보존하고 전시하는 데 중점을 둔다. 여기에 더해 박물관은 지역 청년층을 대상으로 한 교육 프로그램을 운영하고, 토착어 관련 서적과 자료를 수집·소장하며 도서관 기능을 수행한다. 또한 외부 방문객이 실제로 원주민 문화를 체험할 수 있도록 하는 프로그램을 제공함으로써, 원주민 문화에 대한 사회적 인식을 개선하고 문화 다양성의 중요성을 널리 알린다.

이 박물관의 운영 방식은 문화 보존을 넘어서 원주민 공동체의 자주성과 문화적 존엄을 보호하는 방향으로 설계되어 있다. 공동체 스스로 문화 보존의 주체가 되도록 돕고, 토착어와 문화적 실천이 자연스럽게 이어질 수 있도록 지원한다. 이는 언어를 문화의 일부로 보존하는 것이 아니라 언어를 중심으로 한 공동체 전체의 삶을 존중하는 방식의 보존 모델이라고 할 수 있다. 보호와 존중이 병행되는 이러한 운영 체계는 지속 가능한 문화 보존의 한 사례로 평가된다.

브라질 사회에서 토착어 보존의 중요성이 커지는 또 다른 이유는 이러한 노력이 토착 문화와 함께 그 일부인 생태적 중요성을 가지기 때문이다. 앞서 언급했듯 아마존에서는 자연 지식의 대부분이 특정 언어를 통해 전승되며, 토착어는 숲과 강, 동물과 식물에 대한 지식의 저장고 역할을 한다. 따라서 토착어 보존 정책은 생태계 보존 정책과 직접 연결된다. 언어가 유지될 때만 자연 지식

항목	내용
이름	마구타 박물관 (Museu Magüta)
위치	브라질 아마조나스주 벤자민콘스탄트(Benjamin Constant)
설립 목적	티쿠나 원주민 문화와 언어 보존
운영	원주민 공동체 주도
기능	전통 지식 기록, 교육, 공동체 정체성 강화
중요성	토착어와 생태 지식 보존, 공동체 자율성 유지

이 정확하게 전승되고, 그 지식이 유지될 때만 생태계에 대한 이해와 대응이 가능하기 때문이다.

그러나 현실적으로는 여전히 많은 어려움이 존재한다. 빈부 격차 문제와 일부 집단의 동질성을 강조하는 정책은 언어 다양성을 실질적으로 보장하기 어렵게 만들며, 교육 현장에서 통일된 표준어 중심 운영은 토착어의 사용 기회를 제한한다. 그러나 최근의 법적·문화적 변화는 브라질이 언어와 생태의 관계를 새롭게 바라보는 점을 나타내는 신호다. 아마존 열대우림을 둘러싼 법적 판결과 토착어 번역 같은 상징적 사건들은 사회 전반에 중요한 방향성을 제시한다.

이처럼 아마존에서의 토착어 보존을 위한 노력은 공동체의 정

그림 1 · 마구타 박물관 외관

출처: gov.br

체성과 생태 지식, 나아가 자연 생태계 전체의 균형을 유지하기 위한 핵심 과정이다. 언어는 아마존의 자연을 이해하는 하나의 방식이며, 그 방식이 보존될 때만 숲의 미래도 함께 보존될 수 있다. 언어는 자연의 거울이고, 자연은 언어의 기반이다. 서로 의존적인 구조를 지키는 일이 오늘날 브라질 사회가 직면한 가장 중요한 과제 중 하나라고 할 수 있다. 나아가 토착어를 지키는 일은 단순한 문화 보호를 넘어 아마존과 지구 생태계를 지속 가능하게 하는 필수 전략이다.

03

남극의 국제법 · 환경법 규제 체제

1 '남극조약 체계'의 성립과 원칙

남극은 지구에서 가장 고립된 공간 중 하나이며, 그만큼 국제 정치가 가장 독특한 방식으로 작동하는 지역이기도 하다. 남극을 둘러싼 국제 규범의 출발점은 1959년에 체결된 〈남극조약(Antarctic Treaty)〉이다. 이 조약은 냉전이 본격화하던 시기에 탄생했음에도 불구하고, 군사적 경쟁이 아니라 과학적 협력을 중심 가치로 삼아 만들어진 보기 드문 국제 협정이었다. 당시 주요 국가들은 남극이 자원 경쟁이나 군사적 긴장의 무대가 되는 것을 막기 위해 이 지역을 인간 사회의 갈등과 분리된 공간으로 설정하는 데

동의했다. 이 조약은 이후 남극을 규정하는 모든 제도와 행동의 기반이 되었고, 지금까지도 가장 강력한 국제 규범 중 하나로 평가된다.

〈남극조약〉의 핵심 원칙은 세 가지로 요약된다. 첫째, 남극은 오직 평화적 목적을 위해서만 사용되어야 한다는 원칙이다. 이를 통해 군사적 활동, 무기 실험, 군사 기지 설치가 금지되었다. 이 조항은 냉전기에도 남극만큼은 군사적 경쟁에서 보호해야 한다는 국제적 공감대를 반영했다. 남극은 엄밀히 말해 '비무장 지대'가 아니라 '비군사적 공간'으로 규정되며, 과학 활동을 제외한 모든 군사적 개입이 금지된다. 이 원칙은 남극이 국제 안보와 평화를 유지하는 상징적 공간임을 확인시켜 준다.

둘째, 남극을 과학 연구의 중심지로 만든 핵심 원칙은 자유로운 과학 조사와 국제적 협력이다. 조약은 모든 국가의 과학자들이 남극에서 자유롭게 연구할 수 있도록 허용하며, 연구 결과 역시 투명하게 공유할 것을 요구한다. 남극이 지구의 대기, 기후, 해양, 빙하 변화를 이해하는 데 중요한 관측 지점이라는 점을 고려할 때, 이 조항은 전 지구적 환경 관리와 직결되는 규범이다. 남극을 특정 국가의 독점적 연구 공간이 아니라 인류 공동의 과학 실험실로 규정한다. 이러한 협력 구조 덕분에 남극 연구는 국가 경쟁을 넘어 인류 전체의 지식 발전에 기여할 수 있다.

셋째, 가장 독특한 원칙은 '영유권 동결' 조항이다. 여러 국가가 역사적으로 남극에 대한 영유권을 주장해 왔으나, 조약은 기존의 주장은 인정하되 새롭게 주장하거나 기존 주장을 확장하는 것을 금지했다. 이는 영토 분쟁이 남극에서 발생하는 것을 구조적으로 차단하는 장치였다. 이러한 규정 덕분에 남극은 세계 어디에도 속하지 않는, 그러나 모든 국가가 일정한 규범에서 접근할 독특한 법적 지위를 갖게 되었다. 이 원칙은 국제법에서 보기 드문 형태이며, 남극을 '국제 공동의 공간'으로 유지하는 핵심 기반이다. 결과적으로 남극은 영토 분쟁과 정치적 긴장에서도 벗어나 과학과 환경 보호의 글로벌 허브가 되었다.

표 8·〈남극조약〉의 원칙

원칙	핵심 내용
평화적 이용	군사 활동 금지, 남극은 비군사적 공간
자유로운 과학 연구	국제 협력, 연구 활동·결과 공유
영유권 동결	새 영유권 주장 금지, 분쟁 예방

〈남극조약〉을 기반으로 구체적인 조약들이 누적되었고, 이를 관리하는 '남극조약 체계(Antarctic Treaty System, ATS)'가 구현되었다. 이 체계의 특징은 한 번 만들어진 규범이 고정되는 것이 아니라 시간이 지나면서 더 넓은 환경 보호 규범을 포함하는 방향으로 확장되었다는 점이다. 이후 추가된 여러 의정서와 합의문들은 남극 생태계를 보호하기 위한 정교한 기준을 제시했는데, 특히 환경 보호의 정서는 남극의 동식물 보호, 오염 방지, 폐기물 처리, 관광·연구 활동의 영향 관리 등 구체적 기준을 마련함으로써 체계의 실

효성을 강화했다. 이러한 규범적 확장은 남극이 지구 환경 변화의 중요한 지표라는 인식이 국제 사회에서 더 강해졌음을 보여 준다.

남극조약 체계는 '국가 간 대립이 아닌 국제적 합의'에 기반한다는 점에서 특별하다. 이 체계를 따르는 국가는 남극에서 이루어지는 활동에 관한 책임을 지지만, 그 책임은 경쟁이 아니라 협력과 정보 공유를 통해 이행된다. 조약이 군사적 경쟁을 차단하고 경제적 개발을 통한 이익 추구를 금지하기 때문에, 참여국들은 남극에서 '무엇을 얻을 것인가'보다 '무엇을 지켜야 하는가'를 고민한다. 이러한 구조는 남극이 국제 정치에서도 독특한 윤리적 공간을 갖게 한 핵심적 요인이다.

이 체계가 지닌 힘은 법적 강제력보다 국제적 신뢰와 규범적 기대에서 비롯한다. 남극은 환경적으로 취약한 공간이기 때문에 한 국가의 일탈도 전체 생태계에 중대한 영향을 미칠 수 있다. 체계는 이러한 특수성을 인식하고 참여국에 높은 수준의 투명성을 요구하며, 연구 기지 운영이나 과학 활동이 환경에 미치는 영향을 최소화하기 위한 공동 대응을 촉진한다. 상호 감시와 공동 책임 구조는 남극을 평화와 과학의 공간으로 유지하는 데 중요한 역할을 해왔다.

남극조약 체계는 지구에서 가장 공유하기 어려운 공간을 공동 관리하기 위한 새로운 국제 모델로 평가된다. 영유권 경쟁과 군사적 갈등의 가능성을 제거하고, 과학 연구와 환경 보호를 핵심 가치로 삼는 이 체계는 오늘날까지 남극이 안정적인 연구 공간으로 기능할 수 있게 한 기반이다. 또한 이러한 체계는 국가 간 신뢰 구축과 국제 협력의 제도적 틀을 제공하며, 다른 극지방이나 지구적 환경 문제에 적용할 중요한 선례로 여겨진다.

2 남극조약 체계의 구현: 협의 당사국 지위

남극조약 체계에서 핵심적 지위를 갖는 집단은 '협의 당사국 (Consultative Party)'이다. 이 지위를 가진 국가는 남극 정책의 논의와 결정을 주도하는 핵심 그룹에 포함되며, 남극에서 이루어지는 과학 연구와 활동에 국제적 영향력을 행사할 수 있다. 그러나 협의 당사국 지위는 자동으로 주어지는 것이 아니라 남극에서 실질적인 과학 연구를 수행한다는 명확한 증거가 있어야만 획득할 수 있다. 다시 말해 협의 당사국이라는 것은 남극 과학 연구를 국가적 책임으로 받아들이는 것과 같다. 이러한 조건은 남극 참여를 선언적 외교가 아닌 실질적 과학 활동으로 평가하겠다는 조약 체계의 방식을 분명히 보여 준다.

협의 당사국은 〈남극조약〉의 해석과 운영에 직접 참여하며, 조약의 원칙이 실제 활동에서 제대로 지켜지는지를 함께 관리한다. 이는 남극이라는 국제 공동 공간을 어떻게 보호하고 활용할 것인지 의사 결정 권한과 의무를 동시에 갖는다는 의미다. 특히 군사 활동 금지, 환경 보존, 과학 협력이라는 조약의 근본 원칙을 실질적으로 이행하도록 책임지는 역할을 맡는다. 결과적으로 협의 당사국은 남극의 안정성과 투명성을 유지하는 데 핵심적인 관리자로 기능한다.

이 지위는 남극에서 과학적 연구 활동을 수행할 능력과 의지를 갖춘 국가에만 부여된다. 단순히 조약에 가입했다고 협의 당사국이 되는 것이 아니라 연구 기지 설치, 탐사 수행, 과학 자료 축적 등 지속적인 활동 기록이 필요하다. 이러한 기준은 남극 참여가 외교적 상징에 그쳐서는 안 되며, 실제 과학적 기여를 바탕으로 해야 함을 보여 준다. 협의 당사국의 권한은 바로 이러한 과학적 활동 위에서만 유지될 수 있다. 이 때문에 남극 진출을 원하는 국가는 과학 역량을 심화하는 것이 필수적인 전략이다.

또한 협의 당사국은 남극에서 진행하는 활동을 투명하게 보고해야 하고, 환경 기준을 준수하며 그 결과를 국제 사회와 공유할 의무가 있다. 남극 환경은 매우 취약하기 때문에 연구 활동이나 기지 운영이 생태계에 미치는 영향을 최소화하는 것이 필수적이다. 이를 위해 협의 당사국들은 서로 활동을 상호 점검하고 평가하는 구조를 발전시켜 왔다. 이러한 상호 감독과 공동 책임 구조는 남극조약 체계의 실질적 운영을 떠받치는 중요한 장치다. 이 구조는 남극을 국제 규범이 실제로 작동하는 대표적 공간으로 만드는 기반이 되었다.

협의 당사국 지위의 또 다른 의미는, 이 지위가 해당 국가의 '과학 외교' 역량을 보여 주는 지표가 된다는 점이다. 남극 활동은 과학적 성과뿐 아니라 국제적 신뢰, 환경 보호 의지, 국제 규범 준수 능력을 모두 평가받는 영역이기 때문이다. 따라서 협의 당사국이라는 것은 남극 보존과 관리에 대한 국제적 책임을 수행하겠다는 선언이기도 하다. 그만큼 협의 당사국 지위는 과학·외교·환경 정책이 결합된 복합적 국가 역량을 요구한다.

브라질의 사례는 이 지위가 갖는 의미를 잘 보여 준다. 브라질은 1975년 〈남극조약〉에 가입한 뒤 1983년에 협의 당사국이 되었다. 이 과정에서 브라질은 적극적으로 남극 탐사를 준비하고 연구 인력을 파견하며 기지 건설을 계획했다. 1976년 영국의 초청으로 브라질 해군 장교가 남극을 방문한 사건은 브라질의 남극 참여 의지를 상징적으로 보여 준 계기였다. 이러한 준비 끝에 설립된 코만단치 페하즈 기지는 브라질의 안정적 과학 활동 기반이 되었고, 이 활동 기록이 협의 당사국 지위를 인정받는 핵심 근거가 되었다. 이 사례는 협의 당사국 지위가 장기적 투자와 실질적 연구 활동을 필요로 한다는 점을 잘 보여 주는 대표적 예다.

협의 당사국 지위는 국가가 남극에서 무엇을 '할 수 있는가'를 정함과 동시에, 무엇을 '해야 하는가'를 명확히 제시한다. 남극에서 지속적인 과학 활동을 중단하거나 환경 보호 규정을 위반할 경우 이 지위는 유지될 수 없다. 이는 남극조약 체계가 국가 간 책임과 규범 준수를 중심에 두고 운영된다는 사실을 보여 준다. 즉 협의 당사국은 권한과 함께 엄격한 의무를 동시에 부여받는 구조에 있다.

결국 협의 당사국 지위는 남극을 과학의 공간으로 유지하려는 〈남극조약〉의 기본 정신을 실천하는 핵심 장치다. 이 지위는 국가의 과학 역량, 국제적 신뢰, 환경적 책임을 모두 요구하며, 극한의 공간을 공동으로 관리하기 위한 국제적 약속의 상징이기도 하다. 남극조약 체계가 60년 넘게 안정적으로 유지될 수 있었던 이유도

그림 2 · 리우 공항에 있는 러시아 남극탐험가 벨링스하우젠 동상

출처: 위키미디어

국가들이 이 구조를 통해 공동의 규범을 자발적으로 지켜 왔기 때문이다. 따라서 협의 당사국 제도는 남극이 갈등이 아닌 협력의 공간으로 남을 수 있도록 만든 남극조약 체계 내부적인 기반이라 할 수 있다.

3 브라질의 남극 진출: 제도적·외교적 과정

브라질이 남극에 진출한 과정은 국제 규범에서 국가의 위상을 재정립하려는 전략적 선택이었다. 〈남극조약〉이 1959년에 체결된 이후, 남미 국가들은 저마다 남극과의 지리적·환경적 연관성을 근거로 남극 활동의 필요성을 제기해 왔다. 그러나 브라질의 경우 본격적인 남극 참여까지는 비교적 시간이 걸렸다. 그만큼 브라질의 남극 참여는 신중한 준비와 제도적 기반 위에서 이루어진 것이었다. 이는 브라질이 단순한 상징적 참여를 넘어 남극에서 실질적인 역할을 하려고 했음을 보여 준다.

브라질이 〈남극조약〉을 비준한 것은 1975년이었다. 당시 브라질 정부는 남극을 국제적 영향력이 형성되는 전략적 공간으로 보기 시작했다. 남극은 기후 변화 연구의 핵심 지역일 뿐 아니라 해양·대기·빙하학 등 다양한 학문이 결합하는 과학적 관측 지점이다. 또한 남극에서 작동하는 국제 규범은 다른 지역과 달랐기 때문에, 조약 비준은 브라질이 남극조약 체계의 일원으로서 국제적 책임과 권리를 함께 부담하겠다는 선언이기도 했다. 이 시기 브라질의 선택은 국제 사회에서 과학 외교를 강화하려는 국가적 전략과도 맞물려 있었다.

1976년의 사건은 브라질의 남극 진출에 결정적 전환점이 되었다. 영국 정부는 브라질 해군 장교 루이스 안토니오 드 카르발류 페하즈(Luís Antônio de Carvalho Ferraz) 중령을 남극 탐사 임무에 초청했다. 이는 외교적 협력의 일환이었지만, 브라질에는 남극을 직접 경험하고 기초 자료를 확보할 중요한 기회였다. 페하즈 중령은 남극의 환경과 연구 조건을 직접 관찰하며 브라질 정부에 구체적인 진출 전략을 제안하는 데 핵심적 역할을 했다. 이후 브라질의 남극 기지에 그의 이름이 붙은 것도 이러한 공로를 기리기 위해서였다. 그의 보고는 브라질 정부가 남극 참여의 필요성을 체계적으로 인식하는 계기가 되었다.

이러한 준비의 결과, 브라질은 1983년 〈남극조약〉의 협의 당사국 지위를 획득했다. 이는 브라질이 남극의 미래를 결정하는 국제적 논의에 정식으로 참여할 수 있게 되었다는 의미였다. 협의 당사국이 되기 위해서는 남극에서 실질적인 활동을 수행한다는 객관적 증거가 필요했으며, 이를 위해 브라질 해군과 과학계는 긴밀히 협력해 탐사 계획을 준비했다. 극한 환경과 복잡한 규범에서 운영되는 남극 연구의 특성을 고려할 때 협의 당사국 지위 획득은 브라질의 과학·외교 역량이 국제적으로 인정받았다는 상징적 성과였다. 이는 브라질이 남극과 관련된 국제 규칙 형성 과정에서도 더 적극적으로 역할을 하는 기반을 마련했다.

협의 당사국 지위를 확보한 브라질은 1984년 킹 조지 섬에 첫 남극 연구 기지를 건설했다. 이 기지는 브라질의 남극 연구를 가능하게 한 핵심 인프라였으며, 대기과학·해양학·생물학·지질학 등 다양한 분야의 장기 연구를 수행할 기반을 마련했다. 극지 기지 건설은 극한 기후에 적응하고 지속 가능한 연구 환경을 조성해야 하는 복잡한 과정이었지만, 이를 통해 브라질은 안정적인 과학 활동 기록을 축적할 수 있었다. 이러한 성과는 협의 당사국 지위를 더 공고히 하는 근거가 되었다. 이 기지는 이후 브라질의 극지 연구 전략을 현실화하는 과학적 플랫폼으로 자리 잡았다.

브라질의 남극 진출은 남미 지역의 다른 국가들과 비교해도 독특한 특징을 가진다. 아르헨티나와 칠레가 지리적 근접성을 기반으로 일찍부터 기지를 건설하고 영유권적 관점을 병행했다면, 브라질은 외교적 접근과 과학 협력을 중심 전략으로 선택했다. 브라질은 영유권을 주장하는 대신에, 국제 규범을 준수하며 과학적 기여를 통해 영향력을 확대하는 방식을 택했다. 이러한 전략은 남극 조약 체계의 기본 정신과 잘 부합했고, 브라질이 국제 사회에서 신뢰를 구축하는 데 긍정적으로 작용했다. 결과적으로 브라질은 남극에서 '규범 준수와 과학 기여'를 기반으로 한 독자적 외교 모델을 구축하게 되었다.

브라질의 남극 진출 과정은 과학, 외교, 군사, 행정이 유기적으로 결합된 국가적 프로젝트였다. 해군은 탐사와 기지 건설을 수행했고, 과학계는 연구 설계와 학술 활동을 담당했다. 외교부는 국제 협의 구조에서 브라질의 역할을 조율했으며, 정부는 이를 뒷받침하는 제도적 기반을 마련했다. 여러 분야가 긴밀히 협력한 덕분에 브라질은 비교적 짧은 기간에 남극에서 안정적인 연구 시스템과 국제적 위상을 구축할 수 있었다. 이러한 통합적 접근은 브라질이 장기적으로 지속 가능한 남극 전략을 마련하는 데 중요한 토대가 되었다.

이 과정은 브라질이 남극을 국가의 미래 전략과 연결된 공간으로 인식하기 시작한 초기 단계이기도 했다. 이후 '남극연구프로그램(Programa Antártico Brasileiro, PROANTAR)'이 출범하고 기지가 확장되면서 브라질의 남극 활동은 더 체계화되고 전문화되었다. 이는 브라질이 남극을 단순한 연구 대상이 아니라 국제적 영향력 확대와 과학 외교의 장으로 재정립했다는 의미다. 이로써 브라질은 남극 분야에서 중견 과학국으로 자리매김할 발판을 마련하게 되었다.

표 9·브라질의 남극연구프로그램(PROANTAR)

구분	핵심 내용
설립 연도	1982년
목적	브라질의 남극 과학 연구 수행 및 국제적 책임 이행
운영 주체	브라질 해군(물류·기지 운영), 대학·연구 기관(과학 연구)
핵심 활동 분야	기후·대기, 해양, 생물학, 지질학, 환경 모니터링
주요 기반 시설	코만단치 페하즈 기지(브라질의 주요 남극 연구 거점)
국제적 역할	〈남극조약〉 협의 당사국 지위 유지와 과학 외교 강화
특징	다학제 연구, 환경 보호 중심, 국제 협력 중시
의의	브라질의 남극 활동을 제도화한 국가 전략 프로그램

4 국제 협력 네트워크: SCAR와 COMNAP

남극조약 체계가 안정적으로 유지될 가장 중요한 요소는 국제 협력이다. 남극은 어느 국가도 단독으로 관리하거나 연구하기 어려운 공간이며, 과학 연구·환경 관리·기지 운영·물자 지원 등 대부분의 활동이 여러 국가의 협력을 기반으로 이루어진다. 이러한 협력 구조의 중심에는 '남극연구과학위원회(Scientific Committee

on Antarctic Research, 이하 SCAR)’와 ‘국가남극프로그램운영자위원회
(Council of Managers of National Antarctic Programs, 이하 COMNAP)’라는
조직이 있다. 브라질은 이 두 조직에서 활발히 활동하며 남극에서
의 과학 역량과 운영 능력을 점진적으로 확장했고, 이러한 배경에
서 국제 협력은 남극이라는 특수한 공간을 장기적으로 안정화하
는 필수 조건이 되었다.

　SCAR는 남극조약 체계 형성 이후 남극에서 수행되는 과학 연
구를 조정하고 연구 정보를 공유하기 위해 설립되었다. 과학자 중
심으로 운영되는 SCAR는 정치적 이해보다 연구의 질과 국제 협
력을 우선시하며, 남극의 과학 생태계에서 핵심적인 역할을 한다.
브라질은 1984년 SCAR 가입 이후 기후·해양·생물·지질 등 다양
한 분야의 공동 연구에 참여해 왔으며, 이는 브라질이 협의 당사
국으로서 실질적 과학 기여를 지속한다는 중요한 근거가 되었다.
이처럼 SCAR는 남극 연구의 방향성을 설정하는 과학적 나침반
역할을 한다.

　SCAR는 각국의 연구 결과를 통합해 남극 환경 변화를 분석하
고, 이를 기후변화·빙하 역학·생태계 보존 같은 국제 과학 의제
와 연결한다. 남극 변화가 전 지구적 기후 시스템에 큰 영향을 미
치기 때문에, SCAR의 분석은 국제 환경 정책의 필수 자료로 활용
된다. 브라질의 연구자들은 이 플랫폼을 통해 남반구 기후 분석이
나 남극-아마존 기후 상호 작용 같은 분야에서 의미 있는 성과를
축적하며 국제 연구 네트워크에서 입지를 강화해 왔다. 이러한 과
학적 연계성은 남극 연구가 지구 전체를 이해하는 과정임을 보여

준다.

한편, COMNAP는 남극 기지 운영과 탐사 활동의 실질적 기반을 담당하는 네트워크로, 물자 운송·기지 건설·연료·장비 관리·폐기물 처리·안전 기준 등 운영 전반을 국가 간 협력으로 조율하는 역할을 한다. 남극은 접근과 유지가 어려운 환경이기 때문에 운영 협력은 과학 협력만큼이나 필수적이다. 결국 COMNAP는 남극에서 과학 활동이 가능하게 하는 실질적 토대를 제공하는 셈이다.

브라질은 COMNAP와의 협력을 통해 기지 운영과 탐사 활동에서 국제 기준을 충실히 적용한다. 브라질의 코만단치 페하즈 기지는 냉난방·연료 관리·폐기물 처리 등 모든 운영 절차에서 COMNAP 지침을 준수하도록 설계되었으며, 이는 남극 환경에 미치는 영향을 최소화하기 위한 핵심적 조치였다. COMNAP의 운영 기준은 취약한 남극 생태계를 보호하기 위해 필수적인 국제적 감시 체계를 제공한다. 이러한 노력은 브라질이 남극에서 '책임 있는 과학 활동'을 수행하는 국가로 자리매김하도록 만들었다.

SCAR와 COMNAP에서 이루어지는 브라질의 활동은 남극 참여가 단순한 연구 수행을 넘어 국제 과학 외교의 중요한 축으로 자리 잡았음을 보여 준다. 남극 연구는 예산·물류·기술·인력 등 복합적 자원이 필요한 분야이기 때문에, 이러한 국제적 협력 구조에 안정적으로 참여하는 것은 브라질의 과학 역량과 외교적 신뢰를 동시에 보여 주는 지표이기도 하다. 따라서 브라질의 참여는

구분	SCAR	COMNAP
성격	국제 과학 협력 기구	국제 운영/관리 협력 기구
목적	남극 과학 연구 조율 및 지식 공유	연구 기지 운영, 탐사 지원, 물류 관리
회원	과학자 중심, 각국 연구자 참여	각국 남극 프로그램 관리자 참여
주요 기능	연구 프로젝트 조정, 국제 공동 연구, 데이터 공유	기지 운영 협력, 물자 운송, 안전/환경 기준 관리
브라질 역할	1984년 가입, 다양한 분야 국제 공동 연구 참여	기지 운영·탐사 활동 국제 기준 준수, 공동 관리 참여
특징	정치적 이해관계보다는 과학 목표 우선	실질적 운영 기반 제공, 협력과 표준화 중심

과학 협력을 넘어 국제적 신뢰 구축의 도구로도 기능한다.

국제 협력에서는 브라질의 국가적 과학 전략에도 의미가 있다. 남극의 대기·빙하·해양 연구는 아마존을 포함한 브라질 기후 체계를 이해하는 데 핵심적이며, SCAR의 공동 연구는 브라질의 기후 분석 능력을 강화하는 중요한 의미가 있다. 남극과 브라질은 지리적으로 멀리 떨어져 있지만, 기후·대기 순환 측면에서는 긴밀히 연결되어 있어 브라질의 남극 연구는 실질적 필요에 기반한 전략적 선택이기도 하다. 이 점에서 남극 연구는 브라질 내부의 환경 정책에도 실질적 파급력을 갖는다.

결국 SCAR와 COMNAP에서의 활동은 브라질이 남극조약 체계에서 수행하는 역할을 보여 주는 핵심 무대다. 과학적 기여와 운영 능력을 함께 갖춘 국가만이 남극에서 지속 가능한 지위를 확보할 수 있으며, 브라질은 오랜 기간 이를 충족시키기 위해 꾸준히 노력해 왔다. 이러한 국제 협력 기반에서 브라질은 남극을 과학적 실험실이자 외교적 플랫폼으로 활용하며, 남극조약 체계의 중요한 참여국으로 자리매김한다. 결과적으로 브라질의 남극 활동은 협력과 책임을 기초로 한 국제 질서의 모범 사례로 평가될 수 있다.

04

브라질의 남극 활동과 PROANTAR의 전략적 의의

1 브라질의 '남극연구프로그램'의 형성과 발전

브라질이 남극조약 체계 협의 당사국이 된 이후, 남극에서의 활동을 지속 가능하게 하기 위한 국가적 프로그램의 필요성이 대두되었다. 연구 기지를 유지하고 장기적인 탐사 계획을 마련하며, 극한 환경에서 국제 기준을 준수하려면 개별 기관의 노력만으로는 부족했다. 이러한 필요에서 탄생한 것이 브라질 '남극연구프로그램(Programa Antártico Brasileiro, 이하 PROANTAR)'이다. PROANTAR는 브라질의 남극 과학 연구와 운영 활동을 통합 관리하는 제도적 틀이며, 남극 참여 역사를 구조화하는 전환점이 되었다. 이 프로

그램은 브라질이 남극에서 장기적이고 체계적인 과학 활동을 수
행할 기반을 마련했다.

프로그램의 수행에는 여러 집단의 협력이 있다. 브라질 해군은
탐사 수행과 기지 운영을 담당하고, 과학계는 연구 설계와 수행을
맡으며, 정부 부처는 제도적 지원과 국제 협력 조율을 담당한다.
삼중 구조는 남극 환경이 요구하는 복합적 역량을 충족하기 위한
필수 요소였다. 해군은 얼음으로 뒤덮인 바다를 항해하고 물자를
운송하며 기지를 유지하는 기반을 마련했고, 과학자들은 대기·해
양·생물학·지질학 등 다양한 연구를 수행했다. 정부는 이를 조율
하며 브라질의 국제적 역할을 명확히 했다. 이 협력 구조는 브라
질이 남극에서 신뢰받는 국제 파트너로 자리 잡도록 중요한 역할
을 했다.

PROANTAR의 초기 목적은 브라질이 남반구 환경을 독자적으
로 이해할 과학적 기반을 구축하는 것이었다. 남극의 변화는 아마
존을 포함한 브라질 전역의 기후와 날씨에 큰 영향을 미치며, 대
기 순환, 해양 온도, 바람의 흐름은 강수량, 가뭄, 이상 기후 등과
직결된다. 따라서 브라질이 남극 연구에 참여하는 것은 국가 차원
의 과학 자립과 능동적 기후 대응을 위한 필수 전략이었다. 직접
데이터를 수집하고 분석함으로써 브라질은 기후 문제에 대한 대
응 능력을 강화할 수 있었다.

1984년 개설된 코만단치 페하즈 기지는 PROANTAR의 핵심
인프라로, 연구 활동의 출발점이자 협의 당사국 지위를 유지하기
위한 연구 실적 축적의 기반이 되었다. 단기 방문이나 단발성 탐

사로는 충분한 데이터를 얻기 어려워 기지 운영이 곧 프로그램 성패를 결정했다. 브라질은 이 기지를 통해 생태계, 대기 변화, 빙하 역학, 해양학 등 다양한 분야에서 국제 공동 연구를 수행할 수 있었다. 기지 운영을 통해 축적된 연구 데이터는 브라질의 과학적 위상을 높이는 핵심 자산이 되었다.

시간이 지나면서 PROANTAR는 점점 정교하고 전문적인 체계를 갖추었다. 남극은 환경 관리 수준이 높은 지역이므로, 모든 활동은 국제 기준을 준수해야 했다. 폐기물 처리, 연료 관리, 안전 지침 등에서 규범 준수는 필수이며, COMNAP와의 협력에서 브라질은 남극 활동의 책임성을 국제적으로 인정받았다. 국제 기준 준수는 브라질이 남극 활동에서 신뢰받는 국가로 자리 잡는 중요한 요소였다.

브라질의 연구 분야도 확장되었다. 초기에는 지리·기후 데이터 수집과 기초 생물학 연구에 집중했으나, 점차 남극 연구는 남반구 기후 변화와 브라질 생태계의 상호 작용을 분석하는 분야로 발전했다. 연구자들은 남극 대기·빙하 변화와 아마존 기후 패턴의 연결성을 분석하며, 남극 환경 변화가 남미 강우와 계절 변화에 미치는 영향을 평가했다. PROANTAR의 연구 결과는 브라질 국내 정책에도 직접적인 의미가 있다. 이 같은 연구는 브라질의 장기적 환경 정책과 기후 대응 전략 수립에도 활용된다.

PROANTAR는 브라질의 외교 전략과도 연결된다. 남극은 국제 규범이 강하게 작동하는 공간이므로, 책임 있는 활동을 수행하는 국가는 국제 사회에서 과학적 신뢰와 외교적 신뢰를 확보할 수 있다. PROANTAR는 브라질이 남극조약 체계에서 영향력을 유지하고 국제적 역할을 수행하는 주요 기반이자 상징적 플랫폼이 되었다. 이 프로그램은 브라질의 과학 외교를 강화하며 국제적 입지를 넓히는 도구로 기능했다. 이를 통해 브라질은 남극에서의 활동을 국가 브랜드와 과학적 위상을 동시에 높이는 전략적 수단으로 활용한다.

표 11·브라질 남극연구프로그램(PROANTAR)

항목	내용
프로그램	브라질 남극연구프로그램(PROANTAR)
목적	남극 연구를 통한 과학·기후 이해와 장기적 활동
주요 기관	해군(탐사/기지), 과학계(연구), 정부(조정/협력)
핵심 기지	코만단치 페하즈 기지
연구 분야	대기·해양·빙하·생태 등, 남반구 기후와 브라질 연결
운영 원칙	국제 기준 준수, 책임 있는 활동, COMNAP 협력
전략적 의미	과학·외교 신뢰 확보, 국제 영향력 유지

PROANTAR의 형성과 발전은 브라질이 지구 환경 변화에서 남극을 미래 전략의 핵심 공간으로 인식함을 보여 준다. 과학, 외교, 환경 관리가 통합된 국가적 프로젝트로서 브라질은 남극을 단순한 얼음 대륙이 아니라 아마존과 국가 전체 기후를 이해하는 필

수적 공간으로 재정의한다. 결과적으로 PROANTAR는 브라질이 남극과 글로벌 환경 문제에 지속해서 기여할 장기적 기반을 마련했다. 이러한 통합적 접근은 브라질이 남극과 전 지구적 환경 문제에 있어 책임 있는 참여자로 자리매김하는 데 중요한 역할을 한다.

2 코만단치 페하스 기지의 역할과 재건 과정

브라질의 남극 활동은 코만단치 페하즈(Comandante Ferraz) 기지 없이는 설명할 수 없다. 1984년 킹 조지 섬에 설립된 이 기지는 브라질 최초의 남극 연구 기지로, 브라질이 남극조약 체계에서 협의 당사국으로 안정적으로 활동하기 위한 핵심 기반이었다. 남극에서 지속적인 과학 자료를 축적하려면 장기 체류가 가능한 연구 시설이 필수적이며, 페하즈 기지가 바로 그 역할을 수행했다. 이 기지는 PROANTAR의 상징이자 장기적이고 체계적인 남극 연구를 수행할 물리적·기술적 기반을 제공하는 중심지로 자리 잡았다. 또한, 기지 이름에 페하즈 중령의 이름을 사용한 것은 브라질 남극 참여의 역사적 출발점을 기념하려는 상징적 선택으로, 단순한 연구 시설을 넘어 브라질 남극 활동의 역사적·상징적 의미를 지니게 했다.

페하즈 기지을 운영하면서 브라질의 남극 연구는 한 단계 도약했다. 기지에는 관측 장비, 실험 공간, 숙소, 발전 시설 등이 갖춰

져 연구자들이 장기간 머물며 과학 데이터를 수집할 환경이 마련되었다. 이를 통해 브라질은 대기, 해양, 기후 변화, 생물 다양성 등 다양한 분야에서 장기 연구를 수행할 수 있었고, 이러한 성과는 브라질이 협의 당사국 지위를 안정적으로 유지하는 과학적 근거가 되었다. 남극 연구는 단기 탐사만으로는 충분하지 않기 때문에 기지 운영은 연구의 연속성을 보장하는 핵심 요소였다.

페하즈 기지는 남극 환경에 대한 브라질의 이해를 심화시키는 데 중요한 역할을 했다. 남극 대륙의 기후 변동은 남미의 날씨 패턴, 특히 아마존의 강우량과 대기 흐름에도 영향을 미친다. 기지가 제공하는 장기 관측 자료는 이러한 상관관계를 분석하는 데 필수적이었으며, 브라질 연구자들은 남극의 대기와 해양 변화가 국내 기후에 미치는 영향을 연구할 수 있었다. 이러한 연구는 브라질의 환경 정책 및 기후 대응 전략에도 직접적으로 반영되었다. 또한 이 자료는 브라질이 남극 연구에서 국제적으로 신뢰받는 근거가 되었다.

그러나 페하즈 기지는 설립 이후 몇 차례 중대한 위기를 겪었다. 남극 환경은 극한이며, 기지 운영에는 엄격한 안전·환경 기준이 요구된다. 특히 2012년에 발생한 화재는 기지 운영에 있어 큰 충격이었다. 화재는 남극 기지를 운영할 때 직면할 위험 요소이며, 페하즈 기지도 피해를 피할 수 없었다. 이 사고로 기지의 상당 부분이 소실되었고, 브라질의 남극 연구 활동에 일시적인 공백을 가져왔다. 이 사건은 남극 연구의 지속 가능성을 확보하기 위해 철저한 안전 관리와 대응 체계가 필수적임을 일깨워 주었다.

페하즈 기지의 재건은 기술적·재정적·환경적 도전이 수반되는 복잡한 과정이었다. 남극이라는 특수한 환경에서는 건설 자재 운반조차 쉽지 않으며, 혹독한 기후는 기본적인 건설 활동도 제약한다. 또한 COMNAP가 제시하는 국제적 운영 기준을 충족해야 했기 때문에 국제 규범에 맞춘 새로운 인프라 설계가 요구되었다. 브라질은 해군과 과학자, 정부 기관이 긴밀히 협력하며 재건 계획을 추진했다. 이는 브라질이 남극 연구에 지속해서 참여하겠다는 국제적 의지 선언이기도 했다. 재건 과정에서 브라질은 남극 활동의 책임성과 지속 가능성을 국제 사회에 다시 입증했다.

재건된 페하즈 기지는 과거 시설을 복원하는 수준을 넘어 더 현대적인 연구 환경을 갖춘 구조로 완성되었다. 에너지 효율, 환경 보호, 폐기물 처리, 안전 기준 등 모든 면에서 국제적 기준을 충족하도록 설계되었다. 기지의 재건은 브라질이 남극에서 책임 있고 지속 가능한 연구를 수행할 능력을 다시 보여 주는 계기였다. 또한 이는 브라질이 남극조약 체계의 규범을 존중하면서 국제 과학 공동체에 기여하려는 장기적 의도를 반영하는 상징적 사건이기도 했다. 재건된 기지는 브라질 과학자들에게 안정적 연구 환경을 제공하며, 장기적 과학 성과를 축적할 핵심 거점이 되었다.

결국 페하즈 기지는 브라질이 남극에서 지속 가능한 미래를 설계할 핵심 인프라로 자리 잡았다. 과학, 외교, 환경 관리가 통합된 국가적 프로젝트로서, 브라질은 남극을 단순한 얼음 대륙이 아니라 아마존과 국가 전체 기후를 이해하는 필수적 공간으로 재정의한다. 이 기지는 앞으로도 브라질의 남극 연구와 국제 협력의 핵심 거점으로 계속 중요한 기능이 있으며, 국가의 과학 외교 전략과 장기적 환경 정책을 연결하는 상징적 공간으로 기능하다. 또한 페하즈 기지는 브라질 과학자들에게 실질적 연구 기회를 제공하며 국제적 연구 네트워크와의 연결을 강화하는 핵심 플랫폼 역할을 한다.

3 아마존과 남극을 잇다

남극에서 진행되는 과학 연구는 얼음과 바람, 빙하와 해양에 대한 분석을 넘어선다. 남극의 변화는 지구 전체의 기후 시스템에 영향을 미치며, 남반구에 위치한 아마존과 브라질 대륙 전체와 긴밀하게 연결되어 있다. 이러한 이유로 브라질의 남극 연구는 단순한 지역 연구에 그치지 않고, 국가 전체의 기후 정책, 생태계 보존, 환경 대응 전략을 구성하는 중요한 기초 자료가 된다. 남극과 아마존은 서로 다른 생태계처럼 보이지만, 기후 순환의 관점에서 보면 하나의 거대한 체계에서 서로 상호 연결된다.

남극 대기는 지구의 열과 바람을 조절하는 핵심 중 하나다. 극지방의 대기 순환은 남반구의 기류 패턴에 영향을 주며, 이는 브라질의 계절적 강수량과 날씨에도 직접적인 영향을 미친다. 예를 들어, 남극에서 해빙이 녹아 해양 염분 농도와 수온이 변하면 해류의 흐름이 달라지고, 이는 남서 대서양과 태평양 순환에도 파급 효과를 미친다. 브라질 연구자들이 남극의 기후 변화를 직접 관찰하고 데이터를 축적하는 이유는 바로 여기에 있다. 남극 빙하의 변화는 시간이 흐른 뒤 아마존의 우기·건기 패턴을 바꾸며, 농업, 수자원, 생태계, 산불 위험 등 다양한 영역에 영향을 미친다.

남극의 빙하 변화는 단순히 얼음이 녹는 문제가 아니라 지구 시스템 변화의 중요한 지표다. 브라질 연구자들은 남극 기지에서 수집한 데이터를 바탕으로 해양 온도 변화, 대기 흐름, 남극 순환계가 브라질 대기권에 미치는 장기적 영향을 분석한다. 이러한 연구는 국제 공동체와의 협력을 통해 더 심화하며, 특히 SCAR와의 협력은 브라질이 단독으로 수행하기 어려운 대규모 데이터 분석과 모델링을 가능하게 해 남극과 아마존의 상호 연결성을 이해하는 데 핵심적 역할을 한다.

아마존은 브라질뿐 아니라 남반구 전체 기후 시스템에서 중요한 역할을 담당한다. 아마존 숲은 대량의 수분을 대기 중으로 방출해 남미 대륙의 강수량을 조절하며, 숲의 파괴나 기후 변화는 대륙 전체의 기후 안정성에 영향을 미친다. 아마존의 변화는 다시 남극의 기후 패턴에도 영향을 미치는데, 예를 들어 대기 온도 상승과 흐름 변화는 남극의 기후에 미묘한 변화를 일으킬 수 있다. 즉, 남극과 아마존은 상호 작용을 통해 서로 미래를 결정하는 거대한 순환 체계의 일부다. 이러한 상호 작용은 브라질이 장기적 기후 대응 전략을 수립하는 데 필수적이다.

브라질은 이러한 연계성을 이해하기 위해 남극에서 다양한 연구를 수행했다. 대기 관측 장비는 바람, 기압, 온도 변화를 장기적으로 기록하며, 해양 연구는 빙하에서 녹아 나온 담수가 주변 해류에 미치는 영향을 분석한다. 생물학적 연구는 해양 생태계 변화가 남극과 남미 연안 생태계에 미치는 영향을 평가한다. 이러한 연구는 브라질의 환경 정책과 아마존 보호 전략 수립에 필요한 핵심 자료로 활용된다. 이를 통해서 브라질은 기후 변화가 생태계와 사회에 미치는 영향을 정확하게 예측할 수 있다.

PROANTAR는 남극과 아마존의 상호 연계성을 이해하기 위한 다양한 프로젝트를 추진해 왔다. 기후 모델링, 탄소 순환 연구, 남반구 해양 온난화 분석 등은 모두 남극과 브라질 생태계를 동시에 고려하는 방식으로 설계되어 있다. 이러한 연구는 학술적 가치를 넘어 브라질이 이상 기후 대응 정책을 설계하고 미래 환경 위기에 대비할 실질적 전략을 마련하는 데 기여한다. 결과적으로 PROANTAR의 연구는 브라질이 기후 변화에 능동적으로 대응할 과학적 기반을 제공한다.

남극과 아마존은 각기 다른 방식으로 지구 기후 시스템 변화에 민감하게 반응하며, 서로를 가속하거나 약화하는 상호 작용을 가진다. 이 구조를 이해하지 못하면 남미 전체의 기후 정책과 환경 대응 전략이 제한될 수밖에 없다. 결국 브라질의 남극 연구는 단순히 얼음과 바람을 이해하기 위한 활동이 아니라 아마존을 포함한 국가 전체의 기후 미래를 이해하기 위한 필수적 전략이다. 남극과 아마존은 물리적 환경은 다르지만, 하나의 거대한 생태적 시스템으로 연결되어 있으며, PROANTAR와 페하즈 기지는 이 연구와 정책의 중심에서 중요한 역할을 수행한다. 이 상호 연결성은 브라질 차세대 환경 정책과 과학 전략 수립의 핵심 기반이 된다.

핵심 내용	추가/의미
남극 연구: 브라질 전체 기후 전략에 기여	남극의 변화: 아마존과 브라질 전역 기후에 영향
남극 대기·빙하 변화 관측	남반구 기류, 해류, 계절 강수량 등에 직접 영향
남극과 아마존: 상호연결	서로 미래를 결정하는 거대한 기후 순환 체계
PROANTAR 프로젝트 수행	기후 모델링, 탄소 순환, 해양 온난화 등 연구로 실질적 정책 기반 제공
브라질 환경 정책·아마존 보호에 활용되는 연구	이상 기후 대응, 장기 기후 전략 수립 지원
남극 연구: 국가 전략과 직결	얼음·바람 연구를 넘어서 브라질 전체 기후 미래 이해에 필수

4 브라질 남극 활동의 미래 전략

브라질이 남극에서 수행하는 모든 활동은 국제 사회에서의 국가 역할과 직결된다. 남극은 지구상에서 가장 강력한 국제 규범이 작동하는 공간으로, 각국의 활동은 곧 과학적·환경적 신뢰도로 평가된다. 남극 활동은 브라질의 외교 전략과 결합해 있으며, 미래의 국제적 책임을 보여 주는 무대이기도 하다. 브라질은 이러한 구조에서 남극을 과학 외교 공간으로 활용하며, 지구 기후 변화 논의와 국제 환경 협력의 중심에서 점점 더 중요한 위치를 확보한다. 이 과정에서 브라질의 과학적 역량과 기술적 경험은 국제 사회에서 신뢰를 형성하는 핵심 요소가 된다.

남극조약 체계는 군사적 대립과 경제적 경쟁을 배제하고 과학, 협력, 환경 보전을 핵심 가치로 삼는다. 이 시스템에서 국가가 인정받기 위해서는 과학적 기여와 책임 있는 활동이 필수적이며, 브라질은 협의 당사국 지위를 유지하기 위해 PROANTAR를 중심으로 한 국가적 시스템을 구축했다. 과학 외교 관점에서 보면, 브라질이 국제 사회에서 규범을 준수하고 발전시키는 '규범 참여자'임을 보여 준다. 또한 브라질이 글로벌 환경 협력 논의에서 발언권을 확보하는 중요한 기반이다.

브라질의 남극 활동은 국제적 책임과 환경적 의무를 강조하는 방향으로 발전해 왔다. 페하즈 기지의 설립과 재건, SCAR·COMNAP 참여, 국제 공동 연구 확대 등은 책임을 실천하는 과정이었다. 남극은 환경적으로 매우 민감한 지역이므로 적절한 운영 기준을 지키지 않으면 생태계에 심각한 영향을 미칠 수 있다. 브라질은 국제 기준 준수뿐 아니라 환경 보호 강화 논의에도 적극 참여하며, 남극을 보존해야 할 글로벌 자연유산으로 인식하는 태도를 보여 왔다. 이런 경험은 브라질 내 다른 환경 정책에도 모범 사례로 적용될 수 있다.

브라질이 남극에서의 활동을 확대할수록 그 역할은 단순 관측을 넘어 전 지구적 기후 시스템 이해와 대응 전략 수립에 기여한다. 해빙 변화, 남극 대기 순환, 해양 온도 상승 등은 아마존의 기후 패턴, 강수량, 농업 생산, 가뭄 주기 등과 밀접하게 연결된다.

즉 남극은 브라질 생태계의 미래를 이해하기 위한 핵심 공간이며, 이곳에서의 연구는 국민 전체의 삶과 직결된다. 따라서 남극 연구는 브라질의 기후 정책과 장기적 재난 대비 전략 수립에도 직접적인 영향을 미친다.

브라질이 남극에서 수행할 미래 책임은 크게 세 가지로 요약할 수 있다. 첫째, 지속적인 과학 연구 확대다. 국제 논의가 복잡해지고 기후 변화가 가속화됨에 따라 브라질은 과학적 성과를 지속해서 축적하고 국제 공동 프로젝트에 적극 참여함으로써 영향력을 유지해야 한다. 둘째, 환경 규범 준수와 기지 운영의 지속 가능성이다. 브라질은 페하즈 기지 재건 과정에서 국제 환경 기준을 충족하는 시설을 구축했으며, 앞으로도 폐기물 관리, 에너지 효율, 안정적인 운영 구조 등에서 지속 가능한 모델을 마련해야 한다. 셋째, 과학 외교 강화다. 남극은 규범이 강하게 작동하는 공간이므로, 국제 협력과 투명성이 핵심 가치다. 브라질은 SCAR·COMNAP 활동, 협의 당사국 회의 참여, 국제 공동 연구 등을 통해 외교적 신뢰를 확보하고, 국제적 대화를 주도할 역량을 강화해야 한다.

남극에서의 활동은 브라질의 국가적 정체성과 미래 방향성과도 직결된다. 과학, 환경, 외교가 결합한 공간에서의 선택은 국가적 가치를 반영하며, 브라질이 남극을 과학 실험실이자 국제 협력의 장으로 활용한다면, 이는 브라질의 국제적 위상뿐 아니라 아마존과 국가 전체의 환경 미래를 보호하는 중요한 기틀이 된다. 또한 브라질의 연구자와 정책 결정자가 장기적 전략을 세우는 데 핵심

표 13·브라질의 남극 활동과 미래 책임: 과학, 환경, 외교의 삼중 전략

책임 영역	핵심 내용	구체적 활동 및 의미
지속적 과학 연구 확대	국제 논의와 기후 변화 속 영향력 유지	과학적 성과 축적, 국제 공동 프로젝트 참여
환경 규범 준수 및 기지 운영 지속 가능성	환경 보호와 안정적 운영 확보	페하즈 기지 재건, 폐기물 관리, 에너지 효율, 안정적 운영 구조 마련
과학 외교 강화	국제 협력과 투명성 확보	SCAR·COMNAP 활동, 협의 당사국 회의 참여, 국제 공동 연구, 외교적 신뢰 확보

적인 정보를 제공한다. 결국 남극 활동은 브라질의 지속 가능한 발전 전략과도 밀접하게 연결된다.

남극은 지구에서 가장 극적인 공간이자, 동시에 미래 변화를 가장 먼저 보여 주는 장소다. 브라질이 남극에서 감당할 역할은 앞으로 더 커질 것이며, PROANTAR와 페하즈 기지는 변화를 주도하는 중심축이 된다. 남극 활동은 곧 지구적 공존의 미래를 설계하는 일이다. 이 과정에서 브라질은 남반구와 전 세계의 기후 연구와 환경 정책에서 선도적 역할을 하며, 국제 사회에서 책임 있는 국가로 자리매김한다.

     아마존에서 남극까지

참고문헌

김계리, 「탈제국주의와 신제국주의의 경계, 마카오(Macao): 포르투갈어권 협력의 교두보로서의 기회와 도전」, 『포르투갈-브라질 연구』 22(2): 7-32, 2025.

김봉철, 「유럽 식민 제국주의 과정에서 활용된 로마법의 uti possidetis 법리」, 『유럽연구』 41(2): 157-175, 2023.

김봉철·김단비, 「남미국가의 남극 환경 보호에 관한 국제거버넌스 참여: 아르헨티나와 칠레의 사례를 중심으로」, 『국제정치연구』 28(1): 1-22, 2025.

김봉철·김호, 『남극의 환경, 남미의 규율』, 알렙, 2025.

김봉철·이하얀, 「브라질의 남극지역 활동과 환경에 관한 법제: 한국과의 협력에 대한 시사점」, 『동북아법연구』: 151-171, 2025.

김봉철·임소라, 「브라질 원주민의 토지권에 대한 법제: 포르투갈 식민지 시대부터 현대 브라질 헌법까지」, 『한국사회과학연구』 43(3): 119-145, 2024.

김봉철·임소라·양수영·박철용, 「유럽의 아메리카 식민 지배 과정에서 나타난 원주민 관련 법제 연구; 스페인 사례를 중심으로」, 『통합유럽연구』: 337-374, 2023.

김봉철·임소라·양수영·박철용, 「라틴아메리카 식민정책과 근대 조약: 1750년 마드리드 조약 체결을 중심으로」, 『EU 연구』 65: 217-242, 2023.

김지은·김봉철, 「현대 브라질의 환경 규제 패러다임 변화」, 『포르투갈-브라질 연구』 22(2): 33-59, 2025.

김지희, 「남극조약 체제의 발전과정과 환경보호위원회의 역할과 전망」, 『Ocean & Polar Research』 40(4), 2018.

김영철, 「브라질 원주민 토지의 법적 권리와 분쟁」, 『Asian Journal of Latin American Studies』 34(1), 2021.

김호, 「대항해 시대와 식민 제국주의 노예 무역에 관한 경제사적 함의」, 『유럽연구』 42(1): 117-138, 2024.

박진수·임소라, 「지구법학과 언어 생태계: 브라질 토착어를 중심으로」, 『포르투갈-브라질 연구』 22(2): 151-177, 2025.

양은미, 「16-18세기 아마존 일반어(Língua Geral Amazônica)의 탄생과 확장: 원주민의 말에서 정복의 언어로」, 『라틴아메리카연구』 33(3): 31-62, 2020.

양은미, 「브라질의 생태중심 법제도 구축 동향: 브라질 뻬르낭부꾸 주 보니뚜 시의 자연권 입법화 과정 연구」, 『중남미연구』 42(3): 135-173, 2023.

임두빈, 「브라질의 언어정체성」, 『이베로아메리카』 8(1): 47-72, 2006.

임소라·김지은, 「언어 생태학적 관점에서 바라본 특수외국어 교육 진흥 사업의 정책적 역할과 과제: 포르투갈어 교육을 중심으로」, 『유럽연구』 43(1): 181-203, 2025.

장수환, 「브라질 대서양삼림과 세하두 지역의 무역과 환경변천사」, 『포르투갈-브라질 연구』 22(1): 137-170, 2025.

최영수, 「브라질의 국경형성에 관한 연구」, 『국제지역연구』 12(3): 395-434, 2008.

최영수, 「브라질의 아마존 강 유역 영유에 관한 연구」, 『포르투갈-브라질 연구』 8(2): 187-221, 2011.

Allegretti, M., "A construção social de políticas públicas: Chico Mendes e o movimento dos seringueiros", *Desenvolvimento e Meio Ambiente*, 2008, p. 18.

Bieber, J., "Imperial Brazil (1822-1989)", in *A Companion to Latin American History*, 2010, pp. 230-246.

Brunnée, J., "The Stockholm Declaration and the Structure and Processes of International Environmental Law", *The Oxford Handbook of International Environmental Law*, Oxford University Press, 2009.

Carlson, C., "Agrarian structure and underdevelopment in Latin America: Bringing the Latifundio 'back in'", *Latin American Research Review* 54(3): 678-693, 2019.

Carvalho, A., *Governança ambiental no Brasil—entre o socioambientalismo e a economia verde*, Paco Editorial, 2015.

Chakraborty, R., & Carrara, A., "Challenging elite environmentalism: Stories from Brazil and India", *Geo: Geography and Environment* 12(1): e70007, 2025.

de Almeida, M. W. B., Allegretti, M. H., & Postigo, A., "O legado de Chico Mendes: êxitos e entraves das Reservas Extrativistas",

Desenvolvimento e Meio Ambiente, 2018, p. 48.

de Andrade Franco, J. L., & Drummond, J. A., "Wilderness and the Brazilian mind (II): The first Brazilian conference on nature protection (Rio de Janeiro, 1934)", *Environmental History* 14(1): 82-102, 2009.

Dean, W., "Latifundia and land policy in nineteenth-century Brazil", *Hispanic American Historical Review* 51(4): 606-625, 1971.

de Mello Pereira, M. R., & DeNipoti, C., "The production of 18th century scientific knowledge about the Brazilian Caatinga", *Historia Ambiental Latinoamericana y Caribeña (HALAC) Revista de la Solcha* 6(1): 170-183, 2016.

de Oliveira, M. F., "The Evolution of Brazilian Environmental Law: Advances and setbacks", *Biomedical Journal of Scientific & Technical Research* 54(2): 45790-45801, 2024.

Dodge, C. J., "A Forgotten Century of Brazilwood: The brazilwood trade from the mid-sixteenth to mid-seventeenth century", *e-Journal of Portuguese History* 16(1): 1-27, 2018.

Farias, E. R. et al., "Secretaria de Meio Ambiente", Gov.br, 2013.

Fausto, B., & Fausto, S., *A Concise History of Brazil*, Cambridge University Press, 2014.

Fürstenau-Togashi, H., & de Souza-Hacon, V., "A evolução do debate socioambiental no Brasil: Legislação, etnoconservação e racionalidade ambiental", Economía, *Sociedad y Territorio* 12(39): 403-424, 2012.

Guha, R., *The Unquiet Woods*, University of California Press, 1989.

Guha, R., "The environmentalism of the poor", in *Varieties of*

Environmentalism: Essays North and South, 1997, pp. 3-21.

Guha, R., *Environmentalism: A Global History*, Longman, 2000.

Guha, R., & Martinez-Alier, J., *Varieties of Environmentalism: Essays North and South*, Earthscan, 1997.

Günel, G., *Spaceship in the Desert: Energy, Climate Change, and Urban Design in Abu Dhabi*, Duke University Press, 2021.

Hochstetler, K., & Keck, M., *Greening Brazil: Environmental Activism in State and Society*, Duke University Press, 2007.

Humboldt, A. von, *Views of Nature*, University of Chicago Press, 1850.

Ingold, T., *The Perception of the Environment: Essays on Livelihood, Dwelling and Skill*, Routledge, 2000.

Karlsson, B. & Klooster, D., *Environmentalism and the Future of Progressive Politics*, Palgrave MacMillan, 2021.

Katz, E., "Further adventures in the case against restoration", in *Restoring Nature: Perspectives on the United States*, 1997, pp. 39-48.

Kjellén, B., *The State as a Living Organism*, Stockholm: Tidens Förlag, 1946.

Latour, B., *We Have Never Been Modern*, Harvard University Press, 1993.

Latour, B., "Whose cosmos, which cosmopolitics? Comments on the peace terms of Ulrich Beck", *Common Knowledge* 10(3): 450-462, 2004.

Lélé, S. M., "Sustainable development: A critical review", *World Development* 19(6): 607-621, 1991.

Martinez-Alier, J., "The environment as a luxury good or 'too poor to be green'?", *Ecological Economics* 13(1): 1-10, 1995.

Martinez-Alier, J., *The Environmentalism of the Poor: A Study of Ecological Conflicts and Valuation*, Edward Elgar, 2002.

Martinez-Alier, J., "Ecological distribution conflicts", *Current Sociology*, Vol. 73, no. 4: 499-515, 2025.

Martinez-Alier, J., & Walter, M., "Environmental justice", *Routledge Handbook of Political Ecology*, 2015, pp. 132-142.

McNeill, J. R., *Something New Under the Sun: An Environmental History of the Twentieth-Century World*, W. W. Norton & Company, 2000.

McNeill, J. R., & Engelke, P., *The Great Acceleration*, Harvard University Press, 2014.

Milton, K., *Environmentalism and Cultural Theory: Exploring the Role of Anthropology in Environmental Discourse*, Routledge, 1996.

Moore, J. W., *Capitalism in the Web of Life*, Verso, 2015.

Moore, J. W., "The Capitalocene, Part I: On the nature and origins of our ecological crisis", *The Journal of Peasant Studies* 44(3): 594-630, 2017.

Nash, R. F., *Wilderness and the American Mind*, Yale University Press, 1982.

Peluso, N. L., & Vandergeest, P., "Genealogies of the political forest and agrarian territories in Jambi, Indonesia", *Journal of Asian Studies* 60(3): 761-812, 2001.

Perry, E. J., "Crime, corruption, and the politics of reform in China", *Journal of Contemporary China* 2(1): 1-20, 1993.

Porto-Gonçalves, C. W., "A Globalização da Natureza e a Natureza da Globalização, Civilização Brasileira", 2006.

Redfield, P., "Bioexpectations: Life technologies as humanitarian goods", *Public Culture* 24(1): 157–184, 2012.

Sachs, W., *The Development Dictionary: A Guide to Knowledge as Power*, Zed Books, 1992.

Shiva, V., *Staying Alive: Women, Ecology, and Development*, Zed Books, 1988.

Shiva, V., *Monocultures of the Mind*, Zed Books, 1992.

Smith, N., & O'Keefe, P., "Geography, Marx and the concept of nature", *Antipode* 12(2): 30–39, 1980.

Tsing, A., *Friction: An Ethnography of Global Connection*, Princeton University Press, 2005.

Walter, M., Weber, L., & de Sousa Jr., W. C.(ed.), *Environmental Justice in Latin America: Problems, Promise, and Practice*, MIT Press, 2023.

West, P., *Conservation Is Our Government Now: The Politics of Ecology in Papua New Guinea*, Duke University Press, 2006.

Williams, R., *Keywords*, Oxford University Press, 1976.

Yanni, C., *Nature's Museums: Victorian Science and the Architecture of Display*, Princeton University Press, 2003.

Zimmerer, K. S., & Bassett, T. J., *Political Ecology: An Integrative Approach*, Guilford Press, 2003.

de Mello e Souza, André, "Brazil is plagued by devastating natural disasters. Environmental and climate protection is not progressing", *D+C Development and Cooperation*, 20 November 2024, https://www.dandc.eu/en/article/brazil-plagued-devastating-natural-disasters-environmental-and-climate-protection-not(접속일: 2025.12.11.).

São Paulo State Environmental Education Portal, "Política Nacional do Meio Ambiente", *semil.sp.gov.br*, 03 June 2025, https://semil.sp.gov.br/educacaoambiental/prateleira-ambiental/politica-nacional-do-meio-ambiente/(접속일: 2025.12.11.).

Ecozoic Studies, "Thomas Berry's Great Work", *ecozoicstudies.org*, https://ecozoicstudies.org/thomas-berrys-great-work/(접속일: 2025.12.11.).

아마존에서 남극까지

1판 1쇄 발행 2026년 1월 30일

지은이 | 김봉철 · 김계리
펴낸이 | 조영남
펴낸곳 | 알렙

출판등록 | 2009년 11월 19일 제313-2010-132호
주소 | 경기도 고양시 일산서구 주엽로 134 시대프라자 704-1호
전자우편 | alephbook@naver.com
전화 | 031-913-2018, 팩스 | 031-913-2019

ISBN 979-11-24300-01-5 (93950)

* 이 책은 2019년 대한민국 교육부와 한국연구재단의 지원을 받아 수행된 연구입니다.
  (NRF-2019S1A6A3A02058027).

* This work was supported by the Ministry of Education of the Republic of Korea
  and the National Research Foundation of Korea(NRF-2019S1A6A3A02058027)

* 책값은 뒤표지에 있습니다. 잘못된 책은 바꾸어 드립니다.